管理的方略

小学班级与课堂

贵在得法

GUIZAIDEFA

XIAOXUE BANJI YU

KETANG

GUANLI DE FANGLUE

曾文婕 等

著

北京师范大学出版集团
BEIJING NORMAL UNIVERSITY PUBLISHING GROUP
北京师范大学出版社

图书在版编目(CIP)数据

贵在得法：小学班级与课堂管理的方略/曾文婕等著 —北京：北京师范大学出版社，2021.6（2024.11 重印）
（青年教师专业发展丛书）
ISBN 978-7-303-26735-4

Ⅰ. ①贵… Ⅱ. ①曾… Ⅲ. ①教学设计 Ⅳ. ①G622.421

中国版本图书馆 CIP 数据核字(2021)第 011824 号

图书意见反馈 gaozhifk@bnupg.com 010-58805079
营销中心电话 010-58802135 58802786
编辑部电话 010-58806160

出版发行：北京师范大学出版社 www.bnup.com
北京市西城区新街口外大街 12-3 号
邮政编码：100088

印 刷：天津中印联印务有限公司
经 销：全国新华书店
开 本：787 mm×1 092 mm 1/16
印 张：20
字 数：283 千字
版 次：2021 年 6 月第 1 版
印 次：2024 年 11 月第 3 次印刷
定 价：70.00 元

策划编辑：伊师孟 责任编辑：杨磊磊 葛子森
美术编辑：焦 丽 装帧设计：焦 丽
责任校对：陈 民 责任印制：马 洁

❊ 前　言

　　班级与课堂管理是教师必备的基本功。然而，许多新手教师在进行班级和课堂管理时常常束手无策。为了顺应当代"优秀教师期待"的社会诉求和国家"卓越教师教育"的政策导向，提升教师的班级与课堂管理能力迫在眉睫。本书的主要目标在于帮助大量新入职的教师、师范专业学生以及其他专业拟考取教师资格证的学生，系统掌握班级与课堂管理的方略，有效解决班级与课堂管理中的一些困惑与问题，进而发展相应的管理能力，并能够结合自身实际创造出更多行之有效的管理方法。

　　本书分为三篇，共十五章。"班级管理篇"阐述了解学生、组建班级、组织班级活动、指导学生行为、指导学生学习和形成教育合力的方略；"课堂管理篇"探讨优化课堂结构、促进学生课堂参与、建立课堂行为标准、回应学生恰当行为和回应学生不当行为的方略；"班课整合管理篇"提出班级管理与课堂管理整合的走向，在析明原理的基础上阐发班级管理与语文、数学、英语教学整合的方略。本书力求体现以下三个特点。

　　第一，"理论与实践并重"的内容取向。在内容选取上避免两大误区：一是仅仅注重班级或课堂管理的原理论述，而使内容略显空泛；二是着眼于班级或课堂管理的故事讲述，而未明确凝练出方法与策略。本书既阐述班级与课堂管理的原理，又基于原理分析相关的操作范例，便于读者理解与应用，进而切实解决在班级与课堂管理中的实际问题。

　　第二，"观点与案例融通"的行文风格。本书既体现基础性，注意体现班级与课堂管理的知识结构、内在逻辑、理论要点，又体现生动性，在论述观点时精心择用相应的案例予以说明，使得原理—方法—实例交融，有利于提升读者的阅读兴趣。案例的呈现，尽量不囿于"流水账式"的事实记录，而是在摆事实的基础上，力争概括出相应的操作模式、基本步骤和实施策略，有利于读者模仿并转化性运用。

第三，"传统与新论结合"的时代气息。针对班级由班主任负责、课堂由科任教师负责等班级与课堂存在割裂的倾向，本书看到"没有离开课堂的纯粹班级管理，也没有离开班级的纯粹课堂教学"，主张将班级管理和各科课堂教学相整合，阐发了一系列班课整合管理的原理与方法，这既是提升班级管理成效的新举措，又是优化课堂管理的新思路。

本书的每一章都阐述了班级与课堂管理的常规方法和新兴方法。常规方法，即长期行之有效的方法，是经验丰富的教师已采用但青年教师仍需学习的方法；新兴方法，则是相对新生的方法，虽行之有效但尚未为广大教师采用，是值得关注的方法。一系列新兴的班级与课堂管理方法，让本书体现出新颖性和启发性。

本书的框架结构及每章的基本材料由曾文婕设计和提供。参与撰写的人员有（以章数为序）：曾穗芬（第一章、第十五章第一、第二节）；黄晓玲（第二、第三章）；史艳芳（第四、第十三章）；虞舒情（第五、第七章）；周敏芝（第六章、第十五章第三节）；龚芷仪（第八章）；苏婷（第九章）；吴钊锋（第十章）；许燕虹（第十一章）；周子仪（第十二、第十四章）。

书中的每一章都设置了二维码资源，包括思维导图、讲解具体方法的微视频、呈现方法要点的幻灯片（PPT）等，有利于读者根据实际需要拓展学习。各章的二维码资源分别由参与撰写的人员完成。吴必园、邓晓敏、刘晓宜、庄丽琼、邝艺敏、周乐怡、谢灿文和欧素彤参与了部分视频的剪辑工作。

全部书稿及配套资源由曾文婕修改、统稿、定稿。在书稿撰写和修改过程中，周子仪出色地完成了多方面的统筹工作。

书中部分方法源自曾文婕任教的华南师范大学本科生和硕士生课程"小学班课管理有效方法实验"。师生协作设计出具体方法，学生在实习中加以试行并取得实效。在一定程度上可以说，这些方法承载着师生共同创造出来的班级与课堂管理知识。在此，我特别感谢十余年来选修该课程以及为设计和实施班课管理方法做出贡献的学生们，也感谢为试行班课管理方法提供便利的小学领导和教师们！

本书也是华南师范大学价值教育研究与开发中心的成果之一，得到了广东省本科高校质量工程"小学教育学教学团队"建设项目的资助。

在撰写本书的过程中，我们参考和引用了大量的中外文论著，特此向作者致以衷心感谢！北京师范大学出版社伊师盂编辑为本书的撰写付出了大量的精力，特此致以深深的谢意！也恳请各位专家和广大读者就本书的疏漏之处提出宝贵的建议。

曾文婕

2020 年 9 月 9 日

目 录

CONTENTS

第一篇　班级管理篇

第三篇　班课整合管理篇

第一篇　班级管理篇

17 世纪，捷克教育家夸美纽斯(Comenius, J. A.)主张将年龄和知识水平大体相同的学生编为一个班级，每班配备一名作为"稽查长"的教师和一间教室。19 世纪，京师同文馆实行班级授课制。其后，清政府宣布"废科举、兴学堂"，该制度逐步在全国范围内推行。班作为学校教育教学的基本单位，是指按一定年龄和学业水平分编而成的相对稳定且受同一规章制度约束的学生群体。班的划分往往与年级相联系，因而又称班级。

班级的发展离不开有效的管理，良好的班级管理有助于学生提升综合素养。对班级管理的界定，主要有以下三类。①"配置资源"说，指管理者合理配置班级中的人、财、物、时间、空间等资源，通过计划、组织、指挥、协调及控制，引导被管理者高效率地开展实现班级目标的活动。②"落实制度"说，指管理者根据上级教育部门的要求，结合教育管理规律和学生发展实际，对班级进行规划引导以促进学生发展。这种界定强调班级管理活动的开展，实际是出于落实相应制度、履行师生职责的需要。③"营造环境"说，避免用"班级管理"，而称"班级经营"，认为班级经营即教师建构和维持良好的班级学习环境与系统，以发展学生的自控能力和增进学生的生活适应能力。其用意在于避免产生"教师是支配学生的管理者"这样的误解。综合以上看法，班级管理可界定为管理者根据一定的教育目标和要求，结合教育管理规律和学生发展实际，合理调配资源，营造良好的班级氛围，促进教育目标实现的活动，主要包括了解学生、组建班级、组织班级活动、指导学生行为、指导学生学习和形成教育合力等。

第一章　了解学生

本章思维导图

卢梭（J. J. Rousseau）认为："你必须好好地了解了你的学生之后，才能对他说第一句话。"[①]了解学生，是做好班级管理工作的重要开端。

第一节　了解学生的基本原理

"如果教育学希望全面地去教育人，那么它就必须首先全面地去了解人。"[②]本节阐述了解学生的内容、意义与原则。

---

① ［法］卢梭：《爱弥儿——论教育》上卷，95页，李平沤译，北京，人民教育出版社，2001。

② ［俄］康·德·乌申斯基：《人是教育的对象——教育人类学初探（上卷）》，16页，郑文樾译，北京，人民教育出版社，2004。

一、了解学生的内容

班主任需要了解小学生从"园"到"校"的适应情况、小学生的基本特征以及存在的主要烦恼等。

(一)小学生的入学适应

入学适应，指学生在入学后的一段时间内对学校的适应情况，涉及能适应学校环境和学习节奏，能掌握学习方法和各种人际交往技能，能遵守学校的规章制度和规范要求等。有学者提出，可以从"身体和运动发展、情绪与社会性发展、学习态度、言语发展、认知发展及一般知识基础"五领域入手，分析学生的入学适应情况。[①] 还有学者列出了小学生入学适应的具体指标(参见表1-1)。

表1-1　小学生入学适应指标[②]

入学适应的指标	指标含义	适应良好的表现
学习适应	能自我调整以达到学习要求，如适应教师的语言表达方式、课堂节奏等	在学校能安心学习，在课堂上能认真听讲，能独立、按时、按要求完成作业，对与学习有关的活动感兴趣
行为适应	在学校是否有积极的社会行为，是否有行为问题	在学校表现出一些积极的社会行为，如合作、助人、分享等。没有或极少出现问题行为，如打架、破坏纪律等
情绪适应	与学校相关的主观情绪体验，如愉悦、满意、焦虑、无助等	在学校或谈及与学校相关的事物时，大多数时候的情绪体验是积极的，如高兴、开心，而非沉默、不满
人际适应	在学校与教师和同学的关系是否和睦、亲密	与教师有积极的互动、喜欢教师，有能玩在一起的同学
对学校的态度	对学校的态度是喜爱还是逃避	认为上学很有趣，喜欢参加班级、学校的活动等

---

① Kagan, S. L., Moore, E. & Bredekamp, S., "Reconsidering children's early development and learning: Toward common views and vocabulary," Washington, DC, National Education Goals Panel, Goal 1 Technical Planning Group, 1995, p.3.

② 边玉芳：《读懂孩子——心理学家实用教子宝典(6～12岁)》，3页，北京，北京师范大学出版社，2014。略有调整。

教师不仅要关心学生的学业成绩，还需要注意小学生入学后在人际交往、情绪方面的反应及对学校的喜爱度，尤其要有意识地发现班里入学准备不足的学生，采取有效措施帮助他们尽快适应小学生活。

(二)学生的基本特征

教师需修炼出一双"慧眼"，以便了解学生的基本特征。教师既可以了解学生的外貌特点、家庭环境、已有知识、认知风格、志向与期望、学习动机、学习情绪与情感等主要特征，也可以灵活设置一些特征指标，如喜欢/不喜欢的老师、要好/不合的同学、喜欢/讨厌的活动等。这些指标构成教师了解学生特征的考察框架，最好列成表格形式，便于记录、记忆、整理、分析和使用。如果条件具备，也可以做成电子表格，必要时可链接一些典型的照片和文字等。

在精心收集、调查和分析学生基本特征的基础上，教师可以制作相应的学生特征概念图，进而提高教育教学的针对性和有效性。同时，教师可随学生的发展对学生特征概念图进行适当的增删改变。教师通过收集和调查大量资料，洞察学生的特征并予以概括，这是一项富有挑战性的任务，更是一项释放和增强教师教育智慧的活动。基于学生具体特征的教育教学活动，更有可能取得显著的成效。比如，教师在设计和实施班级活动中，针对学生的困惑直达学生内心的需要，及时幽默地阻止学生的错误念头和错误行为，根据学生特征对学生进行异质分组以增进其间的互动与互促，充分利用作业批改等途径，适时给予学生简明扼要的个性化留言或赠言，收到锦上添花或雪中送炭的心灵交流效果。[1]

(三)学生的主要烦恼

烦恼即为烦闷而苦恼的情绪状态。[2]小学生的烦恼即"以消极情绪为特

---

[1]　曾文婕、黄甫全：《小学教育学(第3版)》，86～87页，北京，高等教育出版社，2017。

[2]　朱智贤：《心理学大词典》，158页，北京，北京师范大学出版社，1989。

征，具有一定持续时间和紧张程度的小学生认知过程和认知系统报警状态。"[1]小学生的烦恼主要来自家庭、学校以及个人体像等方面。

小学生与家庭有关的烦恼，主要有三方面成因。①缺少父母的陪伴。家长因忙于工作而没有充足的时间陪伴孩子，以至于孩子缺乏安全感。②亲子间缺乏沟通。回到家中父母仍然手机不离手的现象屡见不鲜，甚至有些父母存在语言暴力和高压管制，强行给小学生报各种辅导班。③家庭结构变化。随着二孩政策的开放，"4—2—1"的家庭结构发生了变化，以至于很多小学生担心自己被家长忽略。不健全的家庭结构，也会给小学生的成长带来负面影响。

成为小学生后，学校就成为他们生活的重要组成部分。小学生一方面喜爱并向往着丰富多彩的校园生活与诚挚的师生情谊，另一方面又被学习和人际烦恼困扰。学业困惑主要包括考试焦虑、学习障碍、学习习惯不良、学习成绩不好和学习感受不佳等。人际烦恼来自同伴不尊重自己、不适应同伴性格与习惯、同伴之间的矛盾处理不当等，也来自学生担心老师不喜欢自己或更喜欢成绩好的同学等。

随着年龄的增长，小学生的自我意识不断增强，逐渐开始关注自己的外貌与身体，有的小学生会产生体像烦恼，包括体形烦恼、健康烦恼、容貌烦恼及性别烦恼等。一些小学生的审美观受"娱乐偶像"和卡通人物形象的影响，他们期待自己能长成心中"偶像"的模样，但事实上无法控制身体发展的变化。这些冲突和困惑，也为学生带来一定烦恼。

二、了解学生的价值

教师了解学生具有多重价值，包括有助于提高班级管理成效和建立融洽的师生关系等。

(一)提高班级管理成效

教师作为班级管理者，需要了解班级中的每一位学生。这不仅有助于

---

[1]   曾文婕、黄甫全：《小学教育学(第3版)》，93页，北京，高等教育出版社，2017。

教师在班级管理中知人善任，充分发挥每个学生之所长，共同实现班级管理目标，也能够引导个体发挥对群体的良性影响，进而提高班级管理成效。

(二)建立融洽的师生关系

正所谓：亲其师，信其道。教师只有主动深入了解学生，熟悉学生的特点，知晓学生的烦恼，才能成为学生成长路上的知心人，真正走进学生的内心世界，真诚而有效地引导和帮助学生，学生也才会更加信任老师。由此，建立融洽的师生关系，有利于增进师生之间的理解，营造愉悦的班级氛围。

三、了解学生的原则

教师了解学生需要遵循以下原则：客观性、发展性和全面性。

(一)客观性

学生后天所处的文化环境、家庭背景及先天素质等各不相同。教师要客观了解小学生的真实状态，以充分尊重小学生为前提，采取多种方法和途径，避免片面判断和主观臆测。

(二)发展性

小学阶段是学生身心迅速发展的时期。教师要用发展的眼光认识学生，既知道学生的过去，也看到学生的现在，更需展望学生的未来，坚信每位学生都是可教育的，是能够不断朝着更好的方面发展的。

(三)全面性

每位小学生都是复杂的个体，其成长与发展受各种因素的影响。教师不仅要了解小学生的入学适应情况，关心其学习、行为及人际等方面的适应情况，还要从社区、家庭和学校全方位入手，掌握影响学生成长的各种因素。

第二节 了解学生的常规方法

日记法和调查分类法，是教师在班级管理中了解学生的常用方法。教师可以结合实际情况，组合使用多种方法，以便更好地了解学生。

一、日记法

通过小学生日记，教师可了解其日常学习和生活情况。特别是一些小学生由于胆怯或内心有些封闭，不愿意主动将心里话当面告诉教师，就此，学生把自己在成长过程中的成就、遇到的困难等，以文字形式记录下来，有助于教师真实、直接地掌握学生的思想状况和情绪变化。日记法既能促进师生之间的交流，又能促进学生的心理健康。

（一）日记法的实施步骤

日记法主要有教师调动学生参与、提供日记写作指导、加强师生互动交流和多方探明学生心理四个基本步骤。

1. 教师调动学生参与

教师在开学初应运用适当的方法，调动学生参与日记写作的积极性。譬如，有教师在开学与学生见面的第一节课上，就准备好一封热情洋溢的欢迎信作为学生的开学礼物，并要求学生回信。回信内容包括学生对以前教师的感谢，对新班级、新老师的期待，自己的学习状况及兴趣、爱好、特长等。以此为契机，巧妙地将教师对学生的要求传达给学生，既能让学生感受到教师对自己的期待，也能为实施日记法提供良好的开端。

2. 提供日记书写指导

日记法的开展，要求学生具备书面表达的能力和技巧，教师需要开展形式多样的日记写作指导。在日记的形式上，教师可结合语文写作方法进行指导。例如，教师让小学生进行仿写，即学习某篇精彩文章或课文的写作手法、写作顺序和写作技巧。在日记的内容上，学生可自由选择记事或记心语。就记事而言，教师主要引导学生做生活的有心人，把自己观察到的人或事写下来。就记心语而言，教师主要引导学生将自己想对同学、朋友、家长、老师说的心里话或建议写下来。另外，也可以由教师确定日记的题目。教师特定主题的日记，有助于其直接获取想要了解的信息，又能为小学生提供思考的方向。

3. 加强师生互动交流

针对小学生日记反映的不同内容，教师需要结合小学生的个体差异做出适当的回应，增强师生之间的互动交流。一方面，教师对日记进行适当的评价，在阅读完之后写上生动、有趣、激励的话语，或者写上分享学生喜悦的句子，必要时及时和小学生进行面对面的交流。一些平时较内向、与教师当面交流较少的学生，会在自己的日记中表露情感，这时教师应循序渐进，逐步引导，鼓励学生敞开内心世界。另一方面，教师给予小学生及时的帮助，发现小学生在日记中流露出非正常情绪或需要帮助的意愿时，教师需及时与学生进行交流，与学生共同解决问题。

4. 多方探明学生心理

日记是学生内心世界表达的载体，在表达上带有丰富的情感和主观色彩，且记录的信息有所侧重。教师在阅读小学生日记后，需要综合多方面信息，了解小学生的心思。一方面，教师以小学生日记作为家校沟通的桥梁，让家长积极参与到对小学生日记的阅读与交流中来。家长通过日记了解孩子的学习与思想状态，并就孩子的表现、教师的班级管理和课堂教学等发表看法，以便教师了解更多信息。另一方面，教师需要向学生以前的教师、身边的同学收集更多关于学生的信息，探明学生内心想法出现的原因。

(二)日记法的实施策略

在实施日记法的过程中，教师需主要把握以下三条策略。

1. 关心学生，建立信任关系

日记法的实施，以学生与教师之间的诚挚信赖为基础。学生需在日记中表达真情实感，教师需多关心学生并及时对学生的日记做出反馈。教师还应充分信任小学生，对小学生日记中不符合成人思维的内容，不可直接否定。

2. 尊重学生，保护学生隐私

日记法的运用，必须以尊重日记作者的隐私权为前提。首先，教师要做到充分尊重小学生的选择，在公开小学生日记时要事先征得小学生同意。其次，教师强调同学之间应相互尊重隐私。比如，教师可以在主题班会上设置一些情境，引导学生换位思考，使他们认识到个人隐私的重要性。

3. 简化形式，减轻学生负担

日记法需求精倡简、循序渐进，重在小学生日记的"质量"而非"数量"，过于严格、繁杂的日记要求，会给小学生带来心理和学业上的负担。因此，教师要根据小学生的实际情况，调整管理目标。比如，教师针对不同年级对日记的要求不一样：一、二年级写一句话或几句话日记，三、四年级写一段话日记，五、六年级写成篇的日记，可长可短，每周至少写两次。教师根据学生的喜好灵活设计日记的形式，如可用图画等代替部分文字。

二、调查分类法

调查分类法，指教师通过观察、问卷、访谈等方式，对学生情况予以调查并根据一定的标准进行整理和分类。

(一)调查分类法的实施步骤

调查分类法主要有确定调查目标和内容、制定分类标准与调查方案、展开行动实施调查以及根据标准整理信息四个基本步骤。

1. 确定调查目标和内容

学生的气质类型、先备知识、认知风格、性格特点、学习方式及家庭背景等，均会影响其成长与发展，教师要有所选择地筛选相关因素。比如，有教师在对气质类型、性格、学生发展三者的关系有一定认识后，确定其调查的内容为学生的气质类型。教师通过了解学生的气质类型，进一步了解学生的性格特点与个体差异。

2. 制定分类标准与调查方案

心理学将胆汁质、多血质、黏液质、抑郁质四种气质类型的典型心理特征和行为表现进行了明确概括。[①] 从这四种气质类型的表现出发，有学者编制了"气质类型测验量表"，经检验，该量表具有高度的信度和效度。[②] 教师可以结合小学生的实际情况，选用"气质类型测验量表"并进行改编，以便小学生更好地理解量表中的题目并作答。

3. 展开行动实施调查

在拟定调查方案并准备好调查工具后，教师可以在班上实施调查。比如，运用问卷调查法、访谈法或观察法等收集相关信息。

4. 根据标准整理信息

在收集到相关资料后，教师需进行处理和分析，并将其制作成相应的统计表格（参见表 1-2）。

表 1-2　本班学生气质分类表 [③]

特征	缺点	气质类型	人数	姓名
急躁、脾气火暴、难以自制；坦率、勇敢、精力较旺盛	粗心，做事马虎；易怒，固执	胆汁质		
思维敏捷，讲话速度快；爱活动，爱交朋友；情绪多变	做事缺乏恒心，三心二意；会说假话，不踏实	多血质		
沉默，不爱说话；思考、回答问题较慢；踏实肯干，有恒心	上课不爱发言，对班级的事不关心，易产生逆反心理	黏液质		
胆小，不合群；不爱活动；细心，有想象力	做事缺乏信心；反应较慢，不爱参加班级活动；回答问题时易脸红，声音小	抑郁质		

---

① 唐龙云：《心理学基础》，114～115 页，杭州，浙江大学出版社，2015。

② 陈建绩、陈会昌：《对中小学生的气质、心理适应性和意志品质的测试与分析》，载《教育理论与实践》，1988，8(4)。

③ 杨心榕：《了解学生 尊重差异》，载《中小学管理》，2009(1)。

(二)调查分类法的注意事项

在实施调查分类法的过程中，教师需要注意问卷的编制要有科学依据，尽量在自然情境中进行调查及考虑小学生的个体差异。

1. 重视问卷编制的科学性

调查问卷的编制需要有一定的依据、有理论的支撑。比如，可结合心理学、教育学理论进行问卷的编制，也可在较为成熟的问卷的基础上结合学生实际情况进行改编。

工具：学生心理需求评定表

2. 保证调查情境的自然性

教师对小学生进行调查时，要在自然情境中进行，以便能够获取与学生实际相符的有效信息，避免学生刻意为之或有所隐瞒。

3. 注意学生的个体差异性

教师在进行分类时既要把握整体、纵观全局，也要注意每位学生之间的个体差异，做好适当的标识。

第三节　了解学生的新兴方法

近年来，了解学生的一些新兴方法陆续涌现，包括创建班级心情墙和烦恼清理法等。教师可依据实际情况适当选用并予以创新，推动班级管理方法不断发展和完善。

一、创建班级心情墙

视频：创建班级心情墙

创建班级心情墙，学生把自己的头像贴到相应的心情区域，来展示心情、释放情绪。这种方法从学生的心情表达切入，易操作、耗时短。

(一)创建班级心情墙的功能

创建班级心情墙，能为学生提供一个情感交流的平台和情绪释放的空间，为教师及时了解学生的情绪提供便利，为提高学生自我情绪调控能力奠定基础，有效预防校园不良事件的发生。

人本身具有表达需要，当情绪波动时，这种需要尤为强烈。伤心时无人开解，人会感到无助；快乐时无人分享，人会感到孤独；成功时无人祝福，人会感到落寞。班级心情墙，为小学生在班级中表达情绪提供机会，促进班级内生生、师生之间的情感交流。

关注学生情绪，满足学生的表达需要，有效帮助学生解除心中郁结，是班主任工作的重要内容。与过去常用的通过课后谈心了解学生心情相比，创设班级心情墙能减轻教师工作负担，班主任和各科任教师都可以直观、及时地了解学生的情绪并进行相应的引导。

(二)创建班级心情墙的实施步骤

班级心情墙的创建和功能发挥需要师生的共同参与，主要包括以下具体实施步骤。

1. 设计工具，建立班级心情墙

班级心情墙的创建，需要师生准备好相应的心情墙和代表每个学生的卡通头像或照片。一般而言，红色能让人感到温暖、兴奋和热情，给人温馨喜悦的感觉；灰色让人感到沮丧；绿色给人轻松的感觉，象征平静、稳健。因此，教师可以将班级心情墙分为三个区域，分别由三种不同颜色的爱心组成，可选用红色代表心情愉悦、蓝色代表心情悲伤、绿色代表心情一般(参见图1-1)。随后，准备学生的头像或照片，可让学生自己设计卡通头像或准备好自己最喜欢的照片。

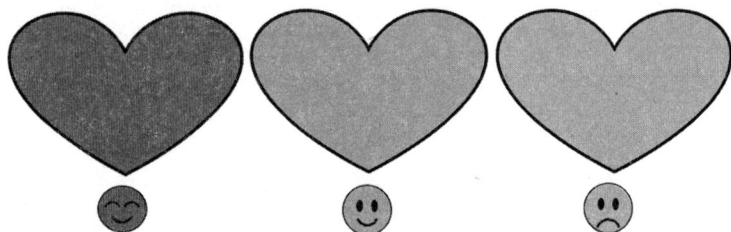

图 1-1　班级心情墙

2. 师生合作，制定规则指南

班级心情墙的主角是学生，班主任需要与学生合作制定班级心情墙的使用规则。这样，既充分尊重学生的主体地位，又让学生熟悉班级心情墙的使用。相应规则指南主要围绕学生的头像或照片贴在哪个区域、什么时候贴、怎么贴等问题来设计（参见表 1-3），可贴于班级心情墙旁。

表 1-3　班级心情墙使用规则指南

1	贴哪里——心情墙的红色爱心代表心情愉快、绿色爱心代表心情一般、灰色爱心代表心情难过
2	什么时候贴——学生每天来到教室，在早读前，需要将自己的头像贴到相应的心情区域
3	怎么贴——学生根据自己当天的真实心情，将头像贴到相应心情区域的爱心框内
备注	若当天心情有起伏，可根据实际心情将头像移至另外的心情区域，要求体现自己的真情实感

3. 协同工作，获得科任教师支持

班级心情墙要充分发挥了解与及时回应学生情绪的作用，需要班主任和科任教师协同参与。有了科任教师的支持，学生情绪变化的关注度得到提升，学生会感觉自己受到重视与理解，而且，更有助于疏导学生的不良情绪，预防事故的发生。学生的情绪会影响课程学习的进度与效果，科任教师及时关注学生的情绪，可以及时对教学方式进行调整，应对学生的不同状态，提升教学效果。因而，班主任需要提前向每位科任教师说明建立班级心情墙的初衷及操作要求，力争获得其认可与支持。

4. 启动仪式，激发学生参与

为了引起小学生的重视，教师有必要选择一节班会课作为启动仪式，说明建立班级心情墙是学生自由抒发情感的空间，是促进师生了解、生生了解的平台。随后，教师带领学生宣读班级心情墙的使用指南，鼓励每位学生勇于将代表自己心情的头像贴到心情墙上。同时，教师与学生商定，为了提升归属感，每位同学都将会成为班级心情墙的管理员。设置管理员，既能协助班主任管理班级心情墙，还能吸引学生及时关注同学在班级心情墙上的头像，关心同学的心情，促进生生之间彼此的感情交流。

5. 正式实施，每日观察与交流

班级心情墙是学生心情公开展示的公共区域，教师每天需要关注班级心情墙上的头像，而不能使其流于形式。教师要根据班级心情墙上的头像，分享学生的快乐、倾听学生的烦恼，若发现心情不好的学生，要及时帮助其排解不良情绪。学生之间也要注意相互关心、相互分享。

6. 归档总结，制作心情汇总表

教师运用班级心情墙了解学生的心情，并非只是关注学生一次的心情或几次心情的变化与结果，而是为了能及时了解、长期跟进学生的成长过程及心理健康情况。教师可以设计学生心情汇总表，表的正面(参见表1-4)用于记录学生的心情，背面附上处理不良情绪的小锦囊，用于引导学生自主排解不良情绪，提高学生的情绪调控能力。

表 1-4　心情汇总表

把你的心情晒一晒		
姓名：＿＿＿＿＿　　班级：＿＿＿＿＿		
日期	心情	原因

心情汇总表平时由学生本人自行保管，班主任定期查看。学生也可根据自身的实际情况，主动将心情汇总表交给班主任并寻求帮助。班主任通过心情汇总表，能够对学生的成长过程及其在这个过程中的心理变化有更加全面、深入的了解。

(三)创建班级心情墙的实施策略

班级心情墙活动的顺利开展主要在于学生能真实地表达自己的心情和教师能及时关注。为此，在实施该方法时需要注意以下三条主要策略。

1. 真情实感，鼓励交流

班级心情墙活动开展的基础是学生所贴的心情是学生内心真情实感的反映与展示。班主任应重视这一关键点，在活动开始之初，班主任可以以身作则，主动与学生分享自己的心情，形成良好的示范作用，鼓励学生表达真实的情感。同时，应宽容对待学生的小错误，营造一个宽松、自由的氛围。此外，班级心情墙活动的顺利开展，并非只是学生简单地完成贴的动作即可，重点在于贴完之后生生之间、师生之间的交流。教师可定期举办心情交流活动，让学生们相互分享其愉悦的事情；对于不愉快的事情，班主任需要注意提前询问当事人的意见，在尊重学生隐私的基础上决定是否需要与班上的同学分享交流。

2. 发现郁结，及时疏导

在学生无法自我排解不良情绪时，进行及时疏导是贴班级心情墙活动的重要一环，教师在发现这类问题后要及时了解情况，并给予巧妙、正确的引导，针对学生的不良情绪给予指导与帮助(参见表 1-5)，并借助学生所填的心情汇总表，了解学生不良情绪产生的真实原因。小学生受自身经验和学识等因素的限制，在考虑和看待问题时不一定能面面俱到，很多时候产生不良情绪的原因是他们把事情想得很严重或没有办法处理，这时班主任的引导与帮助就显得格外重要，班主任要引导学生树立良好的心态，帮助学生疏解心中的郁结。

表 1-5 学生不良情绪疏导小贴士 ①

不良情绪	处理指导	具体操作
挫折	教学生正面面对输赢和成败	让学生在游戏中提升抗压能力，培养自信心
嫉妒	请把学生带出嫉妒的深海	引导学生发现更好的自己，学会尊重、懂得谦卑
焦虑	帮助学生跨越成长的烦恼	善于发现学生身上的亮点，上好情绪辅导课
恐惧	引导学生的心灵在阳光下成长	帮助学生找回内心的安全感，唤醒学生心中沉睡的感恩之情，并将其充盈于学生的心灵中，提早做好安全教育
抱怨	让积极成为学生性格的一部分	及时兑现对学生的承诺，通过反思培养学生的自省习惯
害羞	蹲下身子跟学生说话	鼓励学生表达内心的观点、积极融入班级
愤怒	赶走学生心里那只愤怒的小鸟	引导学生换位思考，借助班级心情墙释放情绪
悲伤	让学生变得坚强	引导学生回顾快乐回忆，找回奋斗的动力
后悔	不要让学生为打翻的牛奶哭泣	指导学生制订计划，强化时间观念；减少遗憾，拒绝不良诱惑
痛苦	减轻痛苦给学生带来的伤害	安抚学生心灵，适当使用善意的谎言降低对学生的伤害
仇恨	别让学生用变形的镜子看世界	用灵动的故事引导学生学会宽容，培养学生的同理心
孤独	警惕学生在孤独中走进封闭的人生	多关爱学生，安排任务，鼓励学生付出，帮助积极融入集体生活中

3. 持续关注，定期反馈

班主任要持续关注学生的心情，学生心情的变化会随其面临的不同事物、情境发生变化。一方面，班主任在帮助学生排解不良情绪后，还应持续关注学生的情绪，用心观察学生的行为变化。另一方面，班主任需要定期给予每个学生反馈，进行适当的奖励，班主任可根据学生心情汇总信息，定期记录和回顾学生的心情变化过程，给予学生一定的反馈。

---

① 庞向前：《儿童情绪心理学》，目录 2～6 页，北京，当代世界出版社，2017。略有调整。

案例：自画像法

二、烦恼清理法①

戈尔曼（Goleman，D.）认为，"所有的情绪在本质上都是某种行动的驱动力。"②可见，情绪对行为有巨大的影响，情绪管理十分必要。而当前小学情绪管理教育存在许多不足，如形式较为单一、内容有些刻板、针对性比较缺乏等。学生有烦恼却无处诉、无法解，由此产生的消极情绪积压可能会导致严重的后果。烦恼清理法，指师生通过开发并运用"烦恼清理站"等一系列工具，帮助学生清理烦恼，调节消极情绪，改善相应行为。该方法聚焦于学生的个性化需求，既能帮助学生清理烦恼、排解消极情绪，又能培养与提升其情绪管理能力。

个体情绪管理能力是一种心理特征，是使人顺利实现情绪和情感活动所需的心理条件，包含内容、对象、操作、产品四个维度。其中，内容维度指具体情绪，对象维度指情绪来源，操作维度指对具体情绪的调控，产品维度指情绪管理的结果。③ 前两个维度指向情绪辨识能力，操作维度指向情绪调控能力，产品维度指向调控情绪后产生的结果。烦恼清理法，通过倾诉烦恼环节培养学生的情绪辨识能力，通过自省解决与教师建言两个环节培养其情绪调控能力，促进情绪管理能力的发展。

---

① 华南师范大学 2018 级小学教育方向教育硕士生吴钊锋参与了该方法的写作。

② ［美］丹尼尔·戈尔曼：《情商：为什么情商比智商更重要》，7 页，杨春晓译，北京，中信出版社，2010。

③ 马向真、王章莹：《论情绪管理的概念界定》，载《东南大学学报（哲学社会科学版）》，2012（4）。

（一）烦恼清理法的实施步骤

视频：烦恼清理法的实施步骤

烦恼清理法的顺利运行需要师生的共同参与，尤其需要教师整体设计方法的实施步骤。

1. 设计工具，建立烦恼清理站

为保证烦恼清理法的顺利实施，班主任需要准备一个三格并联的信箱。这个三格信箱包括"倾诉烦恼"格、"自省解决"格和"教师建言"格（参见图1-2）。在正式使用前，班主任应向学生介绍每一格的用途以及设计的初衷："倾诉烦恼"格用于收集学生的烦恼，学生在投入烦恼前，应确认自身所遇到的烦恼及由此产生的消极情绪的类型与来源；"自省解决"格用于收集学生对自身烦恼的反省心得及其尝试通过自身力量清理烦恼的过程记录。班主任通过阅读"倾诉烦恼"格与"自省解决"格中的信件，不仅可以了解学生遇到的烦恼及其对这些烦恼的看法和应对过程，还可以通过这些信件了解学生在这个过程中的心路历程及其心理健康情况。班主任可通过"教师建言"格，对那些未能通过自身力量清理烦恼的学生，予以鼓励或建议。

图1-2 "烦恼清理站"模型

2. 寻找烦恼来源，制作烦恼一览表

烦恼及由此产生的消极情绪具有多样的类型与来源。教师可以通过观察、谈话、分析书面材料、调查研究等方法深入了解学生遇到的烦恼。根据情绪管理能力的对象维度，可将烦恼来源划分为源自自身、他人以及人际交往；根据内容维度，可将因烦恼产生的消极情绪类型划分为愤怒、悲

伤、恐惧、厌恶、羞耻。进而制成烦恼一览表——"我的烦恼是什么"（参见表1-6）。表格内容可依据运行过程中的实际情况进行调整。

表1-6　烦恼一览表——"我的烦恼是什么"①

烦恼及情绪来源	来源举例	情绪类型
自身	自身的成绩、样貌、家境让自己感到羞耻	愤怒、悲伤、恐惧、厌恶、羞耻
他人	父母争吵后迁怒到自身，因同伴家中的不幸感到悲伤	
人际交往	因与同伴争吵而产生的愤怒，对同伴轻视他人的行为感到厌恶	

3. 师生协作，制定规则指南

通过烦恼一览表帮助学生识别烦恼及由此产生的消极情绪类型与来源之后，教师需要与学生合作制定烦恼清理法的使用规则指南。烦恼清理法的运行，包括倾诉烦恼、自省解决和教师建言三大环节。使用规则指南的设计，主要是对以上三个环节做出进一步的细化。前面两个环节的主体是学生，第三个环节的主体是教师。师生合作制定规则，能够得到学生对规则的认可。师生合作制定的使用规则指南（参见表1-7）与烦恼一览表一同张贴于烦恼清理站旁，这样既可规范使用过程，又可加深学生对规则的理解，有助于烦恼清理法的顺利推进。

表1-7　烦恼清理法使用规则指南

1	根据烦恼一览表——"我的烦恼是什么"，将自身烦恼写成信件，投入第一格中。
2	自查反思烦恼产生的原因，寻找对策，尝试依靠自己的力量把它们清理干净，将反思与清理过程写成信件投入第二格中。
3	若经过以上步骤，你的烦恼已被清理干净，恭喜你，你成功地打败了烦恼！
4	若你的烦恼仍然未被清理干净，可别忘了，老师永远是你们的知心好友！

4. 倾诉烦恼，辨识消极情绪

辨识消极情绪的类型与来源，是疏导消极情绪的第一步。只有知晓自

---

① 马向真、王章莹：《论情绪管理的概念界定》，载《东南大学学报（哲学社会科学版）》，2012（4）。

身的消极情绪具体是什么、来源于哪里，接下来的自查反思与尝试解决的过程才具有针对性。学生在烦恼一览表的提示和教师的引导下，能比较准确地对自身烦恼的来源做出正确的判断（具体案例参见图1-3）。倾诉烦恼的过程归根结底是了解烦恼及消极情绪表象的过程。更重要的是，我们要透过表象看本质，即要从具体类型与来源出发，挖掘烦恼与消极情绪的根源所在，理解其产生原因。

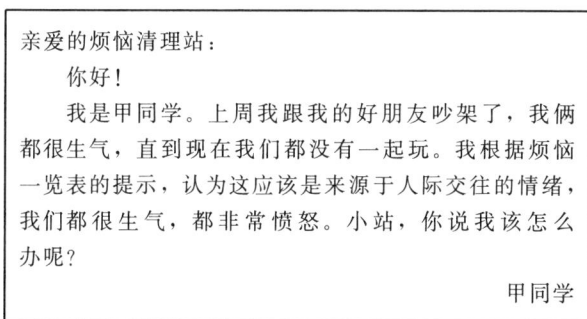

亲爱的烦恼清理站：

　　你好！

　　我是甲同学。上周我跟我的好朋友吵架了，我俩都很生气，直到现在我们都没有一起玩。我根据烦恼一览表的提示，认为这应该是来源于人际交往的情绪，我们都很生气，都非常愤怒。小站，你说我该怎么办呢？

甲同学

图1-3 "倾诉烦恼"具体案例

5. 自省解决，尝试疏导消极情绪

经由倾诉烦恼环节，学生对自身的烦恼及消极情绪有了清晰认识，也探明了问题的根源所在，疏导过程自然水到渠成。之后，学生需要采取一些清理策略，对烦恼进行清理。针对小学生的反思意识和应对自身烦恼的能力仍处于发展阶段，以及遇到问题习惯于求助教师或家长等状况，设置"自省解决"格，有利于较好地激发学生的反思热情，学生能积极开展自省反思活动，并主动尝试清理烦恼（具体案例参见图1-4）。对于小学生而言，独立疏导消极情绪还存在一定难度，但随着烦恼清理站的持续推进，学生逐渐掌握了疏导方法，能够较为独立、合理地面对烦恼、排解消极情绪。

亲爱的烦恼清理站：

　　你好！

　　我是甲同学。这两天我都有在反思哦。上周的矛盾其实是因为一个玩笑。我在她进门时，"砰"地把门关上，险些夹到她的手。当时我说了句"对不起"，可是她仍然不理我。现在想想，应该是我不够真诚吧。还可能是因为我没有换位思考。如果是我的手差点被门夹了，我一定会当场暴跳如雷呢，所以我应该再找机会向她真诚地道歉。

甲同学

图 1-4 "自省解决"具体案例

6. 教师建言，给予鼓励或帮助

　　烦恼藏于学生的内心，教师不能生硬地将其消除或者克服，而应引导学生正确地认识自身的烦恼，并鼓励其尝试通过自己的力量加以清理。经由倾诉烦恼与自省解决两个环节，大多数学生都能清晰地认识自身的烦恼，并能在教师的引导下，探明烦恼产生的根源所在，制订具有可行性和针对性的整改计划。对于这一部分学生，教师可定期予以鼓励，尤其是当学生通过自己的努力取得一定的进步与成绩时，可赠送小卡片或自制的小礼品作为奖励。对于不能独立清理烦恼的学生，教师应耐心地与其多次交流，慢慢打开学生的心扉、倾听其心声，进而帮助学生认识自身的烦恼，为后期的清理烦恼工作做好准备（具体案例参见图 1-5）。

亲爱的甲同学：

　　你好！

　　老师很欣慰你能够主动反思、换位思考，并意识到"玩笑"可能带来的严重后果。愤怒是一只大魔鬼，只有你们俩同心协力，才能够把烦恼清理掉。你可以尝试与你的那位同学分享阅读一本好书、一起参加小组活动，找机会真诚地表达自己的歉意。你们一定会再次成为好朋友的！

烦恼清理站

图 1-5 "教师建言"具体案例

7. 归档总结，制作烦恼汇总表

为了系统记录学生的烦恼和解决办法，教师可以设计烦恼汇总表(参见表 1-8)，作为学生清理烦恼后的归档总结。每当学生清理掉自身的一个烦恼后，都要及时记录在烦恼汇总表中。烦恼汇总表平时由学生本人自行保管，班主任定期收上来查看，学生也可根据自身的实际情况，主动将烦恼汇总表递交给班主任。班主任可根据烦恼汇总信息，给予学生鼓励和支持。对于学生本人而言，定期记录和回顾烦恼及其清理过程，既能提高自我效能感，又能提高自身处理烦恼的能力；对于班主任与学生家长而言，可通过烦恼汇总表对学生的成长过程及其相应的心理变化有更加深入、全面的了解。

表 1-8　烦恼汇总表

姓名：_____　　班级：_____		
日期	烦恼来源	解决过程

(二)烦恼清理法的实施策略

视频：烦恼清理法的实施策略

烦恼清理法的顺利实施，需要师生的共同参与，尤其要保证学生在该过程中的主体地位，并注意落实以下三方面的策略。

1. 重在清理，解决问题

烦恼清理法包含两个方面：一方面是"烦恼"，另一方面是"清理"。前者是问题呈现，后者则是问题解决。因此，学生不能局限于辨识消极情绪的类型和来源，而应基于此开展深入的自我反思，找准清理策略，切实排解消极情绪。在正式实施烦恼清理法的过程中，学生首先应明确自己的烦恼是什么，只有知晓烦恼的来源，才能找准清理烦恼的策略。而且，无论是学生自行解决所遇到的烦恼还是教师帮助解决，都应具有针对性，不能泛泛而谈。实践证明，烦恼清理站的确是一名优秀的"小管家"。自从这位"小管家"入驻班级后，学生逐渐能准确地辨识自身的烦恼与消极情绪，提升了情绪辨识能力，这为开展反思和疏导工作奠定了基础。同时，在遇到烦恼后，学生不再随意发泄情绪或直接向教师及家长求助，而是先自省反思并学习独立应对和处理这些情绪，情绪调控能力有了较为显著的提升。

2. 重视保密，呵护隐私

烦恼是每个学生的小秘密，教师应重视保密工作。首先，教师在介绍烦恼清理法的班会上，应强调个人隐私的重要性。其次，教师可以为烦恼清理站设置小小管理员，由学生轮流负责监督，其他同学则参与到日常的维护当中，共同撑起一片保护心事的天地。最后，每位学生可以使用笔名进行烦恼的投递，每位学生的笔名由班主任登记和保管，只有班主任和学生本人知道，这可以在一定程度上提高烦恼清理法在运行过程中的保密性。

3. 定期反馈，客观评价

虽然烦恼清理法重视学生在清理过程的主体地位，但是小学生的情绪辨识能力与情绪调控能力处于发展阶段，其清理烦恼和处理情绪问题的方法还不够成熟，需要教师持续跟进、适时指导，因此，教师的定期反馈和客观评价至关重要。烦恼清理法的操作相对简单，在学生疏导消极情绪的过程中发挥了积极作用，在使用过程中，教师需进一步探索如何运用烦恼清理站激发学生的积极情绪，使其成为乐观幸福的人。

视频：班级人脉图法

第二章　组建班级

本章思维导图

班级管理目标能否实现，班集体能否形成班风正、学风浓的良好氛围，有赖于班主任采取正确的策略和方法成功组建班级。

第一节　组建班级的基本原理

班主任了解组建班级的主要内容，明悉一些常见问题，深刻体会组建班级的意义，有利于更好地选择合适的方法开展相应的工作。

一、组建班级的内容

组建班级的内容，主要包括班级制度建设、班干部团队培养和班级氛围营造等方面。

（一）班级制度建设

班级制度建设，即师生为了实现共同目标，在班级规则和公约方面达成共识，从而制定出指导班集体所有成员言行的规矩和准则。师生齐心协力建设和实施班级制度，能更有效地发挥制度对学生的规范、导向和激励作用。学生的民主参与，既能增强学生的班级主人翁意识，使其自觉遵守规则，促进相应的社会化发展，也可避免学生因不认同班规而产生抗拒心理，减轻教师班级管理工作的负担。

(二)班干部团队培养

班干部团队培养，即教师根据学生的个性特点，安排其承担班级管理中的各项事务，让学生有机会参与班级管理，以建设高水平的班干部队伍。学生担任班干部，积极参与班级管理，既能够履行相应的责任和义务，也有助于提升自我身份认同感和班级归属感，强化主人翁意识。班干部团队的建立与发展，能很好地调动学生参与班级管理的热情并提高管理效率。

(三)班级氛围营造

班级氛围营造，从深层次上说，主要是教师和学生要形成共有的理念和价值观，这些深层次的理念又体现于师生共同创设的班级物理环境(如黑板报、活动角等)以及师生开展的多种活动之中。学生创造性地参与班级氛围营造，对培育其综合素养具有至关重要的作用。教师在班级管理的过程中，应根据学生的特点系统地建设具有特色的班级氛围，避免流于形式。

二、组建班级的问题

多年来，班主任探索出了许多组建班级的方法和途径，然而，仍存在不少问题亟待解决。

(一)班级制度的作用被忽视

当下，部分班主任仍缺乏制定班规的意识，学生规则意识较为薄弱，致使班级制度的作用被忽视。

其一，班级管理缺乏班本化的相关制度。不少教师依赖学生守则和校规，却没有意识到根据本班的实际情况，有针对性地制定班规的重要性。一些班主任往往等到学生之间出现了矛盾或班级公共生活出现了问题，才急忙去思考应对措施。虽然班主任会借此机会及时教育学生，但是，由于班级管理方方面面的事务一直没有明文规定，班主任也没有将奖惩制度进行量化，当同样的问题再次发生时，班主任仍是急急忙忙处理，临时思考应对策略，而且针对同一问题的解决办法可能不一样，甚至相互矛盾。这不仅让班主任在面对繁杂的班级管理事务时力不从心，也容易让学生因受到差别待遇而感到心理失衡，对班主任产生不信任感，甚至形成逆反心理。

其二，学生规则意识匮乏。学生的大部分时间是在学校度过的，学生在社会上出现违反规则的不良行为，在一定程度上是因为学生在班级生活中缺少"班规"的约束。近年来，小学生骑共享单车出事、在公众场所打闹等，从侧面反映出他们在社会上活动时，规则意识较差。

（二）班干部竞选制度不完备

传统的班干部选拔方法主要有任命制、选举制、竞选制和轮换制。不管采用哪种方法，在选拔班干部时，班主任往往不会给参与选举和投票的学生提供统一的标准，这就意味着学生会凭借自己对参选者的印象、参选者与自己的交情深浅等来判断是否应该推举其为班干部，少有学生从参选者能否有助于班级管理的角度进行投票。

视频：选用班干部

而且，少数学生为了让同学在竞选时投自己一票，不惜买零食或请客拉票等，这在一定程度上说明班干部选拔标准的主观化，容易导致班干部岗位主要为善于"交际"和成绩好的学生获得，打击那些真心想为班级做贡献的学生的积极性。

（三）班级氛围的营造过于功利

班级氛围的营造要健康、积极，能增加班级活力、激励学生学习及淡化功利色彩。然而，一些班级氛围存在过于功利的现象。一些小学教师为了鼓励学生学习，在班级墙壁上设置"状元榜"或"精英领袖"等专栏。看似内容丰富且能激发学生的学习动机，但这样的空间让学生感到紧张、焦虑、压迫。还有一些班级物质环境的布置过于注重形式，遮蔽了班级氛围所蕴含的隐性育人价值。班主任往往隔一段时间就带领学生把班级布置得"美轮美奂"，却并没有注入班集体的"灵魂"。

三、组建班级的价值

有效地组建班级，有助于增强班级的纪律性、促进学生的自主管理以及形成良好的班级生态。

（一）增强班级的纪律性

教师完善班级管理机制，健全学生自我管理的组织机构，规范学生的言行，对不符合规范和集体舆论要求的言行进行及时调节与矫正，有利于增强班级的纪律性，促进班集体健康发展。

（二）促进学生的自主管理

学生在教师的带领下参与班级组建工作，能够激发积极性和主动性。教师结合学校教学、管理模式以及学生的身心特点，以学生为主体制定合理的班级管理制度，组建纪律性强的班干部队伍，建设有特色的班级文化，能让学生在参与班级管理的过程中快速成长，成为自主管理的小能手。

（三）形成良好的班级生态

基于班级管理目的开展良好的班级制度建设、班干部团队培养及班级氛围营造工作，能够自然而然地形成积极向上的良好班级生态，对小学生的情感、态度、价值观发展有着潜移默化的影响，有利于小学生身心健康成长。

第二节 组建班级的常规方法

组建班级的常规方法，主要涉及制定班规、构建班干体系及布置空间等。

一、制定班规

班规是班级制度的体现，是班级成员必须共同遵守的准则，由班主任带领学生在学生守则和校规的指导下，依据班级奋斗目标而共同制定。主体性教育理论主张根据社会发展需要和教育现代化要求，激发学生内在的教育需求，创设和谐、宽松、民主的教育环境，有目的、有计划地规范、组织教育活动，把学生培养成能自主地、创造性地进行认识和参与实践活动的社会主体。[①] 部分教师异化了班规的功能，将其作为控制学生言行的手段，这种做法削弱了学生的主体性。以主体性教育理论为指引，学生在参与班规制定的过程中，能够不断促进自身主体意识、主体能力和主体人格的发展。教师在制定班规时，需注意鼓励学生参与、增强班规认同和重视人文管理等。

（一）鼓励学生参与

如果班规仅由教师制定，学生在遵守和执行班规的过程中，积极性会显著降低。因此，教师应激发学生的主体意识，鼓励学生积极参与，共同制定班规。而且，在制定班规的过程中，教师要充分考虑学生的意见，充分调动学生参与班级管理的主动性，逐步培养其良好的自我规划和自我管理能力，提高班规在班集体中的可信度和权威性。

（二）增强班规认同

在班级管理的过程中，教师需有效发挥班规的作用，坚持用班规治班。教师需强调班规的地位，及时约束学生的不良言行，保证教育教学的正常进行。尤其需要注意的是，学生参与制定班规、执行班规，这是学生将班规和班集体目标内化为个人目标并不断外化于言行的过程，学生在不断内化与外化交替的过程中反复强化积极行为、规范不良行为，使自身主体能

---

① 张天宝：《论主体性教育》，载《中国教育学刊》，1996(5)。

力处于不断发展的状态。

(三)重视人文管理

本着班规治班的原则开展班级管理工作,并不意味着必须摒弃人文管理。随着学生的主体意识不断提高,教师在以班规治班的同时,运用情感互动、鼓励及调控等人文管理的手段,能够拉近师生之间的心理距离,促进问题的解决。教师在班级管理过程中重视人文管理,有利于学生形成自尊、自信与自控等良好的品格,使学生的主体性人格得到健康发展。

二、构建班干体系

构建班干体系,指在学生民主参与的情况下,选拔各个岗位的班干部,由其组成班干体系,协助教师严格执行班规,服务班集体。构建班干体系的主要策略包括制订前期计划、合理落实计划、加强检查反馈以及总结相关经验。

(一)制订前期计划

人们在做任何事情时如果没有计划和准备,则难以取得成功。教师需从学生全面发展的角度,分析班级管理目标,确定班干体系构建的阶段目标,细化每一位班干部所承担的各项工作子目标,与班干部一道制订相应的计划。

(二)合理落实计划

按照设定的计划和目标,开展各项工作是构建班干体系的重要环节。一方面,以目标为导向,充分预见未知因素,在面临突发情况时能及时调整;另一方面,在实践过程中不断总结失败与成功的原因,为下一轮的班干体系构建提供可资借鉴的经验。

(三)加强检查反馈

教师在实施过程中需要加强检查工作,及时为学生提供相应反馈。首先,检查小班干部们在计划阶段设定的各项班级管理计划和目标是否具体、合理。目标设定过高,容易使学生感到目标渺茫,最后将无法实施,挫伤他们的积极性；目标过低，则会让学生感到无挑战性，降低其自我效能感。其次，根据班级管理工作的进展，启动相应的学生自我评价和同伴评价，了解学生在执行各项工作时的情况，并将所发现的问题反馈给学生。最后，检查各阶段工作所耗费的时长。每项计划有其预计完成的时间，考察时间的利用是否合理可以反映出一些问题，以便在后期进行适当调整。

(四)总结相关经验

总结相关经验，可以为下一个阶段的班干体系构建提供指导。首先，总结在检查阶段发现的问题，认真审视出现这些问题的原因。其次，针对问题调整计划和实施策略。最后，综观全局，对整个流程做总结性处理，思考当下得出的经验是否有用，确保本次出现的问题在下一轮少出现甚至不出现。

三、布置空间

环境心理学，将环境和行为关系视为整体并加以研究，提出个体心理与所处环境有直接关联，人的行为与环境属于相互作用关系。[①] 教室作为学生长期学习、活动的场所，需要具备完善的功能和舒适的环境，有利于学生积极投入学习过程中。教师需根据一定的理论，结合学科和学生的特点，灵活布置班级环境。

(一)根据理论科学布置

当学生感到行动不自由时，容易产生消极情绪，并试图控制环境。传统僵化的学习空间布局，会让学生陷入被迫学习的心理状态，从而产生控制课堂的欲望，表现为讲话、做小动作、离开座位等不良行为，导致课堂纪律不佳。教师在结合环境心理学理论布置学习空间时，应使空间布局显得更加灵活，减少学生的被束缚感。

---

① 魏静：《未来课堂营造积极情绪研究——基于环境心理学视角》，载《电化教育研究》，2014，35(11)。

环境心理学指出，突出环境中的某些元素，能让人有更好的体验。例如，突出环境中自然或与自然相关的元素，更加有利于人们释放因投入学习带来的压力和疲劳。基于此，教师在布置班级环境时，可以多研习一些环境心理学方面的著作，既在班级环境布置中取得事半功倍的效果，也能基于相应的理论基础创新出一系列新的运用策略。

（二）适应情境灵活布置

传统的"秧田式"的座位编排方式，不利于学生之间的交互学习。顺应新课程改革倡导的合作学习等需要，教师应对学生的座位进行灵活布置，如将座位调整为"圆形"和"马蹄形"等。

不同年龄阶段的小学生在认知发展上各有特点，每个阶段的发展都需要一定的物理和心理刺激，来唤醒大脑中心的网状结构，使脑活动增加，让处于"休眠"状态的各种身体活动达到活跃状态。因此，座椅的摆放、教师讲台的位置以及班级的装饰等，都需要随着学生的发展而做出适当调整。

第三节　组建班级的新兴方法

组建班级的新兴方法，主要有火车站班干法[①]与班级纪念日法等。

一、火车站班干法

火车站班干法，通过模拟火车上的部分岗位和运行制度来设置班级当中负责各项工作的班干部岗位，各个岗位的任职采用轮换制，让每位学生都有机会得到锻炼和发展。定期的岗位轮换，让班干部在班集体的监督下履行义务和行使权力，接受评价和反馈，反思自己的工作。人人都有机会当班干部，能激发学生的参与感和责任感，而且，全班同学民主监督，能

---

① 华南师范大学 2018 级小学教育方向教育硕士生曾穗芬参与了该方法的写作。

够逐渐淡化班级岗位的"官味"。

(一)火车站班干法的实施步骤

火车站班干法的实施主要分为前期准备、正式运行、总结反馈、岗位交接四个步骤。

1. 前期准备

为提高学生的参与积极性，前期准备需要充分动员学生和进行岗前培训。

其一，动员学生。教师可在班级内粘贴火车站班干制度的宣传海报，激发小学生的好奇心和参与热情，并向学生解释火车代表班级，将班集体视为一列火车，命名为××号，如和谐号、团结号等。教室环境即火车的内部设施，火车共有八节车厢，分别代表着各个部门。需要每位学生民主参与和轮换到各个部门，通过彼此之间的分工与合作，推动火车站班干法的有效运转。

其二，岗前培训。在实施该方法之前，教师需向学生清楚说明具体的运行程序和相关岗位的职责。

2. 正式运行

在正式运行时，需要举行职位聘任仪式以及定期召开由班干部主持的班级会议，引起学生的充分重视。

其一，举行火车站内各个职位的聘任仪式。选择一节班会课作为火车站内各个职位的聘任仪式。通过自荐、竞选的方式，由学生本着公正、民主的原则选举出各个职位的任职人选。每位新任班干部需要签署一式两份的"劳动合同"，并发表就职演说，内容可以是关于各职位的想法、计划，也可以设想在任职过程中可能遇到的困难并尝试提出相应对策。

其二，每周定期召开全体大会。该会议由当值班干部主持，班主任协助并指导，意在协调班干部无法解决的班级事务。这些超出班干部管理能力的事务可能会引起个人与集体的矛盾。班主任应借助这个会议加强学生与班干部之间的沟通，发挥班主任的协调作用，及时解决班级矛盾，引导学生权衡好个人利益和集体利益的关系，学会相互包容，培养班集体的团队精神。

3. 总结反馈

火车站班干法的实施，让每位学生均有再次上岗担任班干部的机会。因此，每一次轮岗之前的总结、反思都应得到师生的重视。

首先，任职班干部总结工作经验，提出自己无法解决的困难。总结工作经验一般有固定的模式，即需要简要说明"在这次体验中，我学到的最重要的东西是什么？我感到最难的地方是什么？"有些学生可能从来没有担任班干部的经历，会因年龄小、经验不足，在任职过程中感到不知所措，这时就需要寻求教师和同学的帮助。其次，其他学生评价当届班干部，并简要提出自己的看法和建议。最后，教师依据学生的反馈评价班干部的任职表现，教师在反馈时要针对班干部和班级事务的具体情况给予详细指导。

4. 岗位交接

岗位交接需要做好轮换衔接，使任职班干部明确在本轮工作中需要改进之处，避免再走相同的弯路。

火车站班干制度的轮换分为三种（参见表 2-1）。第一种是大轮换，即覆盖全班同学的值日站长、保洁员岗位的轮换。每位同学均有机会担任站长或保洁员，负责维持课前准备、午餐、午休、队列等秩序或教室的卫生。第二种则是中轮换，即固定人数、同一职位的轮换，是由 5 位站长和 10 位广播员在周一至周五进行轮值，主要负责协助值日站长和在早读课上领读。第三种则是小轮换，即在常任岗位内轮换，分别包括负责收发作业、维护座位整洁的 8 位列车长，负责班级图书角和管理书籍的图书管理员，负责取用药品、带领三操、维护设备的保健员，以及负责公告栏、宣传栏、红花栏的化妆师（参见图 2-1）。

表 2-1　火车站内的各个职位

岗位	数量	性质	职责
值日站长	42	大轮换	维护课前准备、午餐、午休、队列等秩序
保洁员	42	大轮换	维护车内卫生(讲台、黑板)
站长	5	中轮换	协助值日站长维护课前准备、午餐、午休、队列等秩序

岗位	数量	性质	职责
广播员	10	中轮换	在早读课上领读
列车长	8	小轮换	收发作业、维护座位整洁
图书管理员	2	小轮换	负责班级图书角和管理书籍
保健员	2	小轮换	负责取用药品、带领三操、维护设备
化妆师	2	小轮换	负责公告栏、宣传栏、红花栏等

图 2-1　火车站班干法示意图

执行三种轮换制度的过程中，需要注意做好每个岗位的轮换衔接合作以及各个岗位之间相互合作，各司其职，共同维护"火车站"的日常运作。制作相应的任务卡(参见图 2-2)，有利于岗位轮换前后任务的交接和轮换中的相互监督。

图 2-2　任务卡示例

(二)火车站班干法的实施策略

实施火车站班干法应帮助学生明确规则,必要时应设立求助机制,并注重全面培养学生的综合能力。

1. 明确实施规则

在火车站班干法中各个岗位命名的趣味性、新颖性能在一定程度上吸引学生的注意力,激发其兴趣。班主任需耐心、详细地向学生解释实施规则。

2. 设立求助机制

并非所有的学生都具备很好的管理才能。学生在初次接触新岗位时难免会面临一些问题,若处理不好,容易导致学生自信心受挫,甚至被同伴取笑。教师在使用该方法时,可视情况在班级内设立求助机制,成立由教师和有经验的学生组成的帮扶委员会。学生在协助班主任管理班级时,遇到任何困难都可以寻求帮扶委员会的帮助。

3. 注重全面培养

火车站班干法要面向全班学生,让每位学生均有机会参与班级管理的多方面事务。在此过程中,教师也要注意培养每位班干部的综合能力。

二、班级纪念日法

班级纪念日法,即学生自制班级日历,记录班集体的重要时刻,将其作为纪念日,并开展相应的纪念日活动,增进师生之间的交流与互动,促进师生关系的发展,形成轻松愉快的班级氛围。设立各种有班级特色的纪念日,通过多种活动方式创造师生、生生互动和交流的机会,对于营造良好的班级氛围,形成健康的班集体有重要作用。影响班级文化的因素有很多,除班级环境布置外,还涉及班级舆论导向、人际关系等。良性的舆论导向能够为班级带来积极的影响力,使学生学会明辨是非。班级纪念日法,即为班级中有正面导向的事件或人设立纪念日,为学生树立榜样,鼓励学生往积极方面发展,有利于引导班集体形成正确的舆论导向。

(一)班级纪念日法的实施步骤

视频：班级纪念日法的实施步骤

班级纪念日法的实施，主要有制定纪念日设立标准、进行纪念日活动设计和开展纪念日活动等步骤。

1. 制定纪念日设立标准

教师和学生共同制定设立班级纪念日的标准，可考虑为班级中发生的具有代表性和教育意义的事件或对班级做出一定贡献的代表人物设立班级纪念日。例如，3月18日，值日同学将班级卫生工作做得特别好，在周升旗仪式上得到学校领导的表扬，并荣获"卫生小标兵"的称号，全班同学都为此感到骄傲和开心，这份荣誉是通过同学们的用心和认真劳动获得的，班主任和学生们商量将每月18日定为"卫生标兵日"，借助这个纪念日塑造认真、勤奋的班级形象，时刻提醒学生做事要认真、负责。

2. 进行纪念日活动设计

教师和学生们共同设计纪念日日历，确定纪念日的纪念形式以及安排每个班级纪念日策划工作的主要负责人员。

其一，教师指导学生为每个班级纪念日设计精美的日历。日历的正面应包括但不限于具体的日期、纪念日由来、相关照片及班徽等元素。日历的背面可供学生填写关于该纪念日的感想(参见图2-3)。

图2-3　班级纪念日日历示例

其二，策划每个班级纪念日的庆祝形式。为体现学生的主体地位，锻炼学生的组织策划能力，可让班干部带领同学负责主要策划，教师提供指导意见。学生之间的合作，也有利于增强班级凝聚力，形成团结、合作的班级氛围。班级纪念日的庆祝，可采用多种形式，如围绕主题布置班级、举行班级晚会或举办征文比赛等。

其三，每个班级纪念日都安排 1~2 位主要负责的学生，当班级纪念日到来时主要负责的学生根据需要在班里招募工作人员协助开展相关工作。

3. 开展班级纪念日活动

每次的班级纪念日活动都应做好充分准备，营造节日仪式感，为学生留下深刻印象，发挥班级纪念日的教育作用。开展班级纪念日活动需要经过筹备、实施和总结三个阶段。

其一，筹备阶段。为保证活动顺利开展，负责的学生及其团队要在教师的指导下，于班级纪念日到来之前撰写出具体的实施方案，包括活动项目、纪念形式、地点、参加对象、准备活动所需的工具和材料以及相应的应急措施等。

其二，实施阶段。在班级纪念日当天，教师和学生按照实施方案开展活动。若遇节假日或与上课时间有冲突，可灵活调整活动时间。尽量不让班级纪念日活动被其他活动占用，以免影响学生参与的积极性。在实施阶段，教师应有意识地观察和记录学生的表现及活动设计开展的情况，以期为活动后的反馈工作提供依据。

其三，总结阶段。活动结束后，利用 10~20 分钟时间对本次班级纪念日活动进行总结。主要包括：负责本次活动策划的学生总结和反思自身的工作情况；参与活动的其他学生发表相应看法和建议；教师给出反馈，表扬学生们做得好的地方，对应改进之处提出有针对性的建议，鼓励学生在下次班级纪念日活动中加以完善。

(二)班级纪念日法的实施策略

视频：班级纪念日法的实施策略

为进一步发挥班级纪念日的实施效果，教师需注意充分考虑学生的意见、有针对性地设立班级纪念日及善于利用活动剪影等。

1. 充分考虑学生的意见

班级纪念日的确定，要体现民主和尊重。在确立每个班级纪念日前，教师都应充分吸取学生的意见。例如，"卫生标兵日"的确定，可通过投票、发表讲话、小组讨论等形式收集学生的看法和建议。

2. 有针对性地设立纪念日

过多地设立和滥用班级纪念日，不仅会给班级管理带来负担，也会让学生丧失新鲜感和动力。班级纪念日的设立，应具有代表性和纪念意义，一个学期设立一至两个为宜。否则，班级纪念日会逐渐流于形式，失去价值。班级纪念日，也可以是教师基于班级管理中出现的某些问题，有针对性地提出的。比如，教师针对学生爱打"小报告"的现象，与学生共同设立"赞美日"，通过这个班级纪念日培养学生主动发现同伴优点的意识。如此，既有利于降低学生打"小报告"的次数，减少教师管理班级的负担，也有利于形成积极向上的班级氛围。

3. 善于利用活动剪影

教师和学生可利用照相机等工具，捕捉班级纪念日活动中的精彩画面，拍摄班集体的关键瞬间，并用这些照片装点教室，使其成为一道亮丽的风景线，营造愉快温馨的班级文化氛围，让学生体验班集体的温暖，促进学生的健康发展。

案例：小小班币管家法

第三章 组织班级活动

本章思维导图

组织丰富多彩的班级活动，能有效提升班集体的凝聚力，让学生在活动中提高综合素养。

第一节 组织班级活动的基本原理

人们对班级活动这一概念的看法有所不同。有学者认为，班级活动指教师为了实现一定的教育目的，组织班级成员参加的一切教育活动，包括班级课堂教学活动、课外活动及社会实践活动。① 有学者则认为，班级活动指为了实现一定的教育目的，组织班级成员参加学科教学以外的教育活

---

① 冯伟强、张洁：《课堂教学与班主任工作技能》，155 页，北京，北京师范大学出版社，2011。

动，包括综合实践活动、课外活动和"第二课堂"等。① 本书所指的班级活动是课堂教学之外的教育活动。

一、组织班级活动的要求

在组织班级活动的过程中，教师需关注学生的身心特点，针对问题开展活动并通过评估提升活动品质。

(一)紧扣学情：关注学生的身心特点

教师在组织班级活动时，应根据学生的身心发展特点设计活动，保护学生的好奇心，调动其参与活动的热情，以达到相应的活动目的。例如，学生初入小学，正处于适应期。针对此阶段的学生，教师应更多关注班级活动的趣味性，以吸引学生的注意力，使学生沉浸其中。

(二)结合实际：针对问题开展活动

学生在日常学习、生活中，经常面临人际交往、学习压力和品行发展等问题。教师应针对学生所面临的问题，挖掘问题背后的教育价值，有针对性地提炼教育主题并组织班级活动，通过丰富多彩的活动帮助学生树立正确的世界观、人生观和价值观。

(三)注重评估：通过评估提升活动品质

科学评估班级活动，旨在深化活动价值，促进学生的深度学习。班主任作为活动的设计者和组织者，应在活动过程中根据学生的表现及时提供反馈，引导学生理解班级活动中蕴含的价值，提升学生的活动体验，让学生真正在活动中受到启发，在活动中有所进步。学生也应该成为活动评估的主体，通过自我评估和同伴互评，随时反思、监控和调节自己的活动过程，丰富评估经验，掌握评估知识与技能，成为优秀的自我评估者和自主的终身学习者。

---

① 赵志毅：《班级活动设计与组织》，2页，南京，南京师范大学出版社，2009。

二、组织班级活动的价值

教师组织班级活动，能够帮助学生学会交往、培养学生的自我教育能力以及增强班级凝聚力。

（一）帮助学生学会交往

人类的教育活动起源于交往，教育是人类一种特殊的交往活动。[①] 多样化的班级活动是学生积累人际交往经验的最佳平台。班级活动是联系班集体的纽带，可以帮助学生加深了解，建立起信任感。在班级活动过程中，学生难免会遇到不如意的时候。比如，想要和自己喜欢的伙伴结队，却不被对方接受；小组成员各执己见，导致相关活动无法顺利进行；等等。面对这些状况正是学生锻炼如何处理人际关系的好时机。通过教师的引导和同伴的帮助，学生能在班级活动中更深刻地认识自己和他人，促进自身发展。

（二）培养自我教育能力

教育要能激发、唤醒人潜在的能力。教师基于一定目的，有计划、有组织地带领学生开展班级活动，而且，在活动过程中循循善诱。学生在这种学习环境中成长，不仅能够掌握自我教育的能力，还能知道如何在他人有需要的时候给予安慰和帮助。

（三）增强班级凝聚力

教师组织班级活动，能够促进学生之间的交往和互动，使其在活动中找到班级归属感，增强班级凝聚力，让班级成为一个温暖的大家庭。学生在融洽、团结的集体中成长，有利于培养爱心、责任感及集体意识。

---

① 叶澜：《新编教育学教程》，32 页，上海，华东师范大学出版社，1991。

第二节　组织班级活动的常规方法

组织班级活动的常规方法，主要包括组织主题班会、班级晨会和实践活动等。

一、组织主题班会

"班会是以班级为单位召开的全体成员会议，讨论并解决班集体在学习、生活中的各种问题，是学校进行德育的一种组织形式，有助于培养学生的民主意识，锻炼自治自理自主能力，形成巩固的班集体。"[1]主题班会是班主任指导学生围绕班里的重要主题开展的班会。

(一)主题班会的意义

体验是人类生存的基本方式，具有道德教育价值，是道德教育的本体。[2]通过开展主题班会活动，学生可以在活动中学习，在活动中体验、分享与总结。不同于说教型班会，体验式主题班会能够让学生在体验中感悟，在表达中反思，在分享中提升认知。这种以活动为依托的体验式主题班会，能够提高学生的活动参与度并深化其体验，由此提高班会的德育实效。

(二)主题班会的实施

小学阶段是学生自信心形成的关键期，小学生自信心的确立，对其形成正确价值观和提高学业成绩等有着重要作用。学生初入小学，既要适应陌生的环境，又要面对学习上的压力，若不善于向教师和家长表达自己的想法，可能陷入自卑的旋涡。运用主题班会法，教师能够及时通过活动为

---

[1] 顾明远：《教育大辞典(增订合编本·上)》，50页，上海，上海教育出版社，1998。
[2] 刘惊铎：《道德体验论》，博士学位论文，南京师范大学，2002。

学生提供自信的源泉。这里以自信为例，分析"魅力四射"主题班会案例。该主题班会鼓励学生发现自己的优点、亮点，悦纳自己，提高自信。在活动体验过程中，师生之间，尤其是生生之间的互动，也能提高学生的自我评价能力和同伴的互评能力。整个主题班会的实施主要分为准备、运行和总结三个阶段。

1. 准备阶段

为保证活动顺利进行，班主任带领学生在此阶段设计并准备好班会所需的各种用具。本次主题班会所需的工具有 A4 纸、彩色笔和魅力卡。魅力卡，是空白的卡片，学生在活动过程中可为自己制作"我的魅力卡"。

2. 运行阶段

在运行阶段，班主任应向学生说明活动流程及规则，将学生分为两组，并面对面坐好。若条件允许，"魅力四射"主题班会最好在室外进行。其主要环节如下：①每位学生都画下自己的画像，画好后要面对全班同学进行自我介绍，并说明此画有什么特征；②班主任把所有画像收集在一起，将画像的顺序打乱，再将画像背面朝上发给学生，此时不能让其他学生看到该画像；③当班主任数到三时，每位学生分别将画像放在自己的头上，最先喊出对方组员头上画像所对应同学姓名的为获胜者，被喊对姓名的学生走出座位，走出座位少的一组获胜；④获胜小组发表获胜感言，每位组员都要说出自己为什么能够识别出对方头上画像所对应的同学，并至少说出对方的三个优点。让学生体验自画像和自我介绍，有助于其在画和说的过程中重新审视自己的特点，认识自己。

3. 总结阶段

"魅力四射"主题班会在教师和学生的总结中结束。首先，请 2～3 位学生分享其在本次班会活动中的感受，让学生在表达与分享中提升感悟和认知。其次，班主任根据学生的表现，给予积极正向的评价，鼓励学生善于发现自己的优点。最后，班主任给每位学生发一张空白的魅力卡，学生为自己量身定制"我的魅力卡"，并写上"我的优点"和"别人发现的我的优点"。

二、组织班级晨会

班级晨会在早晨进行，时间较短，可以每天举行。其按类型分，可以有学习交流类、养成教育类、益智增趣类、时事新闻类和特长展示类等。

(一)班级晨会的意义

许多学校都会安排每天 10 分钟的班级晨会，一般在早操后进行，开展情况却不尽如人意。根据对 100 位班主任和 100 位在校小学生的调查显示，晨会时间几乎被繁杂事务占用(如早读拖堂、被早操时间耽搁等)，仅有 17％的班主任表示每天晨会时间超过 7 分钟，多数班主任在晨会前不备课，晨会缺乏固定的主题和内容，一般用于评讲作业(21％)、表扬学生(16％)、传达学校中心工作(15％)、处理突发事件(15％)、自习或随意交流(16％)、讲新闻(6％)等，学校德育主任等领导基本不监督检查晨会质量。[①]

"一日之计在于晨"，班级晨会是学生一天当中的第一堂课，虽然只有短短的几分钟，但其犹如学生的精神早餐，承担着立德树人的重要任务。可是，其重要性和作用，还未得到学校、班主任和学生的充分重视。当下，班主任需要重视晨会被忽视、内容不确定、时间得不到保障等问题，尽量让学生在清晨接受精神文化的浸润，发挥晨会的德育功能。

(二)班级晨会的实施

此处以"国学经典(友善篇)"主题班级晨会为例，分析其具体实施过程。在这一类型的晨会中，教师精心选择经典的国学文化，让学生读经典、品经典，学习其中所渗透的友善价值观，并将其内化于心，在课后进行实践，外化于行。具体而言，教师主要需要实施精选内容、耐心解读、交流分享三个步骤。

1. 精选内容

有效开展班级晨会，充分体现晨会的作用，首先要明确晨会的内容。本次班级晨会，是在国学经典阅读中培育学生的友善价值观。班主任可根

---

① 吕同德：《晨会课：随便打发的 10 分钟？——晨会课教学管理的现状调查与情况分析》，载《江苏教育》，2005 (2B)。

据不同年龄段学生的认知水平，选择适宜的国学经典名句、名段或名篇，让学生在读经典、明道理的过程中体会其中的真谛。"友善是基于善意之心对他人宽容、友好的态度和助人为乐的行动。"[①]班主任可从友善的内涵出发，选取《论语》中的"'有一言而可以终身行之者乎？'子曰：'其恕乎！己所不欲，勿施于人。'"[②]《孟子》中论"仁人无敌于天下"[③]等名句作为晨会的学习内容，借助短短的10分钟，让学生感受传统文化的熏陶，促进其友善价值观的形成。

2. 耐心解读

班主任需对经典内容进行通俗化解读，以便学生更好地体验国学经典中丰富的价值和意蕴。例如，针对名句"爱人者，人恒爱之；敬人者，人恒敬之"，班主任可以将其解读为"懂得爱别人的人，别人也会爱他；懂得尊敬别人的人，别人自然也会尊敬他。在生活中友善待人，尊重他人，就会受到别人的喜欢和尊重，生命才会多一些温暖和阳光"。这样的解读，有助于学生更好地从国学经典中学习为人处世之道，也进一步向学生阐明了友善价值观。

3. 交流分享

在解读经典内容的基础上，班主任可引导学生就晨会的主题和内容展开小组讨论，鼓励学生思考和发表自己的看法。学生互动交流，感悟经典中的教育价值，进一步将友善价值观内化于心，深化班级晨会课的价值。

为进一步延伸班级晨会的教育价值，推动学生友善价值观的形成，班主任可以通过课后实践作业的形式，引导学生将晨会课上的所学、所感付诸行动。比如，学生为自己制定"宽恕他人的行为标准表"，当对方因某些言行让自己感到不愉快时，只要这些言行在行为标准表的范围内，学生就可以选择宽容和原谅对方，通过实践，能够将晨会课上所学的内容外化于行。

---

① 黄明理、顾建红：《论"友善"核心价值观之内涵、特征及基本要求》，载《社会主义核心价值观研究》，2017（2）。

② 杨伯峻：《论语译注》，166页，北京，中华书局，1980。

③ 杨伯峻：《孟子译注》，301页，北京，中华书局，2010。

三、组织实践活动

实践活动，主要指教师为提升学生的综合素养而组织的班级活动，主要涉及社区服务活动和社会实践调查等具有综合性质的实践活动。

(一)实践活动的意义

进入 21 世纪以来，为了进一步推进基础教育改革，避免因教学内容与实践相脱离、学习方式单一等问题影响学生的全面发展，关注学生综合实践能力和全面素养提升的文件相继出台。然而，有不少教师缺乏经验，误把班队会、学生会活动视为实践活动，导致实践活动培养实践能力和创新意识的功能难以发挥。

(二)实践活动的实施

实践活动的实施，主要包括确定活动主题、拟定活动目标、落实实践环节和开展活动总结等。此处以"珍惜水资源"实践活动为例进行分析。

1. 确定活动主题

为了使学生在实践活动中意识到水资源对人类和地球上的其他生物的重要性，培养学生保护水资源的意识，将本次实践活动的主题拟定为"珍惜水资源"。

2. 拟定活动目标

活动目标的拟定应有一定的层次性，以便使实践活动方案适合不同水平层次的学生。"珍惜水资源"的活动目标设为：①通过查阅资料，学生了解水资源对人类和地球的重要性，培养保护水资源的意识，从而产生对水资源、对大自然的珍惜和热爱之情；②通过调查活动，学生培养收集信息、简单处理信息及应用信息的能力；③学生提升设计实践活动方案及调查分析的能力；④学生通过小组实践获得真切的探究体验，提升互相协作与分享的意识。

3. 落实实践环节

"珍惜水资源"实践活动的活动流程分为三个环节。

第一，设计调查方案。教师指导学生设计简单的调查方案，并按照学生的意愿自行分组和分工。

第二，收集、整理与分析材料。请各小组充分利用资源（查阅报刊书籍、利用互联网、请求家长帮助等），收集相关资料，了解水的作用以及水资源的现状；观察家庭用水的情况，记录自己家和邻居家一周总用水量以及水资源浪费的情况；小组成员在教师的指导下归纳整理收集到的数据和材料，为全班交流与分享做准备。

第三，一周后小组派代表汇报实践成果，进行小组之间的交流与分享，最后全班共同讨论，商讨出一套切实可行的保护水资源的方案。每位学生可以在家里实行该方案，并在邻居中推广。

4. 开展活动总结

总结是对整个"珍惜水资源"实践活动的全面回顾、检查和分析。首先，学生总结。教师引导学生从团队合作、材料收集过程及与他人交流的体验等方面，总结自己的收获和困难，发现自己及团队的优点和不足。其次，教师总结。教师主要围绕学生的表现、活动的实施情况及活动效果，对表现好的方面给予积极、具体的反馈，同时指出学生的不足并提出具体的指导意见。教师应在活动的最后升华主题，倡导学生形成保护环境、爱护地球的意识，鼓励学生在活动结束后仍继续关注水资源保护，并持续开展相应行动。

实践活动的开展，有助于学生从生活中学习，开阔视野。通过参与实践探究，学生能提高自主学习、独立探究和创新的能力。实践活动要求学生在活动过程中与同伴、教师进行交流和分享，有助于培养学生的团结、合作精神。

第三节　组织班级活动的新兴方法

组织班级活动的新兴方法，主要有教育戏剧法和星光收集法等。

一、教育戏剧法

教育戏剧（Drama-in-Education）法，是将戏剧与剧场的技巧运用于学校教育之中。在组织班级活动时，学生可将身边发生的事作为素材编写剧本，并参与演出。

(一)教育戏剧法的意义

教育戏剧法通过场景中的实践锻炼、故事中的角色扮演、情境中的情感体验，可以培养学生的道德认知、道德情感和道德行为。[①] 运用教育戏剧法组织班级活动，有助于克服当前德育中的知行脱节等问题，具有参与度广、针对性强等优势。

特别是当前的价值观教育内容和教育方式存在"重认知轻行动"的不足，表现为教师常常采用以讲授、灌输为主的方式对学生开展价值观教育，导致学生缺乏足够的实践机会。

(二)教育戏剧法的实施

此处以友善价值观的培养为例，分析如何使用教育戏剧法让学生通过身边的故事，反思自己在公共生活中是否做到宽容友好、助人为乐，以便形成相互尊重、相互宽容、相互关爱和相互帮助的良好班风。具体实施过程主要包括准备、初演、反思、复演和总结等环节。

1. 准备：准备活动用具和举行启动仪式

为保证活动有序开展并引起学生对该活动的重视，教师要带领学生准备活动用具和举行启动仪式。

需要制作的活动用具有"剧本征集箱"、"精彩瞬间"照片墙和"主题海报"等。"剧本征集箱"是悬挂于班级门口、用于收集剧本的一个小纸箱(参见图 3-1)，方便学生随时"投稿"，有助于提高学生创作剧本的积极性；"精彩瞬间"照片墙，用于展示学生在活动过程中的精彩画面，渲染活动氛围；"主题海报"则有助于激发学生的参与热情。

---

① 卢兴钦：《教育戏剧的德育功能初探》，载《教学与管理》，2018(6)。

图 3-1　剧本征集箱示例

活动工具准备完毕后，教师专门选取一个时间举行启动仪式。教师要向学生介绍教育戏剧法的具体所指，在此基础上师生共同制定活动规则并在活动过程中不断调整和完善。同时，学生要明确各种活动用具的使用规则。

2. 初演：在表演中引起共情

初演是指学生第一次根据剧本内容进行戏剧表演，以此引起学生的共情。初演包括剧本征集、预热活动和初次排演。

其一，剧本征集。剧本征集是指学生在教师的指导下将自己身边发生的一些与尊重、宽容、关爱和互助相关的事件写成剧本，放进剧本征集箱。教师定时打开剧本征集箱，筛选出具有代表性和教育意义的剧本由学生演出。

根据小学生的写作水平和特点，教师需指导学生掌握剧本编写的技巧，如注意写清楚故事发生的时间、地点、经过、人物及人物的情绪等。教师还可以挑选一些写得好的剧本与学生分享，为学生写作提供可参考的范本，开阔学生的思路。

其二，预热活动。用于帮助学生将注意力集中到将要进行的戏剧表演上。该活动涉及肢体练习、情绪表达、角色创作，可适用于不同主题教育戏剧的预热环节。

其三，初次排演。首先，剧本作者向其他同学声情并茂地说剧本。其次，师生围绕剧本的内容及角色特点，用 2 分钟进行自荐或推荐合适的人选扮演相应的角色，共选出 2～3 个剧组。每个剧组选出 1 名导演和 2 名机动人员负责整个表演的组织，未出演的同学当观众。剧组各自商讨如何演绎剧本，讨论时间不超过 10 分钟。教师在学生需要的时候，适当提供指导。最后，每个剧组按照剧本进行表演，演出时间不超过 15 分钟。

表 3-1 呈现了 A 同学基于"自己与 B 同学发生的一次冲突"而创作的剧本。教师以该剧本作为本次活动的素材，通过 A 同学与 B 同学之间因玩具损坏而发生冲突的事件，启发学生：同学之间不能因小事争吵甚至打架，应互相宽容；尽管事情不是发生在自己身上的，大家也要互相帮助，而不是作为看戏的旁观者。

表 3-1 剧本示例一

《A 同学与 B 同学的冲突 1》	
时间	某节课的课间
地点	三年级一班教室的走廊
人物	A 同学：三年级一班的男同学，平时为人善良，但是脾气暴躁。 B 同学：三年级一班的男同学，性格开朗，较为好动。 C 同学：三年级一班的男同学，是 B 同学的好朋友，性格开朗，喜欢玩游戏。 围观的男同学、女同学若干。
故事情节	A 同学经过一段时间的努力学习，他的数学终于考到了 100 分。爸爸奖励了他一架飞机模型，A 同学开心极了。 今天，A 同学高高兴兴地把飞机模型带到学校，想和同学们分享他的喜悦。此时 B 同学正在和 C 同学玩游戏，B 同学不小心撞倒了 A 同学，此时飞机模型也被撞坏了。A 同学看到自己的宝贝玩具摔坏了，生气极了，他没给 B 同学道歉的机会，就重重地推了他一把。旁观的同学有的在喊："别打啦！再打就要告诉老师啦！"有的在笑，有的则只是看着。 A 同学："你弄坏了我的飞机模型，我要打你，你快点赔钱。"（他揪着 B 同学的衣领。） B 同学："对不起，A 同学，我不是故意的。"（他一边道歉、一边弯腰。） （A 同学二话不说就追着 B 同学，想要打他。最后，B 同学被 A 同学打得也生气了。） B 同学对 A 同学大喊："我已经向你道歉了，再说我也不是故意的呀！你打我，我也要打回来。" 就这样，B 同学和 A 同学就打起架来了。

3. 反思：在反思中体认友善

初次排演结束后，演员和观众伴随着柔和的音乐闭上眼睛坐下，回忆刚才的表演。此时，教师引导学生反思自己或他人在戏剧中是否做到尊重和宽容，是否主动关爱和帮助同学。反思后，教师给每位学生发一张反思表(参见图 3-2)，用于检视自身和他人的态度与行动是否达到友善的要求。学生在教师的指导下填写，然后与同学分享自己的想法，表达体认友善的目的。

反思表

我是_____。

在这场剧中，_____做到了□尊重/□宽容_____。因为他/她_____。

_____□不尊重/□不宽容_____，因为他/她_____。

我应该怎么做才能帮助A和B同学?

_____

图 3-2　反思表示例

4. 复演：促进友善的内化

复演，是综合学生和教师的反馈后形成新共识，对原有剧本进行改写后再表演的过程，这有助于学生加深对剧情的印象，从而达到更好的教育效果。[①] 精心策划的复演，将帮助学生内化友善，即除了要做到最基本的尊重和宽容之外，还要在力所能及的范围内关心别人、帮助别人。

为充分发挥学生反思的作用，所有反思表由 A 同学回收，作为改写剧本的依据。这样的设计，是为了让 A 同学通过他人的视角来反思自身的言行，改正对 B 同学的不友善态度和行为。

戏剧复演的操作步骤与初演环节一致。在上述案例中，A 同学在初演和反思后认识到，不管遇到什么事情，都不能与同学发生冲突，自己的言行举止应尊重对方，然后再寻求正确的解决方法。于是他把原剧本中"A 同学追打 B 同学"的部分改为"请求老师的帮助"；将"许多旁观者"改为"D 同学勇敢站出来帮助 B 同学"。表 3-2 呈现了 A 同学改编后的剧本。

---

① 张晓华：《创作性戏剧教学原理与实作》，48 页，北京，中国戏剧出版社，2017。

表 3-2 剧本示例二

	《A 同学与 B 同学的冲突 2》
时间	某节课课间
地点	三年级一班教室的走廊
人物	A 同学：三年级一班的男同学，平时为人善良，但是脾气暴躁。 B 同学：三年级一班的男同学，性格开朗、较为好动。 C 同学：三年级一班的男同学，是 B 同学的好朋友，性格开朗、喜欢玩游戏。 D 同学：三年级一班的女同学，为人热情、乐于助人。 刘老师：三年级一班的班主任。 围观的男同学、女同学若干。

故事情节	A 同学经过一段时间的努力学习，他的数学终于考到了 100 分。爸爸奖励了他一架飞机模型，A 同学开心极了。
	  今天，A 同学高高兴兴地把飞机模型带到学校，想和同学们分享他的喜悦。此时 B 同学正在和 C 同学玩游戏，B 同学不小心撞倒了 A 同学，飞机模型也被撞坏了。A 同学看到自己的宝贝玩具摔坏了，生气极了，他没给 B 同学道歉的机会，就重重地推了他一把。旁边的同学看着他们快打起来了。有的同学在喊："别打，再打就要告诉老师啦！"
	  A 同学："你弄坏了我的飞机模型，我要打你，快点赔钱。"（他揪着 B 同学的衣领。）
	  B 同学："对不起，我不是故意的。"（他一边道歉、一边弯腰。）
	  （A 同学二话不说就追着 B 同学打。此时，一位叫 D 同学的女同学站出来阻止。）
	  D 同学："你们不要再打架啦！我们都是同学，应该互相帮助，而不是互相伤害。"
	  A 同学："可是他破坏了我心爱的玩具，我非常生气。"
	  B 同学："我真的不是故意的，要不我们一起想办法把这个玩具修好吧！"
	  D 同学："我有办法，我们去找刘老师帮助，他一定有办法解决的。"
	  于是，B 同学、A 同学和 D 同学就一起去找刘老师。在老师的帮助下飞机模型修复好了。老师向同学们了解了整件事情的来龙去脉后，非常满意同学们的处理方式。
	  刘老师："你们的表现很棒！没有因为一件玩具而伤害自己的同伴，这是老师为你们感到骄傲的地方。要知道，玩具破坏了可以修复，但同学之间的友谊破坏了，就很难修复，甚至是无法修复的！以后你们不管发生什么事情，都应该首先怀着宽容之心去对待他人。当然，在遇到坏人时除外，你们记住了吗？"
	  三位同学："我们知道了，谢谢老师！"

5. 总结：助推行动的转化

总结，是师生对整个活动过程进行反思、分享、升华，目的是让参与者对友善价值观有综合性的认识和理解，并进一步强化学生将友善价值观付诸行动的意识。

首先是学生总结，学生围绕总结表（参见图 3-3）说说自己的思考或收获。使用总结表，可以帮助学生反思自己在与同学交往过程中是否做到尊重、宽容、关爱和互助。教师依据学生的回答，了解他们的想法并给予行为上的指导，帮助其将友善观念转化为友善行为。

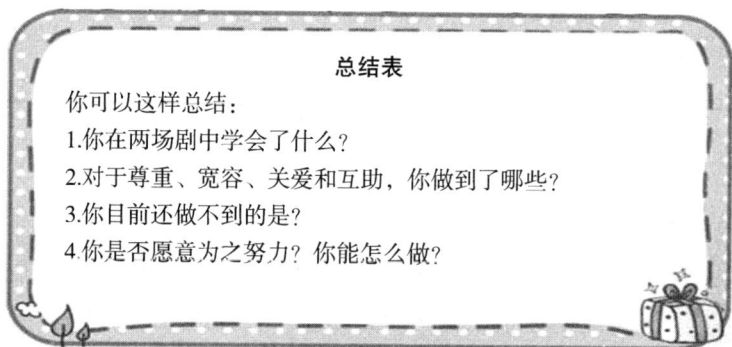

总结表

你可以这样总结：

1. 你在两场剧中学会了什么？
2. 对于尊重、宽容、关爱和互助，你做到了哪些？
3. 你目前还做不到的是？
4. 你是否愿意为之努力？你能怎么做？

图 3-3　总结表示例

其次是教师总结学生在活动过程中的表现，表达对该活动的想法。教师应肯定学生的表现，对不足之处提出具体的改进意见，使学生在结束活动时能怀着愉悦的心情，拥有满满的自信。

二、星光收集法[1]

小学生爱打小报告是比较常见的现象，这对班级氛围有不良影响，若教师处理欠妥，还会对学生的身心健康产生消极作用。[2] 以积极心理学理论为指导提出的星光收集法，引导学生发现他人的优点，以欣赏的眼光看待他人。

---

[1]　华南师范大学 2019 级课程与教学论专业博士阮婷婷参与了该方法的写作。

[2]　陈桂生：《且说学生"打小报告"的应对》，载《江西教育科研》，2007(1)。

(一)星光收集法的意义

运用星光收集法时，教师鼓励学生在日常生活学习中，用积极的眼光去关注班上的人和事，主动发现同学的优点并给予鼓励、赞美、关怀，将相应的话语写在特制的星光集结卡上，以此建立和谐、友爱、互助的班级氛围。

教师运用星光收集法组织班级活动，不仅设计了精美的星光收集站和星光集结卡等工具，还会举行明星颁奖礼，很好地激发了学生的兴趣和动机。星光收集法增加了学生之间互相称赞的机会，有助于学生强化自豪、高兴、激动等积极的情绪体验，避免了矛盾的产生，使班级氛围更加积极、和谐，学生打小报告的次数减少，减轻了班主任的工作负担。

近年来，积极心理学的研究日益受到关注，要求注重主观层次上的积极情绪体验、个人层次上的积极人格特质和群体层次上的积极组织系统。积极的情绪体验不断被激发和强化，有助于积极人格特质的形成，进而促进积极社会环境的建设。这为星光收集法的设计和实施提供了基本思路。同时，体谅关心理论主张"教育最好围绕关心来组织：关心自己，关心身边最亲近的人，关心与自己有各种关系的人，关心与自己没有关系的人"[1]。学会关心，要求观察对方、倾听对方、感受对方。这也为星光收集法的观察记录工具设计提供了理论指导。

(二)星光收集法的实施

视频：星光收集法的实施步骤

星光收集法的实施主要包括准备、实施和评选三个阶段。

1. 准备阶段

准备阶段，主要需要完成制作用具和制定规则两项任务。

---

[1] ［美］内尔·诺丁斯：《学会关心——教育的另一种模式》，3页，于天龙译，北京，教育科学出版社，2003。

其一，制作用具。用具的制作以简单、美观为宜（见图 3-4、图 3-5、图 3-6）。其中，星光集结卡以"我是_____，我要夸夸_____，因为_____"的句式，引导学生发现和记录身边同学的优点。这种简明的记录形式，既能缓解学生不知道如何下笔的畏难情绪，也不会增加学生的负担。星光收集站用材质较为厚实的纸箱加以装扮而成。小明星荣誉证书，尽量以美观的设计激发学生的荣誉感和自豪感。

图 3-4　星光集结卡示例

图 3-5　星光收集站示例

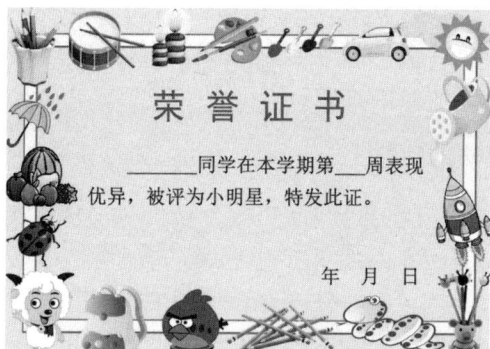

图 3-6　小明星荣誉证书示例

其二，制定规则。在星光收集法实施过程中，学生们需要分别承担三种角色：①小星探，即发现别人的优点并给予鼓励、赞美的同学；②小明星，受到同学称赞、夸奖的同学；③管理员，负责保护星光收集站及派发星光集结卡（需要星光集结卡的同学需先登记再领取，为了便于管理，每位同学每天最多领取三张卡片）。

2. 实施阶段

在实施阶段，教师主要需要完成以下三大任务。

其一，利用品德课，引导学生发现美。教师可结合品德课的相关主题，以具体事例引导学生增加对友善的认知。比如，帮助他人、对人有礼貌等行为，以及善于发现身边的同学的优点，并用恰当的语言称赞他人均体现了学生间的友善。继而引出星光收集活动，带领学生体验小星探的角色，将自己发现的好人好事或他人的优点写在星光集结卡上，投进星光收集站。

其二，设立管理员，保护星光收集箱。有些小学生因好奇心驱使想了解箱子中星光集结卡的内容，有时会随意翻动甚至带走星光收集站。所以，星光收集站管理员的职务很重要。教师可根据班上学生的特点指定管理员，管理员有责任提醒全班同学不能随便动星光收集站、不能打开盖子"偷看"里面的卡片。

其三，公开阅读星光集结卡，及时点评与反馈。教师每天利用午读或课间在班上公开随机抽取几张星光集结卡，朗读并对星光集结卡上的内容进行点评，及时做出肯定和引导。这样既能对学生的良好行为进行有效强化，又能维持学生参与活动的热情。

3. 评选阶段

星光收集法设置两个奖项，分别是三名"最佳小星探"和三名"最佳小明星"，每周评选一次。每周投递有效的星光集结卡数量排在前三名的同学，被评为"最佳小星探"；每周被举荐为小明星次数排在前三名的同学被评为"最佳小明星"。教师给他们颁发证书以及相应的小礼品，奖励其在实践行动中的优异表现。"最佳小星探"和"最佳小明星"除了获得一定的奖励之外，还享有一定的"特殊"权利，可向教师提出一个合理要求，如"我是最佳小明星/小星探，我能够＿＿＿＿＿"。教师应尽量满足学生的这一要求。为了促使学生不断进步，"最佳小星探/小明星"也需履行相应的义务，达到教师提出的一个合理期望，如"我是最佳小明星/小星探，我应该＿＿＿＿＿＿＿"。

(三)星光收集法的应用策略

视频：星光收集法的实施策略

为了提升星光收集法的实施成效，教师可以适当应用以下策略。

1. 举行专门的启动仪式

要使星光收集法得到班上学生的重视，教师可专门利用一节课的时间举行启动仪式。首先，详细介绍星光收集法的活动规则、形式及意义，确保每一位学生都清楚活动的开展要求；其次，以具体范例介绍怎样填写星光集结卡，确保每位学生都能够掌握填写要领；最后，在启动仪式结束前，引领学生们写下自己的第一张星光集结卡，并通过录像、拍照等记录方式，强化学生参与星光收集法的积极情绪体验。

2. 指导观察和称赞的方式

在星光收集法开始实行之后，教师需要针对实施过程中遇到的问题进行具体指导。比如，大部分学生填写星光集结卡的思路和内容较为局限，均是"×××画画很好看""×××学习很好"等较为空泛之词，缺乏具体的细节。针对这种情况，教师可在班上举办星光收集法阅读交流会，组织学生阅读星光集结卡，引导大家发散思维，以便发现他人的优点及其表现。教师可向学生展示一些优秀的星光集结卡内容（例如，"我要夸夸×××，因为他告诉我表演室在哪里/帮我们拖地/帮生病的同学做值日……"），邀请书写优秀的星光集结卡的小星探分享其发现美的途径和方法，引导学生写出更加具体、详细的称赞之词，更多地关注同学的助人行为和举止、礼仪等。而且，在阅读交流会上，教师可让学生从星光收集站里抽取一张星光集结卡进行阅读交流，满足学生对别人投递卡片内容的好奇心，保持参与活动的积极性。

3. 举办"明星颁奖礼"

活动进行一星期后，教师组织全班同学举办"明星颁奖礼"。教师展示提前统计好的有关数据，诸如某同学担任小星探的次数、某同学被提名为小明星的次数、某类行为被赞美的次数等。这样，师生都能清楚地看到哪些同学在参与活动时较为积极，哪些同学的"明星"行为较多，以及哪些行为在班里发生的频率较高等。学生根据以上数据，选出这一周的三位"最佳小明星"和三位"最佳小星探"，颁发荣誉证书和相应的小礼品。获奖的同学要当场发表感想，强化自豪、高兴、激动等积极的情绪体验，进而增加友善言行。

(四)星光收集法的实际效果

从运用星光收集法的实际效果来看，班里绝大多数同学表示喜欢，多数表示非常喜欢，学生们还表示要为了成为"最佳小星探""最佳小明星"而努力。星光集结卡的投递数量很多，这也反映了学生们的参与积极性很高。运用星光收集法后，学生"打小报告"的次数明显减少，同学之间矛盾减少，多表现为互相称赞，班级氛围更加积极、和谐。分析星光集结卡的内容发现，学生们的友善言行由多到少排列，主要有以下五类(参见表 3-3)。

表 3-3　星光收集法所反映的学生友善言行类目及示例分析

友善言行	示例
个人魅力类	她写字很漂亮
	她画画很好看
	……
课堂行为类	他在上品德课的时候很认真
	她今天在上课时认真回答问题
	……
学习表现类	她各学科的学习成绩都很好
	他数学成绩很好
	……

续表

友善言行	示例
个人进步类	她跑步有进步
	她今天很有礼貌地向我打招呼
	……
班级服务类	他借我书本看，所以我夸他
	他今天帮生病的同学做值日
	……

从表 3-3 可见，小星探发现的友善言行主要属于个人魅力类，反映了同学们在星光收集法实施期间，能用心发现彼此身上的优点。课堂行为类次之，说明学生们在课堂上的表现受人关注，也从侧面反映出大家在课堂上认真学习，希望被关注到并获得称赞。而班级服务类最少，说明班上有一些互帮互助行为，不过仍然需要在教师的引导下增强学生之间的友爱互助。

家长们也对星光收集法活动表示满意。有家长表示，孩子更加懂礼貌了，见到长辈会主动问好。也有家长在"我的星光大道：家长反馈书"中对孩子这样说："亲爱的宝贝，要向其他人学习，学会关心他人，做一个有礼貌的好学生。"从中可看出，家长对星光收集法活动的支持以及有着与教师一致的培育目标。

实践表明，星光收集法是切实有效的。通过分析星光收集卡的内容可知，卡片上的赞美之词从最开始的空泛简单到后面越来越详细具体，说明学生对友善的理解更加全面了，提升了学生对友善的认知。同学之间相互鼓励、赞美以及该活动的评选激励机制，丰富了学生的积极情绪体验，强化了学生的友善言行。但是，该方法还存在一些不足之处。比如，怎样有效激发参与度低的小部分学生积极加入还有待进一步探索。

第四章　指导学生行为

本章思维导图

　　小学阶段是学生行为发展的关键时期，会影响其终身发展。教师对小学生的行为养成进行指导，至关重要。

第一节　指导学生行为的基本原理

　　为了探索多种指导学生行为的方法，教师需要掌握其概念、内容和意义。

一、指导学生行为的概念

　　关于指导学生行为的概念的不同理解，归结起来主要有三种观点。①指导学生行为，即约束或矫正学生的不当行为。不当行为，亦称不良行为、问题行为或消极行为。②指导学生行为，即培养学生的正当行为。正当行为，亦称良好行为、恰当行为或积极行为。有学者提出，指导学生行为就是对学生确立正当的行为方向和向着正当方向调节自己的行为提供帮助。①③指导学生行为包括正当行为的培养和不当行为的矫正。综合而言，指导学生行为是指教师采取一系列科学、有效的方法或策略，培养学生的正当行为和矫正学生的不当行为。其一，指导学生行为包括正当行为的培养和不当行为的矫正；其二，指导学生行为需要采取科学、有效的方法或策略。

二、指导学生行为的内容

根据学生不同的行为，教师指导的相应内容也不同。社会认知领域理论将学生行为分为道德、习俗和个人三个领域。在道德领域，学生行为的正当性在于其是否影响他人福祉、权利、社会公正等；在习俗领域，学生行为的正当性受到具体情境中的社会规则或权威命令的约束；在个人领域，学生行为只关乎个人偏好和选择，不关乎对与错。②

(一)道德领域的行为指导

在道德领域中，行为的正当性是以他人福祉、权利和社会平等、公正为衡量标准。道德领域聚焦于行为结果对他者产生的影响，如是否损害他人的利益等。道德领域的正当行为，主要指自觉维护他者权利和社会利益的行为，如助人行为、诚信行为、友善行为等；不当行为，则是侵害他者或社会利益的行为，如攻击行为、偷窃行为等。

道德领域的行为指导，侧重引导学生理解其行为对他人的影响，进而学会规范自己的行为。因此，教师要引导学生既体会正当行为对他者的益处，也感受不当行为对他者的害处。若学生出现攻击行为，教师需要引导学生体会攻击行为对他者造成的伤害，从而使其减少相应行为。

---

① 陈桂生：《"学生行为指导"简论》，载《南通大学学报(教育科学版)》，2007(4)。

② 谷彦慧：《重新认识学生违纪行为：基于社会认知领域理论的分析》，载《全球教育展望》，2018(3)。

(二)习俗领域的行为指导

在习俗领域中,行为是否正当,与特定情境中的社会规范有关,影响着特定社会团体的利益。比如,班级规则中包含很多关于行为举止的规范,如在上课期间要举手回答问题、不能随意离开座位和吃东西等。因此,对于这一领域的行为指导,教师需要帮助学生加强对社会规范的认同,如引导学生参与到班级行为规范的制定中,使规范既能更加科学和合理,又能反映学生的诉求。

(三)个人领域的行为指导

在个人领域中,学生行为只关乎个人偏好和选择,不存在正当或不当之分。对于这一领域中的学生行为,教师应尽量秉持少干涉的原则,尊重学生的自由。比如,就学生的阅读行为而言,学生可以根据兴趣爱好,自主选择阅读内容(如小说、诗歌、散文、戏剧等),阅读方式(如书籍、期刊、报纸等)和阅读途径(如图书馆、网络浏览等)。但是,学生也可能存在一些不良的阅读行为,如阅读损害身心健康的书籍。因此,教师在进行个人领域的行为指导时,既要尊重学生的自由,也要给予适当的引导。教师可以引导学生思考不同行为选择及其相应的后果,从而做出更有益于自身发展的行为选择。

三、指导学生行为的价值

在班级管理中,教师指导学生行为有助于创设和谐的学习环境和促进学生社会化发展。

(一)创设和谐的学习环境

小学生会出现各种各样的行为,包括正当行为(如助人、分享、合作等)和不当行为(如攻击、欺凌、撒谎、离座等)。若一些行为没有得到约束或矫正,往往会干扰教育教学活动,这必然需要教师予以行为指导。行为指导,能够引导学生改正不当行为,培养正当行为,有益于创造和谐的学习环境。

(二)促进学生社会化发展

社会化是指"个体学习所在社会的生活方式、行为习惯和各种思想观念，将社会所期望的价值观、行为规范内化，获得社会生活必需的知识、技能和行为要求，以适应社会需要的过程。"①学校作为社会的一个子系统，必然需要传递社会期望的行为规范、道德准则、法律规范等，促进学生社会化。在班级管理中，教师通过行为指导，向学生清晰地传递正当行为或不当行为的信息，引导学生掌握社会行为规范，从而做出社会期望的行为。

第二节　指导学生行为的常规方法

榜样示范法、移情训练法、正向行为支持法等，在指导学生行为中发挥着重要作用。

一、榜样示范法

榜样示范法，指"以榜样人物的高尚思想、模范行为、卓越成就等影响受教育者的思想、感情和行为的一种德育方法"②。榜样示范法，通过榜样使行为规范具体化、形象化，能够对学生产生强烈的吸引力和感染力，潜移默化地培养学生的良好行为。榜样可分以下三类：③ 一是真实性榜样，即日常情境中的榜样人物及其行为，人们可以直接观察和学习；二是符号性榜样，即通过电视等视觉媒介提供的榜样，如卡通人物；三是抽象性榜样，即从不同榜样示范中归纳出共同属性并形成某种规则，相比前两种，此类榜样更具抽象性和概括性。教师深入研习和运用观察学习理论，可以

---

① 全国十二所重点师范大学联合编写：《教育学基础(第 2 版)》，35 页，北京，教育科学出版社，2008。

② 顾明远：《教育大辞典(增订合编本·上)》，54 页，上海，上海教育出版社，1998。

③ ［美］阿尔伯特·班杜拉：《社会学习理论》，31～33 页，陈欣银、李伯黍译，北京，中国人民大学出版社，2014。

在一定程度上提升榜样示范法的实施效果。

(一)观察学习理论

观察学习理论认为，行为习得是环境和人的主体因素相互作用的结果，外部环境的刺激需要经过内部认知这一中介才能对行为产生作用。因此，该理论强调人的认知、思维等心理特征在行为习得方面的重要性。观察学习包括注意、保持、运动再现和动机四个过程。

其一，注意过程。"注意过程决定了一个人在显示给他的大量范例中选择什么来进行观察，以及在这些示范原型中把哪些东西抽取出来。"[1]影响注意过程的因素众多，主要涉及观察者或示范活动本身的特点等。

其二，保持过程。保持过程依托于表象和言语系统，将暂时的榜样示范活动转化为表象或言语符号，并保存于长时记忆中。如果学生注意到示范活动，但没有及时保存在记忆中，示范活动就无法对学生产生影响。学生对榜样示范活动进行符号编码，有利于将其更好地储存于长时记忆中。

其三，运动再现过程。运动再现过程把记忆中的表象或言语符号转化为外在行为。学生需要在认知层面选择和组织反应，然后尝试将符号转化为行为并加以监测，最后基于教师或其他人给予的信息反馈来调整行为。影响运动再现的因素包括学习者的能力和信息反馈等。

其四，动机过程。动机过程决定着哪种通过观察习得的示范得以付诸行为，学生往往更容易表现出会获得奖励的行为。影响学生动机的因素包括外部强化、替代性强化、自我强化。伴随强化的示范活动，更有利于激发学生再现示范行为的动机。

(二)榜样示范法的实施

基于观察学习理论的榜样示范法实施，主要可分四个阶段：吸引学生注意、保持榜样行为、再现榜样行为和强化学习动机(参见表 4-1)。

---

① [美]阿尔伯特·班杜拉：《社会学习理论》，18 页，陈欣银、李伯黍译，北京，中国人民大学出版社，2014。

表 4-1　基于观察学习理论的榜样学习过程

观察学习过程	榜样学习过程	具体步骤
注意过程	吸引学生注意	选择榜样
		呈现榜样
保持过程	保持榜样行为	引导学生进行符号编码
		联系学生以往的学习经验
运动再现过程	再现榜样行为	鼓励学生尝试
		及时给予反馈
动机过程	强化学习动机	外部强化
		替代性强化
		自我强化

1. 吸引学生注意

学生注意榜样行为是观察学习的开始，具体包括以下两个步骤。①选择榜样。榜样资源的开发和选择，必然会影响学生的注意过程，教师应为学生提供具有代表性、针对性、科学性、多样性和时代性的榜样。首先，教师可以选择历史长河中的英雄人物、当代的模范人物作为榜样。这些人物的丰功伟绩、崇高思想、优良品德，都是具体、生动的榜样资源。其次，教师要发挥示范作用。我国有教师作为榜样的优良传统，正所谓"身教重于言教"及"其身正，不令而行"。教师本身的言行举止、思想品质、价值观念等，都是学生模仿的对象，教师需要不断地向榜样行为看齐，使自身行为折射出榜样的精神，成为榜样行为的示范者。最后，教师可以寻找学生中的榜样。学生做出的优秀表现或事迹，是对道德标准或行为规范的具体化、形象化展示，往往能够起到直接的示范作用。②呈现榜样。教师可以利用电视、电影、互联网等大众传播媒体呈现榜样。对于学生而言，新颖的呈现方式更具有吸引力和影响力。

2. 保持榜样行为

在保持阶段，学生需要将观察到的榜样行为转化为表象或言语符号，并保存在记忆中。根据观察学习理论，在儿童言语技能较弱时，表象符号在观察学习中具有重要作用，但随着儿童言语能力的发展，言语符号更能精确地保持榜样行为。同时，如果榜样行为能与学生以往的经验相联系，学生往往更容易进行符号编码。

这一阶段的具体步骤如下所示。①引导学生进行符号编码。对于年龄较小、言语技能较弱的学生，教师应尽量利用多媒体等媒介多次呈现具体、形象的榜样，使学生持久地保持有关榜样行为的表象。对于言语能力较强的学生而言，教师需要引导学生用言语描述榜样行为。比如，教师在呈现榜样事迹后，让学生讨论榜样人物有哪些行为值得学习，有何感想，今后如何向榜样人物学习等。这将有利于榜样行为以言语符号形式储存于长时记忆中。②联系学生以往的学习经验。榜样示范需要贴近学生的生活，与以往经验相联系，这样有助于学生进行符号编码，使榜样示范发挥应有的效果。

3. 再现榜样行为

在再现榜样行为的过程中，学生需要将表象或言语符号转化为外在行为，这是核心环节。这一阶段的具体步骤如下所示。①鼓励学生尝试。学生需要尝试将符号转化为行为，这一过程需要学生多次尝试、不断调整，教师要多加鼓励。②及时给予反馈。学生尝试再现榜样行为时，教师需及时给予信息反馈，以帮助学生调整自身的行为。教师给予的信息反馈，对于学生至关重要，能够使榜样学习达到事半功倍的效果。

4. 强化学习动机

学生并不会将所有通过观察而习得的示范，都表现于行为中，而是倾向于表现有价值的行为。教师可以通过外部强化、替代性强化和自我强化影响学生再现榜样行为的动机。①外部强化。若学生预想到行为能够获得奖励，则倾向于表现该行为。教师可以恰当设置一些奖励，如物质性奖励、精神性奖励等。②替代性强化。若学生观察到别人的行为能够获得奖励，则容易表现这一行为。教师需要注意班里学生的优秀表现，及时奖励和宣传。这样能够起到替代性强化的作用，引发其他学生向表现优秀的学生学习。③自我强化。前两种强化主要是由外部奖励或惩罚来决定的，但自我强化是学生通过自我评价的结果来调节行为的，即学生根据自己确立的行为标准，以自我奖励或惩罚来调节自己的行为。因此，在榜样学习过程中，教师需要引导学生自我评价，包括树立行为标准、确定奖惩方式等。自我强化强调学生通过思维、认知等调节自身行为，能够维持学生长期学习榜样行为的内在动机。

二、移情训练法

移情(empathy)"一般指在人际交往中人们彼此间情绪、情感相互交流的替代性体验，是人际双向移动的过程。可以是主体在知觉到别人的情感体验时，引起自己的情绪性反应，也可以是主体以自己的情绪、情感状态去理解别人的情感反应。"① 移情训练，能够帮助学生站在他人的角度理解他人的情绪或情感，感受他人的痛苦和快乐，学会体谅他人，对学生的道德情感发展至关重要。移情，是维系积极社会关系的重要社会性动机因素，是人们内心世界相互沟通的桥梁，是助人、抚慰、合作和分享等亲社会行为的动机基础。② 教师深入研习和运用移情理论，可以在一定程度上强化移情训练法的实施效果。

(一)移情理论

移情理论认为，移情的唤起有五种模型：动作模仿和传入反馈、经典的条件反射、直接联想、中介联想、角色选取或观点采纳。前三种是前言语的，后两种以言语为中介并强调个人已有的情感体验。③ 而且，儿童的移情能力，与其认知能力呈正相关。儿童移情忧伤的发展分为五个阶段：新生儿的反应性哭泣、自我中心的移情忧伤、准自我中心的移情忧伤、真

---

① 顾明远：《教育大辞典（增订合编本·下）》，1890 页，上海，上海教育出版社，1998。

② 李辽：《青少年的移情与亲社会行为的关系》，载《心理学报》，1990(1)。

③ ［美］马丁·L. 霍夫曼：《移情与道德发展：关爱和公正的内涵》，5～6 页，杨韶刚、万明译，哈尔滨，黑龙江人民出版社，2002。

实的移情忧伤、超越情境的移情忧伤。[①] 移情理论还认为移情能够作为亲社会行为的动机，促进学生的助人行为，抑制学生的攻击性行为。移情理论为移情训练提供了诸多思路，基于此产生了多种移情训练模式。

(二)移情训练法的实施

移情训练法的实施主要包括紧密衔接的五个环节：表情识别、情境理解、情绪追忆、角色承担和情感共鸣(参见图 4-1)。[②]

表情识别　→　情境理解　→　情绪追忆　→　角色承担　→　情感共鸣

图 4-1　移情训练模式

1. 表情识别

表情识别主要是让学生学会辨别各种表情，以及理解这些表情所代表的意义。教师需要营造一种开放的、轻松的学习氛围，通过图片、录像和表演等方式向学生呈现各种不同的表情，学生交流这些表情分别代表什么意义，如快乐、愤怒、悲伤和恐惧等。在这一环节中，学生理解表情的意义尤其关键，将有助于学生产生移情体验。

2. 情境理解

情境理解需要学生尝试站在他人所处情境中感受其情感体验。教师可以通过情境讨论，创设便于感受他人情绪或情感的情境，提高学生对他人所处情境的理解。教师可以选择合适的图片或故事呈现给学生，学生在自我观察的基础上进行小组讨论，深入体会图片或故事中的相应人物的情绪或情感，引发替代性的移情反应。

3. 情绪追忆

在情绪追忆环节，学生需要有意识地回忆自身过去类似的情感经历，

---

① ［美］马丁·L. 霍夫曼：《移情与道德发展：关爱和公正的内涵》，73～92 页，杨韶刚、万明译，哈尔滨，黑龙江人民出版社，2002。

② 李伯黍、岑国桢：《道德发展与德育模式》，89～91 页，上海，华东师范大学出版社，1999。

以便更深入地体会别人的情感。在这一环节中，教师让学生回忆自己过去类似的情感体验，唤起学生的情绪记忆并产生相应的替代性情绪反应。

4. 角色承担

在这一环节中，教师可以让学生进行角色扮演，以更好地理解他人的情感。角色扮演，是让学生暂时置身于他人的社会位置，并按这一位置所要求的方式和态度处事，以此增进学生对他人社会角色的理解。[①] 例如，针对某些学生的欺凌行为，教师可以让他扮演被欺凌者，充分感受被欺凌时的无助感、痛苦感等，从而改变这些学生的行为。

5. 情感共鸣

情绪共鸣是移情训练的最后一个环节。当学生产生替代性的移情反应后，教师需要指导学生不要仅仅停留在情感体验上，还需要将所学到的东西表现于实际行动中。移情训练的最终目的是培育学生的亲社会行为，如助人、分享、尊重、关心他人等。

三、正向行为支持法

正向行为支持（positive behavior support，PBS），指用教育手段扩展个人行为库，系统地调整个体的生活环境，达到提高个体生活质量和减少问题行为的目的。[②] 该方法早期主要用于儿童行为障碍干预，之后逐渐发展为适用于普通学生的方法。以往的问题行为干预方法聚焦于"问题行为"本身，而正向行为支持法的关注点在于产生问题行为的"环境"，强调通过环境的改变即创设积极的环境，减少学生的问题行为，增加正向行为。长期以来，正向行为支持法以功能性的行为评估为基础来设计行为干预计划。

（一）功能性的行为评估

功能性的行为评估（functional behavioral assessments，FBA），指运用

---

① 刘野：《移情在品德形成中的作用与训练》，载《教育科学》，2010(6)。

② Carr，E. G.，Dunlap，G.，Horner，R. H.，et al.，"Positive behavior support: Evolution of an applied science," *Journal of Positive Behavior Interventions*，2002，4(1)，pp. 4-16、20.

一系列评估方法，为确定行为的原因（功能）而收集关于前提、行为和结果事件的信息。[1] 通过收集相应信息，制订行为干预计划，以减少问题行为并促进正向行为的出现。功能性的行为评估流程，主要包括收集信息、提出和验证行为功能假设、建构竞争性的行为模型、制订行为支持计划四个步骤。[2]

第一步，收集信息。这一步要求教师通过各种方式获取关于问题行为的信息，包括出现问题行为的情境、前提事件、问题行为、结果事件。教师可采用直接观察、查阅学生档案和访谈等方式收集信息。

第二步，提出和验证行为功能假设。教师以前期收集的信息为基础，确定问题行为与相关变量之间的因果关系，提出并验证行为功能假设。行为功能主要包括两种类型：一是获得满足需要的刺激，即正强化；二是逃避或消除厌恶刺激，即负强化。教师在提出行为功能假设之后，可采取以下三种方式进行验证：一是描述性的功能评估，即通过系统、直接的观察来验证假设；二是实验性的功能分析，即通过实验的方式，系统地操作影响问题行为的变量，观察行为的变化，从而验证行为的功能；三是学生辅助功能评估，即通过访谈学生来获取问题行为的信息，用以验证假设。

第三步，建构竞争性的行为模型。构建竞争性的行为模型具体包括：一是陈述行为功能假设，包括设置情境、前提事件、问题行为和行为结果；二是明确期望行为和替代行为，用于确定与问题行为竞争的行为；三是选择干预程序，以减少问题行为和增加替代行为。在以上行为模型中，要用图形表示出问题行为与相关变量。

第四步，制订行为支持计划。以第三步获得的信息为基础，制订和实施行为支持计划，主要从以下三方面进行：一是改变前提事件，即调整导

① Gresham，F. M.，Watson，T. S. & Skinner，C. H.，"Functional behavioral assessment: Principles, procedures, and future directions," *School Psychology Review*，2001，30（2），pp. 156-172.

② Watson，T. S.，Gresham，F. M.，*Handbook of child behavior therapy*，New York，Plenum Press，1998，pp. 451-474.

致问题行为发生的诱因，使问题行为无法产生或无意义；二是教授期望行为或替代行为，一些学生之所以没有表现出期望行为或替代行为，是由于其技能或操作上的缺失，因此需要教师教授；三是改变结果事件，即改变问题行为的结果。

（二）正向行为支持法的实施

以功能性的行为评估为基础，正向行为支持法的实施主要包括五个步骤：界定目标行为、提出行为功能假设、验证行为功能假设、建构竞争性的行为模型以及制订行为支持计划。

1. 界定目标行为

界定目标行为是实施功能性的行为评估的第一步，重点在于使问题行为具体化、可操作化。教师需要给问题行为下一个操作性定义，具体包括该行为的发生形态、频率、强度、持续时间等。比如，"某学生常常用手击打同伴，每天8次，每次持续时间达到30秒。"教师通过访谈、观察等方法，获取关于目标行为的信息，从而清晰描述"什么是问题行为"，以便能够准确、有效地观察该问题行为。

2. 提出行为功能假设

清晰界定目标行为之后，教师需要确定学生的问题行为与相关变量之间的关系，提出行为功能假设。教师通常采取直接观察的方式收集信息，常用的行为观察工具是A-B-C记录表（参见表4-2）。教师通过系统地观察、记录目标行为及相关事件，以此提出行为功能假设，主要包括问题行为的发生背景、直接激发原因、问题行为的具体情况和导致的结果。例如，在数学课堂上，某学生会不断地用手掌拍打桌子，其伴随的结果可能是同学们和教师的关注，那么教师可以提出这样的假设：该学生的行为，是否是为了获取教师和同伴的关注？

表 4-2　A-B-C 记录表①

学生：	学校：	观察日期：
观察者：	观察开始时间：	观察结束时间：
A-前提事件	B-问题行为	C-行为结果

3. 验证行为功能假设

教师还需要进一步验证所提出的行为功能假设。在这个步骤中，教师常常操作环境变量，观察问题行为的前后变化，从而验证行为功能假设的真实性。例如，假设一位学生的攻击行为是为了逃避困难的学习任务。教师可以操作这一变量，以更容易的学习任务代替，同时保证其他环境变量不变，再继续观察该行为的变化。若攻击行为明显减少了，则该行为的功能是逃避困难的数学学习任务，反之，则上述行为功能假设不正确。

4. 建构竞争性的行为模型

在行为干预之前，教师需要建构竞争性的行为模型，即用图形来表示问题行为与相关变量（参见图 4-2），具体包括以下三个环节。①陈述行为功能假设。例如，当某学生面对数学学习任务时，会表现出不服从行为，通过骂脏话来逃避这些任务。②确定期望行为和替代行为。当处于同样的情境和前提事件中，教师需要考虑两方面：一是希望学生执行不是问题行为的期望行为，二是明确与问题行为具有相同强化结果的替代行为。③选择干预程序。教师收集一些可以实施的干预策略，以增加替代行为或期望行为发生的可能性，减少问题行为的出现。

---

① Shippen，M. E. ，Simpson，R. G. & Crites，S. A. ，"A practical guide to functional behavioral assessment，" *Teaching Exceptional Children*，2003，35(5)，pp. 36-44. 有较大改动。

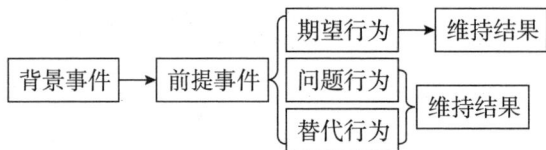

图 4-2　竞争性的行为模型①

5. 制订行为支持计划

基于功能性的行为评估收集的信息，教师可以制订系统的、可操作的行为支持计划，这一步主要通过一系列方法使问题行为无意义、无效能。教师可从以下三方面制订计划。

一是改变前提事件。例如，教师通过改变活动时间表、调整课程或任务特征、改变小组规模或组员构成、缩短任务长度等，减少问题行为出现的可能性。

二是教授替代行为。教师教会学生执行与问题行为具有相同功能的替代行为，这是行为支持计划中的重要部分。例如，某学生在碰到比较难的数学作业时，常常会出现敲打桌子、用手掌拍同桌等行为来引起教师或同伴的注意。就此，虽然操作环境变量能够有效地减少或消除问题行为，但不能教会学生用恰当的行为获取想要的结果，所以，教师要教会学生获取教师或同伴注意的适当行为，包括举手示意请求教师或同伴帮助等。教师可以通过多种方式教授替代行为，如实例示范、行为训练、赞扬恰当行为、忽视或矫正不当行为等。

三是改变结果事件。这主要聚焦于行为的结果，教师可以采用两种常用策略。其一，增加期望行为结果的价值。当学生出现期望行为时，教师及时强化，给予适当的奖励。其二，降低问题行为结果的价值。若学生出现问题行为时，教师可以不予理睬，以减少这种行为出现的可能性。

---

① 宋尚桂、于海荣：《功能性行为评价研究述评》，载《济南大学学报（社会科学版）》，2006，16(4)。略有改动。

第三节　指导学生行为的新兴方法

在班级管理领域，陆续出现了一些新兴的指导学生行为的方法，包括七彩梯法和师生签约法等。

一、七彩梯法①

小学中低年级学生常出现注意力不集中、交头接耳和坐不住等行为，导致课堂效率下降，学习成绩下滑。同时，学生还会出现课间打闹和不注意个人卫生等行为。因此，在小学这一行为培养的关键时期，教师亟须开发相应的工具和策略帮助学生管理自己的行为，并引导学生学会互帮互助。针对这些现实问题，七彩梯法应运而生。

(一)七彩梯法的提出

七彩梯法，指使用七彩梯等一系列符号化媒介工具，将学生的行为表现以"爬梯子"的形式展示，促进学生对社会规范与自我行为之间关系的理解，引导学生反思和调整自己的行为，以帮助其养成良好行为。该方法操作起来简便灵活、成效明显。班级七彩梯和组内七彩梯的搭配，形成"竞争与合作并存"的良好氛围，能促进同伴间的相互监督和帮助；学校七彩梯、家庭七彩梯与周历卡/本的配合使用，促成家庭教育与学校教育携手，共同助力于学生良好行为的培养。

七彩梯法设计与实施的主要理论基础是文化媒介理论、自我效能理论和强化学习理论。维果茨基（Vygotsky, L.）的文化媒介理论认为，人并不

---

① 华南师范大学 2018 年课程与教学论专业博士生董娜参与了该方法的写作。

是直接对客观环境做出反应，而是通过工具与符号等人造物中介来理解社会。[①] 开发七彩梯这一文化媒介工具，有助于学生重塑自身行为。自我效能感（self-efficacy）是指人们对自身能否利用所拥有的技能去完成某项工作的自信程度。[②]基于自我效能感的行为习惯养成模式，如图4-3所示。七彩梯法将学生的行为表现转化为梯子的升降，帮助学生更具体、形象地感受到自己的进步与退步，调动学生个人的成败经验和情绪状况，以及环境中他人的示范效应和社会劝说，以增强学生的自我效能感。这对于提高学习效率、增强改善行为的动机和态度都有重要意义。斯金纳（Skinner，B. F.）的强化学习理论认为，行为的改变是强化的作用，复杂的行为可以通过塑造而获得。[③] 基于这一理论开发的周历卡，能够为学生提供持续性的反馈，通过小步子的强化达成行为的养成。

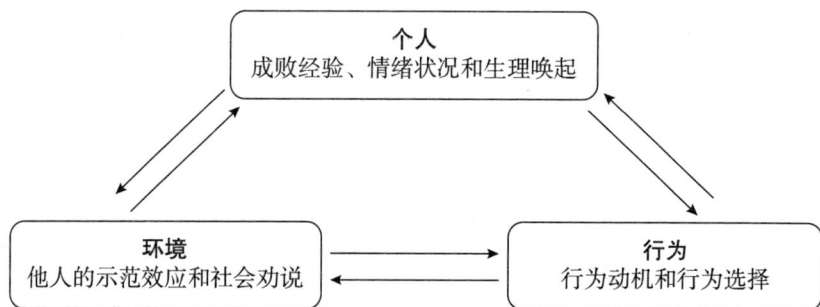

图4-3　基于自我效能感的行为习惯养成模式

(二)七彩梯法的实施步骤

七彩梯的设计与开发，承载了我国传统的班级管理智慧，同时借鉴了

---

① Vygotsky, L. *Mind in society*：*The development of higher psychological processes*，Cambridge，MA：Harvard University Press，1978，p. 54.

② 周文霞、郭桂萍：《自我效能感：概念、理论和应用》，载《中国人民大学学报》，2006(1)。

③ 陈琦、刘儒德：《教育心理学(第2版)》，121页，北京，高等教育出版社，2011。

莫里斯(Morris，R.)提出和推广的一套班级行为管理制度与工具"夹子表"
(clip chart)。[①] "夹子表"能有效强化学生的正面行为，改善不良行为，培
养良好行为。但在实施过程中，小组合作和联系家长两个环节进行得不够
理想。由于未设置每个夹子所在表格位置的量化分数，也不便于进行一周
或更长期的统计，进而难以形成连续性反馈与强化。为了充分吸收"夹子
表"培养学生良好行为习惯的作用，进一步深挖其在家校协作中的潜在功
用，教师根据实际情况，开发出七彩梯系列工具，主要包括七彩梯、评价
标准和周历卡。其中，七彩梯和评价标准分学校与家庭两个版本。为了方
便，周历卡不做版本区分。

1. 工具设计，制作七彩梯系列工具

七彩梯系列工具包括：班级七彩梯、组内七彩梯、家庭七彩梯(见图
4-4)。班级七彩梯从上到下依次为：表现完美、你们真棒、表现不错、准
备学习、组内提醒、老师裁决和联系家长。组内七彩梯和班级七彩梯略有
不同，组内七彩梯从上到下依次为：表现完美、你真棒、表现不错、准备
学习、自我反思、组长提醒和老师裁决。写有学生/小组名字的夹子，夹在
两根粗麻绳上，处于不同评级语句之间，代表了每个学生/小组所处的状
态。组内七彩梯由轮值组长根据学校版七彩梯升降标准(参见表 4-3)移动夹
子，班级七彩梯则由教师依照各组表现来升降夹子。家庭七彩梯各部分内
容从上到下依次为：一次奖励、你真棒、表现不错、准备行动、自我反思、
警告、惩罚。每个家庭可根据家庭成员的情况，参考图 4-4 中的夹子，为每
一位成员制作一个专属的夹子。夹子最开始处在中间地带"准备行动"。从
孩子每天放学后到晚上睡觉前和周末作为评价时间，父母通过家庭七彩梯
上的夹子的升降对孩子的行为表现做出评价。

---

　①　Morris，R. *Clip Chart*：*A Simple Discipline Strategy for Promoting Positive
Behavior*，California，New Management，2009，pp. 7-11.

图 4-4　七彩梯系列工具

2. 标准制定，制作七彩梯的升降标准

教师和家长需要根据实际情况，设计与制作七彩梯的升降标准。比如，学校版七彩梯的升降标准是为了满足课堂教学以及其他学校内学习活动的需要，针对学生的具体行为而确定的，包括作业完成情况、课堂表现和课间表现等（参见表 4-3）。

表 4-3　学校版七彩梯的升降标准

项目		什么时候夹子会向上移动？	什么时候夹子会向下移动？
到校与晨读	作业	按要求完成作业，按时交作业，配合组长和课代表的工作。	未能完成作业，迟交作业或不交作业。
	晨读	在 8：15 之前做好晨读准备；在早读铃声响起后，听从领读者的安排，大声朗读。	在 8：15 早读铃声响起时，仍在做与早读无关的事；朗读声音小。
早操与集队	早操	开会或升旗时保持安静，不随意离开队伍；早操结束后，安静有序地排队上楼。	开会或升旗时随意走动、说话，秩序混乱；排队上楼时拥挤、推搡、拖长队伍。
	集队	听到集队铃声后迅速走出教室；排队时做到快静齐，听口令。	听到集队铃声后行动拖沓缓慢；排队速度慢，嬉戏打闹，不听指挥。

续表

项目		什么时候夹子会向上移动？	什么时候夹子会向下移动？
课间与眼保健操	课间	不追打跑跳、不高声喧哗；在上课铃响之前，将书、本、笔等学习用品摆放在桌子上；铃响时迅速回到座位上坐好。	课间追打跑跳、高声喧哗；上课铃响后所需学习用品还未拿出来；铃响后不迅速回到座位上。
	眼保健操	音乐响后，迅速准备做眼保健操；做眼保健操时要闭眼，不讲话、按节拍做。	迟迟不开始做眼保健操；做眼保健操时不认真，与同学讲话。
课堂表现	课堂	遵守课堂纪律，专心听课；认真思考，并积极举手回答问题；发言声音响亮。	违反课堂纪律，听课不专心；不积极参与课堂提问；发言声音小。

家庭版七彩梯的升降标准，需要家长根据孩子的不良行为"量身定制"。例如，孩子在家不讲卫生，则可针对此问题制订一条相应的升降标准（参见表 4-4）。

表 4-4　家庭版七彩梯的升降标准

项目	我的夹子怎样才能往上移动？	什么时候我的夹子会往下移动？
礼貌	尊重长辈，体谅父母	不尊重长辈，与父母顶嘴
合作	积极帮助父母做家务	不帮助父母做家务，只知享受
作业	作业认真按时完成，完成质量好	作业拖拉，完成质量差
勤俭	勤俭节约，不浪费食物或金钱	不懂节约，乱花钱，浪费食物
卫生	爱干净，不乱丢杂物	东西乱扔，不主动收拾

3. 方法介绍，启动七彩梯法

教师可以通过一次班会课给学生展示和介绍七彩梯的升降标准及奖励政策等，同时通过家长会向家长介绍相应情况，家长可采用开家庭会的形式向孩子加以介绍。在介绍过程中，教师需要详细说明到达七彩梯的不同位置所代表的意思。例如，在图 4-4 中的组内七彩梯上，甲同学的夹子夹在"表现不错"和"你真棒"之间，代表了该同学目前的表现水平已经不错了，但还没达到更高的"你真棒"的水平。同组的乙同学的夹子在"你真棒"之上，代表该同学的表现已经达到了很棒的水平。教师还要根据七彩梯的升降标准详细说明具有哪些行为可以升降代表自己的夹子，在隆重而详细地介绍后，将七彩梯及其升降标准置于班内或家里的合适位置。

4. 正式实施，每日观察与记录

新的一天开始，轮值组长或当值班干部将写有学生或小组名字的夹子夹在"准备学习"和"表现不错"之间。教师注意观察学生的行为，并根据标准及时升降其夹子所在的位置，以发挥鼓励或警示的作用。需要注意的是，教师在移动夹子时，务必让学生知情，这样可以强化反馈。一天结束时，轮值组长或当值班干部将各位学生或小组的夹子的位置按照"七彩梯各部分量化分数对应表"（参见表 4-5）换算成分数。在各组记录时，教师可简要记录学生的具体行为表现，从而在总结颁奖或点评时能将具体事件告知学生。

表 4-5　七彩梯各部分量化分数对应表

七彩梯上的夹子所在的位置			得分
班级七彩梯	组内七彩梯	家庭七彩梯	
表现完美	表现完美	一次奖励	+3 分
你们真棒	你真棒	你真棒	+2 分
表现不错	表现不错	表现不错	+1 分
准备学习	准备学习	准备行动	0 分
组内提醒	自我反思	自我反思	−1 分
老师裁决	组长提醒	警告	−2 分
联系家长	老师裁决	惩罚	−3 分

5. 及时总结，制作周历卡

行为习惯的养成需要持续、反复的练习。开发周历卡记录学生每周的表现情况，再将每周的周历卡钉在一起，便成了学生专属的周历本，形成持续性反馈，强化行为。周历卡由每天的记录栏、家长/班主任评价、家长/班主任签名及评分标准四部分组成（参见图 4-5）。学生将学校里的周历卡带回家给父母看，父母能够及时了解学生在校情况，拉近了父母与孩子之间的心灵距离；将家里的周历卡带回学校给班主任看，班主任能够更深入地了解学生的情况，促进家校协作。家长/班主任评价和签名的设置，是为了确保学生真正把周历卡交给家长/班主任看。

周一	周二	周三	周四	周五	周六	周日

家长/班主任评价：_____

家长/班主任签名：_____

表现完美
你们真棒
表现不错
准备就绪
组内提醒
老师裁决
联系家长

图 4-5　周历卡

6. 按时评价，及时奖励与表扬

一周结束时，教师根据"综合情况公示表"（参见表 4-6）在周历卡上的相应区域，盖上代表不同分数的印章。例如，学生在第一周的星期一当天，七彩梯上的夹子停留在"你真棒"和"表现不错"之间，则在该生的周历卡上的相应区域盖上"＋1 分"的印章。教师/家长根据班级/家庭的"综合情况公示表"进行相应奖励和表扬，以此强化教师/家长对学生行为表现的反馈。如果时间充裕，还可以让学生进行自我反思和小组点评与反思，促进学生元认知水平的提升。

表 4-6　综合情况公示表

( )年级( )班 第( )周						
学号	姓名	周一	周二	周三	周四	周五	备注
1							
2							
3							

（三）七彩梯法的实施策略

设计并实施七彩梯法，提升班级管理效果和改善学生的行为习惯，需留意以下三个策略。

1. 家校协作，发挥合力作用

七彩梯的设计吸收了"夹子表"体系提升班级管理效果和改善学生行为习惯等优点，并根据班级的实际情况，设计开发了由班级七彩梯和组内七彩梯共同组成的新体系，既有各组/各学生之间的竞争，又有组内互相监督与提醒合作，有助于养成竞争与合作并存的良好氛围。而且，根据家校协作需求，家庭版七彩梯和周历卡，有助于加强家校之间的交流沟通，共同助力学生良好行为的培养。

2. 及时总结，关注实施情况

从实施效果来看，七彩梯在形式上有升有降，较为新颖。在七彩梯系列工具实施一个学期后，教师使用自制的问卷调查班上学生的感受，发现大部分学生表示出喜欢这一活动。同时，如果学生自己所在的小组获得了第一名，就会对他们下周的表现有很大的激励作用。大部分学生能够意识到自己是小组的一分子，并为之积极努力，争取不犯错，在课上课下都认真对待。在同伴出现不恰当行为时，同组同学也愿意提醒并帮助其改正。开发家庭版七彩梯和周历卡，增加了家校交换周历卡环节，促进了家校之间的交流沟通。在使用过程中，七彩梯系列工具得到了班主任和学生们的好评。

3. 按时调查，及时反馈与调整

七彩梯系列工具需要在实践过程中不断优化。对班主任和各科任教师进行访谈，使用问卷调查学生参与七彩梯活动的感受，收集反馈信息，有利于对七彩梯体系进行优化与完善。

二、师生签约法

"人而无信，不知其可也。"[①]教师对小学阶段的学生开展诚信教育尤为重要。然而，小学里的诚信教育往往不尽如人意，主要体现为：一是学生的诚信认识比较模糊；二是教师利用虚构情境进行诚信教育，较难激发学生内心的知行冲突；三是重认知轻行动，导致"知而不行"或"知行不一"。针对这些现实困境，教师通过师生签约法在班级管理中渗透诚信教育。

(一)师生签约法的提出

师生签约法，指教师与某一个、某几个或全班同学在平等自愿的基础上共同制定并遵守协议书，以改善学生的问题行为为契机，达到培育学生诚信行为的目标。协议书的内容主要包括问题行为、目标与建议、奖励与惩罚。师生签约法构建了真实的诚信情境，提供了实践诚信行为的途径，帮助学生"知行合一"，让学生在真实体验中形成诚信行为。

师生签约法的实施发挥着重要作用。①改善学生的问题行为。师生签约法把学生的问题行为视为学生发展的机遇，鼓励学生积极调整这些行为。②引导学生诚实表达。师生签约法必须建立在师生真诚交往的基础上，教师需要引导学生诚实表达主观意愿。在确定签约对象之后，教师与学生真诚交谈，深入了解问题行为产生的原因，诸如教学内容比较无聊、自身注意力不集中等。通过对学生的深入了解，教师才能提出有针对性的建议。③培养学生的守信能力。签约之后，教师基于自身的专业素养，诚恳地向学生表达自己的建议及理由，学生可以根据自己的实际情况选择适合自己的建议。教师创设真实的签约情境，给予学生判断、承诺和践行的机会，让学生通过签约活动提升守信能力。

---

①　杨伯峻：《论语译注》，21 页，北京，中华书局，1980。

(二)师生签约法的实施步骤

视频：师生签约法的实施步骤

教师作为师生签约法的设计者与组织者，需要整体设计活动实施的过程。运用师生签约法培育学生的诚信行为，主要包括以下步骤。

1. 教师深入调查，确定签约对象与问题行为

教师主要通过观察和访谈确定签约对象。在日常活动中，教师及时观察和记录学生出现的问题行为，分析这些行为发生的频率和时间等，初步确定几个签约对象及其需要改善的问题，如上课经常走神、经常与同学产生矛盾、经常拖延作业等。同时，访谈各科任教师，了解这些学生在各科课堂上是否也存在这些问题。在此基础上，教师确定出签约对象及其问题行为。

2. 师生真诚交谈，培养学生的诚实表达能力

诚信包括相互联系的"诚"(诚实)和"信"(守信)两部分，其中"诚"是指主体对其所感知到的客观事实和相应的主观判断进行真实表达的心理与行为品质，表现为讲真话，不说谎。[①] 教师在确定签约对象之后，需要与学生进行真诚的交谈，引导他们诚实表达内心想法，充分尊重学生的主观意愿。首先，教师要真诚地与学生交流他们经常出现的问题行为，询问学生是否意识到这些行为，并启发学生思考和表达产生这些行为的原因。这也可以帮助教师深入了解学生问题行为的根源，进而提出更具有针对性的建议。其次，教师引导学生诚实地表达这些问题行为对学习和生活造成的消极影响，同时描述改善这些行为可能会带来的积极影响，如集中注意力、提高学习成绩等。最后，教师耐心询问学生是否愿意尝试改变这些问题行

---

① 傅维利、刘磊、李德显等：《中国儿童与青少年诚信观发展研究》，32～33页，北京，北京师范大学出版社，2017。

为，并鼓励他与自己签约，并表示会一直帮助他。师生之间的真诚交谈，有利于营造良好的诚实交往环境，使学生在交谈中学会诚实待人。

3. 师生制订协议，培养学生判断与承诺能力

诚信教育不仅要注重"诚"，更需要凸显"信"。"信"是指主体在主观判断的基础上做出相应的承诺，并按此践行的心理和行为品质，表现为讲信用，说到做到。[①] 在师生真诚交谈的基础上，教师要通过与学生共同制定协议书来培养学生的守信能力。协议书的内容主要包括问题行为、目标与建议、奖励与惩罚。

(1)问题行为

在之前的师生交谈中，教师已经根据学生的特点，采取适当的方式帮助学生明白自己存在的一些问题行为，并与学生一道认真分析了这些问题行为的消极影响和改善这些行为可能带来的积极影响。但是，学生可能存在多种问题行为，难以在一次签约中全部加以改善。因此，师生需要商定出1~2个亟须改善的问题行为，以确保协议内容具有针对性、可行性和有效性。在这个过程中，学生需要根据自身的能力判断自己能够改善哪些问题行为，并做出恰当的承诺。若没有判断的过程，学生盲目进行承诺、践行环节，可能导致学生难以坚持守信行为，出现违约现象。

(2)目标与建议

教师针对学生的问题行为提出合适且可行的建议，是师生商定协议内容的重要环节。教师需要考虑学生的特点和问题行为，提出个性化建议。首先，教师需要将直接目标细化为若干具体建议，这些建议既不能要求太高也不能要求太低，需要一步步提升难度；其次，教师向学生诚恳表达自己的建议及理由；最后，学生根据自身情况选择合适的建议作为协议内容。这种建议的形式明确规定了师生之间的承诺，让学生意识到这份协议书的重要性。教师也要注意引导学生正确判断自己能够达成哪些建议，并恰当做出承诺，为践行承诺奠定基础。

---

① 傅维利、王丹、刘磊等：《诚信观的构成及其对诚信教育的启示》，载《教育研究》，2010(1)。

(3)奖励与惩罚

"诚信或者失信之所以能够存在，根本在于利益。"[①]协议书中的奖励和惩罚细则，关系到学生的切身利益。当学生通过守信行为获得奖励时，会更多地展示这些行为；若因失信行为遭到惩罚，则会尽量避免这类行为。师生共同签订的协议书中明确规定：若学生达到了协议书中的建议，可以奖励协约币；若未达到，则需要进行收回协约币的惩罚。当协约币达到一定数量之后，可以兑换相应的奖励。表4-7呈现了教师与学生签订的一份协议书，直接目标是改善签约学生上课注意力不集中的问题行为。

表 4-7　协议书示例

××同学，袁老师非常喜欢你活泼的个性与敏捷的反应。如果你上课能够认真、专心一些，积极发言，那就更好了。为了帮助你改善上课注意力不集中的问题，经师生双方协商，特做出如下约定。
1. 若××同学坚持认真听老师讲一节课，不出现交头接耳、发呆等注意力不集中的行为，将得到老师奖励的协约币1枚。若连续3次违背了第1条约定，将收回已经奖励的协约币1枚。
2. 若××同学能坚持认真听一天的课，积极发言，并认真完成课堂作业，将得到老师奖励的协约币2枚；若连续3次违背了第2条约定，将收回已经奖励的协约币2枚。
3. 若××同学能坚持在一周之内达成第2条约定，遇到不会的问题请求同学、老师或者家人等的帮助，将得到老师奖励的协约币10枚。若连续3次违背了第3条约定，将收回已经奖励的协约币5枚。
4. 若××同学能坚持在两周之内达成上述约定，将得到老师奖励的协约币20枚。若连续3次违背了第4条约定，将收回已经奖励的协约币7枚。
5. 老师承诺随时观察××同学的表现，根据表现给予奖励或惩罚。若××同学获得协约币5枚，可以申请减免一次家庭作业；若获得协约币10枚，可以申请减免两次家庭作业；若获得协约币20枚，可以申请奖励想要的篮球；若获得协约币40枚，可以申请获得公开表扬和分享经验的机会。
以上几点，经师生双方协商，即日起有效，有效期为1个月。 　　双方签名 　　学生：　　　　　　　　老师： 　　时间：　　年　　月　　日

----

① 丁建凤、张澍军：《论诚信的几个问题》，载《东北师大学报(哲学社会科学版)》，2008(6)。

4. 随时观察与反馈，培养学生践行承诺的能力

"守信教育能否见实效关键在践行。"[①]学生达成协议书的建议，即践行承诺。师生签约之后，教师需密切关注学生的行为表现。若学生取得进步，教师应及时给予鼓励，激发学生履约的积极性；若学生重新出现问题行为，教师在课下以口头表达或书面语言的形式提醒学生。"优质的反馈被誉为教师给予学生的'最佳礼物'。"[②]通过随时观察，教师能够了解学生的行为表现并及时反馈，有利于培育学生的守信行为。

5. 动态调整协议，培养学生灵活应对承诺的能力

协议书的权威性，决定了协议内容不能经常改变。但是，教师可以根据学生的行为表现，在与学生商议之后，适时调整协议内容。若学生的进步比预期目标更好，教师可以稍微提高建议的难度；若协议内容不够完善或学生难以履行，教师可以适度修改协议，降低建议的难度。师生签约的最终目标，是培育学生的诚信行为。若提出超越学生能力的建议，则容易导致学生因能力不足而产生失信的情况。因此，需要相机适当动态调整协议内容，使学生通过努力能够达成建议，避免产生失信行为。

6. 及时奖励与惩罚，激发学生守信的外部动机

在具体执行师生签订的协议书时，教师需要按时评价，及时奖励和惩罚。若问题行为逐渐减少时，则教师按照协议书给予学生奖励；若这些行为无变化甚至增多时，则需要实施惩罚，但要鼓励学生继续努力。师生签约实施初期，学生会努力改正自身的问题行为，以期获得奖励。但随着活动的进行，学生可能会对奖励失去兴趣，导致履约的外部动机逐渐减弱。因此，教师要设计反思与分享环节，引导学生体验协议书对自身学习与发

---

① 刘伟、傅维利：《诚信知行的形成机制及其对高校诚信教育的启示》，载《教育研究与实验》，2013(2)。

② 曾文婕、刘成珍：《评估何以促进学习——论学习为本评估的文化哲学原理》，载《高等教育研究(武汉华中科技大学)》，2017，38(5)。

展的益处,激发学生履约的内部动机。

7. 反思与分享经验,激发学生守信的内部动机

当学生达成签约目标之后,教师引导学生反思整个签约过程,提高学生的元认知能力。学生通过反思,对自己改善问题行为的整个过程进行全面考察和分析,包括在履约过程中达成的建议、未达成的建议等。反思,能够帮助学生合理计划、监控和调节今后践行诚信行为的过程。教师每月可以组织一次"签约经历分享日"活动,鼓励签约学生与班级同学分享自己的签约经历,既强化签约学生的成功体验,激发学生履约的内部动机;也让其他同学感受到诚信的价值,鼓励他们参与到签约活动中。

(三)师生签约法的实施策略

在运用师生签约法时,教师需掌握以下策略。

1. 学生认识到协议的重要性

师生签约法的独特性,在于将契约彰显的信用精神运用于班级管理中。签订这份协议,意味着师生做出一份承诺,双方都应该认真履行协议中的内容。因此,教师需要认真贯彻协议书,每天记录学生的行为表现,并及时反馈,让学生意识到自己非常重视这份协议。只有学生认识到协议的重要性,才会认真履行协议内容。

2. 协议内容需要清晰和具体

师生共同商定的协议内容要清晰、具体,有针对性和可操作性。协议内容要具体到学生的行为表现,以便为学生指明需要努力的方向,帮助学生更好地履行协议。教师要根据具体的协议内容,及时给予学生相应的奖励和惩罚,激发学生履约的动机。

3. 及时记录和适时鼓励学生

师生签约法正式运行后,教师需要及时记录签约对象的表现,如已完成的建议等。教师还要与其他科任教师交流,记录签约对象在其他课堂上

的行为表现，以期全面了解学生的问题行为改善情况。在记录过程中，教师需要针对学生的行为表现及时加以反馈。特别是当学生出现意志力不坚定时，教师要想办法鼓励学生继续履行协议内容。

案例：悬赏令法

第五章　指导学生学习

本章思维导图

小学生在日常学习中普遍存在目标不明确、方法不科学、兴趣不高、准备不足或规划不清等问题。为了解决上述常见的学习问题，提升教育质量，促进学生的终身学习，教师在班级管理中指导学生学会学习，是值得重视的工作。

第一节　指导学生学习的基本原理

为了更好地掌握和创新指导学生学习的方法，教师需要对指导学生学习的概念、内容及基本模式等予以分析。

一、指导学生学习的概念

对指导学生学习的内涵，有不同的解读，其侧重点有别。归纳起来，主要有三种看法。①将指导重点放在指导学生学会学习上。例如，学习指导力不是讲授知识的能力，而是引导学生自主学习、建构知识系统的能力，是教学生学会学习、处理信息的能力。学习指导主要侧重在引导学生优化学习过程、掌握学习策略、自主建构知识。[①] ②将指导重点放在预防学生学业不良上。例如，学习指导是解决学生差异问题、进行因材施教的重要手段，也是防治学生学业成绩不良的重要而有效的措施。[②] ③将指导重点放在优化学生的学习心理上。例如，学习指导是依据现代学习理论，对学生学习过程中的心理结构、心理特点和心理规律加以分析，并给予指导，以优化学习心理，达到有效学习的目的。[③]

综上所述，指导学生学习实质上就是教师教会学生如何学习。具体而言，指导学生学习就是教师以教育学、心理学和社会学等领域的理论为基础，充分考虑学生的心理特征，帮助学生确定学习目标、制订学习计划、掌握学习方法、调节学习情感和优化学习过程等。

指导学生学习，还应明确以学生为学习主体，教师起主导作用。教师在指导学生学习的过程中，不仅要教给学生知识，更要教给学生学习的方法和技巧，使学生懂学习、会学习、爱学习，成为自己学习的主人。这是每位教师应尽的责任与义务。

二、指导学生学习的内容

指导学生学习是一项系统工程，其内容主要包括指导学生明确学习目标、选择学习策略及调节学习情感。

（一）明确学习目标

明确学习目标主要解决学生"想不想学"的问题。[④] 具体包括：帮助学

---

① 钟祖荣：《论新时代教师的关键能力》，载《教师发展研究》，2018，2(2)。
② 杨平：《当代中学生学业不良的成因与对策》，载《现代中小学教育》，1993(2)。
③ 刘晓明、张宝来：《小学生学习心理与学习指导》，88 页，长春，东北师范大学出版社，1999。
④ 史耀芳：《略论我国中小学学习指导的内容及操作框架》，载《中国教育学刊》，1996(2)。

生认识学习的必要性，使学生建立起学习的责任感和使命感，懂得学习既是个体发展的主要动力，也是自己在社会中生存的立身之本、为社会做贡献的必然途径；帮助学生养成学习的自觉性，即学生无须外部环境的强化或施压，能够主动、自觉地开展学习活动；帮助学生基于目标指引有意识地锻炼学习的韧性，使学生学会在学习中不断克服困难，体会学习的乐趣，从"苦中学"转向"乐中学"。

（二）选择学习策略

选择学习策略主要解决学生"如何学"的问题，涉及指导学生如何注意、观察、思考、想象；如何决断、发现与解决问题及创造等。学习策略的选择和应用，直接影响着学生的学习效率和学习效果，并且对于开发学生智力来说也较为重要。因此，指导小学生科学选择学习策略，不仅有利于知识的掌握和认知结构的建构与完善，还能进一步提高小学生的智力水平。

视频：学习策略

（三）调节学习情感

调节学习情感主要解决学生"如何学得更好"的问题。非智力因素能够驱动、导向、维持、强化和调节学生的学习[1]，对于学习活动的价值不可忽视。作为学生的非智力因素的重要组成，学习情感与学习的成功与否休戚相关。教师对小学生进行学习情感调节方面的指导，如激发学习兴趣、提升学习责任感、增强学习信心、增强学习毅力、培养刻苦勤奋的学习态度等，将有助于小学生的学习。

三、指导学生学习的基本模式

根据学生学会学习的途径和教师学习指导方式的不同，可将学习指导

---

[1] 本部分内容参考了李如密：《学习指导的基本模式及其发展趋势》，载《中国教育学刊》，2001(3)。

模式分为八类：课程模式、专题模式、规程模式、诊疗模式、渗透模式、示范模式、省悟模式和交流模式。[①]

(一)课程模式

课程模式即学校专门设置用于开展学习指导活动的课程。学习指导课的课堂教学基本形式为："自学—点拨—归纳—实践"。该模式要求教师面向全体学生，并与个别辅导相结合；及时了解学生的反馈意见，不断探索和改进；注意正面例子与反面例子的对比使用；有针对性地开展教学活动。学习指导课作为一门正式课程，其最大的优势是时间和教材能够高效利用、学生所掌握的学习方法比较系统。

(二)专题模式

当学校现有条件无法支持课程模式的运行时，教师以学生的学习兴趣与需要为依据，采取定期或不定期的专题形式进行学习指导，这就是专题模式。教师针对某个学习问题进行专题讲授，或邀请校内外学者举办讲座。这具有较大的灵活性，但对教师的专业水平和素养提出了要求，即教师需要熟练掌握相应知识用于分析学生的学习情况，并灵活运用教学方法和精选教学内容等。

(三)规程模式

规程模式，是指学生严格按照教师印发的学习规程开展学习活动的一种指导模式。学习规程规定了学习过程的基本程序和方法，包含学习程序、学习方法及学习要求等相关材料，语言简练，通俗易懂。学生在实践和练习学习规程的过程中掌握科学的学习方法，形成良好的学习习惯。

(四)诊疗模式

诊疗模式，指教师模仿医生诊疗病人的方法，对学生在学习过程中表现出来的各种问题进行诊断，并有针对性地给予矫正或治疗的模式。学生的特点各异，教师需要全方面诊断学生的学习动力和方式、身心发展状况、

---

① 本部分内容参考了李如密：《学习指导的基本模式及其发展趋势》，载《中国教育学刊》，2001(3)。

学习及家庭环境等，并根据诊断结果进行有针对性的指导。

(五)渗透模式

渗透模式，指教师采用一定的方法将学习指导和学科教学过程相互渗透的模式。教师在各科教学活动和各种班级活动中，除了传授知识与技能，还应尽可能多地传授学习这些知识与技能的特定方法和策略。

(六)示范模式

示范模式的含义是，教师以身作则，亲身示范科学的学习方法，学生在示范中领会学习方法的正确应用模式。对于学生来说，教师具有榜样作用，因此教师可以有意识地向学生介绍自己的学习方式和方法，供学生效仿，起到示范的作用。

(七)省悟模式

省悟模式，是指教师引导学生认识自己的学习过程，审视自己的思维特点和思维方法，在自我剖析中反思旧学法、创造新学法的模式。这种模式有利于发展学生的元认知和元学习能力，调动学生学习的主动性和积极性，在总结学习经验的过程中，不断优选出匹配自身特点的学习方法。

(八)交流模式

交流模式，是指教师指导学生相互之间开展学习经验和学习方法的交流与讨论，以便学生互帮互促的模式。常用的形式有学法经验交流会、学习常规答辩、学法主题班会、学法表扬奖励会和作品展览会等。同一班级学生的学习条件大致相同，学习方法的经验交流具有亲切、可信、易学的特点。对一些有成效的学习方法，教师要做好总结工作并进行推广，促进学生相互学习、启发和借鉴。

第二节　指导学生学习的常规方法

教师在日常实践中，已经形成了一些指导学生学习的常规方法，包括自主学习法、合作学习法和探究学习法等。这些方法各有优劣，教师在实际应用中需以理论为指导，了解和掌握其实施的具体策略。

一、自主学习法

自主学习作为能充分体现个体主体性的学习方式之一，其价值与重要性日益凸显。在终身学习理念的指导下，学生在教师的指导下开展自主学习对于学生学习能力的提升具有重要意义。

（一）自主学习的概念与指导流程

分析自主学习的概念和自主学习的指导流程，有利于把握自主学习法的实质。

1. 自主学习的概念

自主学习，指学生在活动前能自己确定学习目标和制订学习计划，在学习中能自我监控和调节学习进展与学习方法，在学习后能自我总结和评价的学习方式。① 自主学习体现出能动性、独立性、有效性和相对性。①能动性，指学生因内在需要而主动、自觉地开展学习活动，而非在外界压力下被动进行。②独立性是"自主学习的灵魂"②，指学生在学习过程中，能力范围内的所有选择与控制都由学生自身完成。③有效性，指学生在自主学习过程中采用各种调节措施，协调各个因素以保证整个学习过程的最优化。④相对性，指学生的自主学习是相对的，大部分学生由于学习能力的限制而无法独立完成学习，学习的时间、地点、内容等也不可能完全由学生自己决定。因此，学习指导需要教师从实际情况出发，明晰学生能够发挥自主性的程度。

2. 自主学习的指导流程

教师指导学生进行自主学习的流程如图 5-1 所示。其主体部分为一个

---

① 庞维国：《自主学习——学与教的原理和策略》，72 页，上海，华东师范大学出版社，2003。

② 余文森：《论自主、合作、探究学习》，载《教育研究》，2004，25(11)。

循环过程，从目标的确定开始，经学生个体的动机激发和自学，到学生集体的讨论与练习，再到学习小结，在本轮学习的基础上确定新的学习目标。

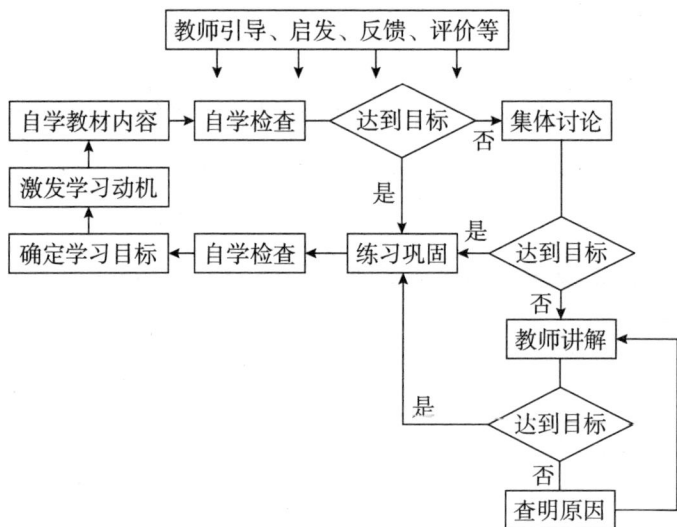

图 5-1　自主学习的指导流程图[①]

指导学生自主学习的流程主体，主要由三个闭合环路构成。第一个闭合环路是由确定学习目标、激发学习动机、自学教材内容、自学检查、练习巩固等环节构成的环路，该环路表明，在教师引导下，学生需要明确学习目标及学习要求，通过自学以达到学习目标。在该环路中，学生有较高的学习自主权。经由自学检查，若学生未实现学习目标，说明学生无法通过自学解决问题，此时就需要引入集体讨论。集体讨论环节与第一个环路共同构成了流程主体的第二个闭合环路。第三个闭合环路是在第二个闭合环路的基础上增设教师讲解环节，表示学生在自学和集体讨论的基础上仍未完全实现学习目标时，就需要教师进一步介入，帮助学生完成自主学习。

总的来说，在自主学习的指导流程中，大多数环节都由学生完成。指导流程的核心是学生的学，教师在各个环节中主要起引导、点拨和反馈的作用。

---

① 庞维国：《自主学习——学与教的原理和策略》，169 页，上海，华东师范大学出版社，2003。

(二)基于自我调节理论的自主学习法实施

以班杜拉的自我调节理论作为基础,可以更有效地指导自主学习法的实施。

1. 自我调节理论

自我调节理论可以用来分析自主学习机制,自主学习在一定程度上是学习主体的自我观察、自我判断和自我反应的过程。

(1)自我观察

自我观察是行为主体对自身行为的关注。根据自己的价值观和活动的重要性,人们会根据行为发生的情境,对自身行动的某些维度,如创造性、社会性、道德性等分配较多的关注,那些与行为情境无关的维度则被选择性忽视。自我观察是自我调节的基础,要做到精确、可靠,能为确定行为标准提供信息。而且,即时的自我观察能为行为评价提供连续性的信息,使自我评价对正在进行的行为起引导作用。

(2)自我判断

自我判断是行为主体对自身行为质量的评判,即行为主体根据行为的评价标准对自己的行为做积极评判或消极评判。评价标准可以是由个体自己制订的,也可以参照他人的行为水平。个体倾向于超越先前的自己以获得新的自我满足,也倾向于与自己处于相同学习环境中的同伴进行比较。个体若与较低成就的人相比,易产生积极的自我评价;与高成就的人相比,易产生消极的自我评价。另外,行为本身的价值,也是自我判断的重要依据之一。若行为本身没有太大的价值和意义,个体不会过多关注,也不会付出过多的努力。

(3)自我反应

在自我观察和自我判断的基础上,个体会做出自我反应。自我反应主要包括两个途径。一是自我激励。行为个体为了获得满足,要求自己努力完成某些行为。对期望成就的预期性满足,能为行为提供驱动力。二是自我评价。个体通过判断自我的行为是否符合某种标准,而不断对行为进行调节，并为行为提供自我导向和动力。

2. 自主学习法的实施策略

在自我调节理论的指导下，自主学习法的实施策略包括保证学生自学时间、合理确立学习目标和及时反馈学习质量等。

(1)保证学生自学时间

对于低年级的学生来说，他们尚不具备很好的自学能力和习惯，因此要保证能够给予他们充分的自学时间，让学生自主探索适合自己的自学方法。小学生的自学方式可能并不太科学，甚至有的小学生和家长会对自学存在误解，这就要求教师给予充分的耐心，及时提供有效的指导和帮助。

(2)合理确立学习目标

小学生在确立学习目标时，容易受情境的局限。就低年级的小学生而言，其学习目标可以由教师预先设定。教师要让学习目标符合该学龄学生的认知水平，以免揠苗助长。而且，教师也要充分考虑不同学生在选择学习方式和学习手段时存在的个体差异，帮助学生设定个性化的学习目标，以满足各自的学习需求。因此，教师要在把握学习目标大方向的基础上，充分调动学生的主观能动性和自觉性，从学生的个体需求出发，合理确立学习目标。

(3)及时反馈学习质量

自主学习将学习过程的主动权和掌控权交给学生，让学生对自己的学习负责，这并非意味着教师无视学习质量。相反，学习质量的提高是开展自主学习的必然结果。因此，为了避免学生的自主学习流于形式，教师要设计一定的评价环节，通过及时评价给予学生一定的反馈，引导学生不断改进自主学习过程。

二、合作学习法

教师指导学生开展合作学习，对学生身心发展和班集体建设都具有重要意义。

(一)合作学习的概念与基本要素

分析合作学习的概念和基本要素,有利于把握合作学习法的实质。

1. 合作学习的概念

合作学习,就是以小组为基本教学组织形式,小组成员互相帮助,共同达到学习目标的活动。[①] 合作学习具有互动性和交往性。①互动性。与同伴的社会相互作用是儿童身心发展和社会化赖以实现的基本关系。[②] 同伴之间的互动是学生互通有无、择善而从的重要途径,对学生的学习投入、学习结果和学习成就等有着重要影响。②交往性。交往是人类基本的存在方式,人与人之间需要相互交流、相互沟通、相互理解、相互作用。合作学习的过程,不仅是个体发展认知、培养技能的过程,也是个体之间情感、态度与价值观形成的过程。个体在不断交往中丰富知识、发展能力,形成积极的人生观、世界观、生命观。

2. 合作学习的基本要素

合作学习具有以下六大要素:异质分组、积极互赖、面对面的促进性互动、个人责任、社交技能和小组自评。[③]

(1)异质分组

异质分组,指在建立合作小组时,为使小组成员有不同的个性与风格,应尽可能将具有相同性别和种族、相似学习能力、相近家庭和社会背景的学生分配到不同的合作小组。异质分组能够保证小组内成员的多样性,使学生能够获得更丰富的信息,提出不同的观点,分享彼此的经验。

(2)积极互赖

积极互赖,是指每位小组成员都认识到自己与其他组员的成败息息相关,每一位成员都对同伴的学习负责,都尽可能多地付出努力以完成学习

[①] 高艳、陈丽、尤天贞:《关于合作学习的元分析》,载《山东教育科研》,2001(10)。

[②] [美]詹姆斯·H. 麦克米伦:《学生学习的社会心理学》,146 页,何立婴译,北京,人民教育出版社,1989。

[③] 本部分内容参考了靳玉乐:《合作学习》,10~17 页,成都,四川教育出版社,2005。

任务。可以说，如果小组成员间没有形成积极互赖，那么合作学习就不可能完成。

(3)面对面的促进性互动

积极互赖产生促进性互动，即小组成员互相支持与鼓励，彼此为完成任务或取得良好成绩而努力。促进性互动可具体表现为：学习资料和信息的共享与流通；同伴间能提供及时甚至实时的反馈和建议；理解并交流彼此的推理过程和结论；相互信任。面对面的促进性互动，是满足学生交往和沟通需要的方式之一，有利于学生建立起较为稳固、和谐的人际关系。

(4)个人责任

个人责任，是指学习小组的任务分配分工明确，每位组员都必须承担起一定的责任，并且尽职尽责。个人责任是合作学习的必要条件，只有每位组员都按要求完成学习，小组才能取得成功。若小组任务分工不明确，没有具体落实到个人，很容易出现部分成员消极合作、逃避责任、不参与群体活动的现象。

(5)社交技能

学习小组的成员除了完成相关的学习任务外，还要学习参与小组合作必备的社会交往和人际交往技能。一般情况下，若教师有意锻炼学生的社交技能，小组合作学习的效率和效果也会有一定的提高。学生小组合作所需的基本社交技能，包括彼此信任、彼此支持、准确交流和建设性地解决问题等。

(6)小组自评

为了持续高效地开展小组学习活动，学习小组必须实时监控合作学习活动，为同伴反馈信息和建议，及时调整学习过程中的各个要素和组合，保证合作学习的有效性。

(二)基于合作学习共同体建构理论的合作学习法实施

要将学习小组建设为合作学习共同体并非易事。基于合作学习共同体建构理论，指导班级中各小组开展合作学习，有利于提升实践成效。

1. 合作学习共同体建构理论①

合作学习共同体的建构，包括以下几个步骤。①构建合作团体。团体是组织的基本行动单位，是合作学习共同体培养和合作学习共同体活动顺利开展的基础。在这个团体中，每位成员都与合作学习共同体的成功休戚与共，每个人都必须承担起自己相应的责任。②建立共同愿景。共同愿景为合作学习共同体的发展引领方向，为合作学习共同体成员的努力提供目标。在共同愿景的驱动下，合作学习共同体成员会产生学习积极性和创造性。共同愿景还能弱化成员间的利益冲突，使成员凝聚在一起。③赋予权利。在合作学习共同体中，每位成员都会投入学习中，每位成员都是权利平等的学习者。④领导垂范。每一个合作学习共同体，都至少有一名成员在活动中担任领导角色，统筹全局，并以自身的信念激发合作学习共同体成员形成共同愿景。⑤激励鼓舞。运用各种有效的方法调动合作学习共同体成员学习的积极性、主动性和创造性，受到激励和鼓舞的成员将会释放巨大的驱动力，为共同愿景奉献自己的热情，并主动去激励和鼓舞其他成员。激励鼓舞最常见的方法，是表扬个人和集体庆祝。

2. 合作学习法的实施策略

在合作学习共同体建构理论的指导下，合作学习法的实施策略主要包括注重小组结构合理性、合理分解学习目标和加强合作学习评价。

(1)注重小组结构合理性

教师在构建合作团体时，要注重合作学习小组结构的合理性。其一，小组人数要合理，人数过少会导致每位成员的负担过重；人数太多则不利于成员间的互动，容易出现部分成员浑水摸鱼的现象。其二，小组内要有一定的异质性，应尽量根据学习能力、性格特点等差异，将不同特质和层次的学生进行优化组合。其三，组内分工明确，每位成员都必须承担起一定的任务，并协调一致地开展合作学习。

---

① 本部分内容参考了［美］戴维·W. 约翰逊、［美］罗杰·T. 约翰逊：《领导合作型学校》，1～28 页，唐宗清等译，上海，上海教育出版社，2003。

（2）合理分解学习目标

在构建合作团体时，组内包括了低、中、高三个学习能力水平的学生，每位学生对学习目标有不同的解读，执行力也不同。为了使每位学生都认同学习目标，建立起合作学习共同体，教师和小组长可以带领各学习小组将目标分解成不同的层次，能力较高的学生帮助能力较低的学生达到目标，积极突破高层次目标。如此，可以帮助每位学生找到努力的方向。

（3）加强合作学习评价

在每一次合作学习后，教师都要对小组成员的合作学习过程和结果进行评价，主要采用表扬和奖励，尽量让大部分学生都能获得学业成就感，激发他们参与合作学习的热情和兴趣，形成良性循环，保证合作学习能持续开展。教师在进行合作学习评价时，要力争能具体到每个小组及其成员的学习表现，尽可能详细一些，最好不错漏每一个值得激励鼓舞或需要改进的重要细节，从而不断提升学生合作学习的质量。

三、探究学习法

探究学习法，对提升学生的实践和创新能力具有重要价值，已成为研究者和实践者关注的一个焦点。

（一）探究学习的概念与价值

分析探究学习的概念和价值，有利于把握探究学习法的实质。

1. 探究学习的概念

探究学习是指学生在学科领域或现实生活情境中，通过发现问题、建立假设、调查研究、动手操作、收集和处理信息、表达与交流的探究性活动，获取（得）知识、技能和情感、态度体验的一种更具一般性的学习方式和学习过程。[①] 探究学习主要有以下 3 个特点。①问题性。探究学习强调

---

① 何善亮：《探究学习的存在价值及其实践限度》，载《教育科学研究》，2009（9）。

问题在学习过程中的重要性。问题贯穿整个学习过程的始末；探究学习在解决问题的过程中也在生成问题，问题是学习的终点，也是新一轮学习的起点。②过程性。如果没有一系列质疑、判断、比较和选择的探究过程，就难以真正达到学习目的。③开放性。探究学习强调开放性，强调给学生营建轻松、和谐的学习环境和氛围，给予学生心理上的安全感以及团队归属感。

2. 探究学习的价值

探究学习的价值，包括促进学生学习方式的转变、培养学生的创新能力以及培养学生的综合素质。

(1)促进学生学习方式的转变

过去常用的学习方式，主要建基于人的客体性、受动性、依赖性。探究学习的有效实施将有望扭转这种局面，更多地强调学生的主体性、自主性、能动性。学习不再仅仅是知识的接受过程，更是学生发现、提出、分析、解决问题的过程。

(2)培养学生的创新能力

一个国家永葆生机、兴旺发达的动力在于创新。培养学生的创新精神，是我国教育改革的灵魂。指导学生进行探究学习从两个层次上体现了教师对创新教育的追求。其一，探究学习激发每位学生的创造性。以个体或小组乐于采用的方式，围绕某个主题开展探究学习，能充分发挥学生的创造潜能。其二，探究学习以探究取代接受，既强调学生学业水平的提高，又突出学生开拓精神的培养。这有利于学生从课本和课堂的禁锢中解放出来，实现书本知识学习和社会实践相统一。

(3)培养学生的综合素质

学生综合素质的形成，有赖于学生综合地学习和运用知识。探究学习强调学生在真实世界中发现问题、思考问题、解决问题。在此过程中，学生不断发展自己的个性，并在不同程度上获得认知、情感、动作技能等方面的发展。学生认知、情感、动作技能的发展，对人际交往和合作、管理能力的提升，也起到较为重要的作用。

(二)基于发现学习理论的探究学习法实施

布鲁纳(Bruner, J. S.)的发现学习理论，能为教师指导学生自主学习提供一定的启示。

1. 发现学习理论

布鲁纳从归纳推理和问题解决角度提出发现学习有以下几个步骤[①]：①以学生感兴趣的问题，激起其兴趣和好奇心；②以问题的不确定性，激发学生的探究欲望；③以问题的多种可能假设，开阔学生思路；④以协助学生收集问题解决相关资料，丰富学生认知；⑤以组织学生审查有关资料，推导结论；⑥以引导学生证实结论，开发其分析思维。

2. 探究学习法的实施策略

在发现学习理论的指导下，探究学习法的实施策略主要包括强调目标的自适应性、注重任务分解的层次性和为学生提供适当的信息资源。

(1)强调目标的自适应性

学生若要明确自己通过探究学习能达到什么样的目标，获得什么能力，就要先了解探究学习的目标是否与自己的学习特性相适应。自适应性的学习目标具有以下特点：相关性，即与学习需要密切相关；满意性，即学生在完成探究目标后，能得到满足感和学业成就感；实用性，即学生通过探究学习所得的知识，能用于今后的学习和生活中。因此，教师要引导学生分析自己学习动机和学习态度等方面的特点，同时以学生的最近发展区为依据，指导学生制订适宜的学习目标，激发学生探究学习的潜能。

(2)注重任务分解的层次性

注重任务分解的层次性是指教师指导学生将总的探究任务分解为具有层次性的多个小任务，构建起学习目标的层级体系。学生逐级完成学习任务，能够有效提高其内在动机，让自己体验到学业成功感和自我效能感，

―――――――――――――

① 张爱卿：《放射智慧之光——布鲁纳的认知与教育心理学》，100页，武汉，湖北教育出版社，2000。

从而对积极结果产生期望。低层次的任务容易较快实现，教师要帮助学生逐级增强学生完成任务的期望值，使学生产生强烈的指向于实现更高层次任务的动机。

（3）为学生提供适当的信息资源

为了帮助学生深入探究并提出问题解决方案，教师需要为学生提供的相关信息资源，以供学生自主选择、应用和评价。不是所有学生都具备有效评价和筛选信息的能力，因此，教师应该评价资源和信息的相关性，并对所提供的信息加以组织，以更好地支撑学生的探究学习。在必要时，教师可将完成每一层次探究任务所必需的信息分类关联到相应的活动中，帮助学生建构心智模型，形成问题假设，进而解决问题。

第三节　指导学生学习的新兴方法

随着指导学生学习的方法不断改善和创新，学习加油卡法、学习问吧法和百家讲坛法等方法得以兴起。

一、学习加油卡法

小学阶段，是学生培养自主学习行为和能力的重要时期。教师不仅要指导学生学习，还要指导学生学会自主学习。就此，教师开发了学习加油卡法。

（一）学习加油卡法的提出

自主学习，不仅需要学生对自身的认知、情感、动机、行为及环境等因素进行自我监控与调适，更需要外部环境的创设，以及学习条件和学习策略的提供与支持。[①] 学习加油卡法，就是教师通过开发并运用一系列学

_____

① 李子建、邱德峰：《学生自主学习：教学条件与策略》，载《全球教育展望》，2017（1）。

习加油卡，指导学生设定学习目标并对自我的学习过程进行阶段性的分析，从而逐渐培养学生良好的自主学习能力。

学习加油卡的实施，得益于班杜拉的自我调节理论。学生对自主学习的调节过程包括自我观察、自我判断和自我反应三大过程。[①] 在自我观察过程中，学生观察自己目前针对该学习主题所具有的知识和能力，在教师指导下对自己的认知水平进行较为全面的检视。在自我判断过程中，学生根据自我观察的结果，对学习目标的难易程度进行判断，判断自己是否能够完成学习任务。在自我反应过程中，学生根据自我判断对学习目标进行适当调整，积极投入到学习中。在此过程中，教师要针对不同学生的学习情况进行适当指导，并引导学生对学习结果做出评价。

(二)学习加油卡法的实施步骤

学习加油卡法的实施，主要包括启动仪式、自我观察、自我判断、开展学习和自我评价五步。

1. 启动仪式

班主任在实施学习加油卡法时，需要选取一节班会课作为启动仪式，邀请全班学生以及所有科任教师参加。学生是此次活动的主体，每位学生都必须了解活动的流程和注意事项等，班主任要明确告诉学生什么是学习加油卡。学习加油卡法实施的目的是帮助每一位学生学会自主学习。科任教师作为指导学生学习的不可或缺的角色，都要参与到学习加油卡法的实施中去，在自己的课堂上为学生提供全方位的、持续性的指导和帮助。班主任要向每位科任教师讲解学习加油卡法设立的初衷，尽可能获得所有科任教师的认可和支持。

2. 自我观察

学习加油卡正式启动后，教师紧接着的任务就是指导学生进行自我观

---

① 庞维国：《自主学习——学与教的原理和策略》，72 页，上海，华东师范大学出版社，2003。

察，对自身的认知水平有一定的认识。小学低年级的学生习惯于跟随教师的教授进行学习，教师教什么，学生学什么。相同的学习目标，对于不同学习能力水平的学生来说难度不同，学生通过自我观察，学会认识自己至关重要。观察加油卡(参见图 5-2)用于学生进行自我观察的时候，学生记录下自己已经掌握的可能相关的知识，对自己目前的知识掌握情况进行量化评分，并进行自我鼓励与加油。例如，在学习《月亮船》一文时，教师根据教学目标，指导学生先浏览课文，在学习加油卡上记录自己已经掌握了哪些字词，是否能流畅地阅读全文，还存在哪些生词等。学生根据对自己已有知识的分析，在学习加油卡上评分，评分为百分制。最后，在加油卡上写下一句为自己加油的话，激励自己投入学习中。

图 5-2　观察加油卡示例

3. 自我判断

学生通过自我观察对自己的认知水平有一定了解后，接下来要分析学习目标的难易，并对自己是否能够达成学习目标进行判断。在指导学生进行自我判断的过程中，教师要明确告知学生本节课的学习目标，表达要清晰、明了、易于理解，让学生形成对目标的准确认识，知道自己具体要学到哪些知识，要提升哪些能力。

然后，教师引导学生将学习目标与自己在观察加油卡上记录的"我已掌握的"进行对比，根据自己已掌握的知识和现有的学习能力，判断是否能够完成学习目标，是否存在一定难度，自己完成学习目标的可能性有多少。学生要将这些判断结果以量化的形式记录在判断加油卡上(参见图 5-3)，再写上为自己加油的一句话。

在判断加油卡上，学生在"能否实现目标"栏填写"是"或"否"，明确自己最终是否能够完成目标。在"目标实现可能性"栏，学生对自己有多大把握能够实现目标进行评分，评分实行百分制。值越高，说明对于该学生来说目标实现的可能性越高。在"我为自己加油"栏，学生需要写下一句为自己加油的话，鼓励自己一定能够实现目标。

图 5-3　判断加油卡示例

4. 开展学习

在对能否完成学习目标进行自我判断后，学生开始投入到学习中。学生按照学习目标的先后顺序进行学习，在教师指导下使用配套的反应加油卡 (参见图 5-4)。在"实现的目标"栏，学生认为自己通过学习已经掌握了哪个学习目标的要求，就在该栏填写相应目标的序号。在"未实现的目标"栏，学生认为自己通过学习对哪个目标中包含的知识点仍存在疑惑，就在该栏填写自己未达到目标的序号，并具体说明原因及遇到的困惑。在"解决方法"栏，学生针对自己仍存在的问题寻求解决方法，可以咨询科任教师，也可以寻求小组内成员的帮助，抑或课后自己查阅资料等，学生需将自己采用的解决方法填写在该栏内，并注明记录时间。在"我为自己加油"一栏，与其他加油卡一样，学生为自己写下鼓励的话，激励自己积极解决疑难问题。

图 5-4　反应加油卡示例

5. 自我评价

在学习过程结束后，学生需要对学习目标的达成情况进行自我评价。自我评价过程配套使用评价加油卡（参见图 5-5）。在"自我评价"栏，学生针对自己的学习过程、学习结果和收获等进行评分，评分实行百分制。在"教师评价"栏，科任教师可以通过小测验或课后作业等形式，了解学生对学习内容的掌握情况。教师评价也实行百分制。自我评价与教师评价的总分为学生此次学习的最终成绩。将每次成绩进行累积，当累积到一定值时，教师可以奖励学生一些学习用品。在"总结展望"栏，学生回顾此次学习的所得所感所想，在已有学习目标的基础上制订下一步学习目标。这些目标可以引导学生在课外拓展学习内容，扩展学生的知识面。在"我为自己加油"栏，学生针对自己此次学习的优势与不足，填写对下一阶段学习活动的展望，激励自己不断进步。

图 5-5 评价加油卡示例

（三）学习加油卡法的实施策略

教师设计并实施学习加油卡法，指导学生开展良好、有序的自主学习，需要注意以下几个主要策略。

1. 教授学习策略

教师可以带领学生掌握一些学习策略，如小学生常用的复述策略和精细加工策略，包括尝试背诵、及时复习、位置记忆法、首字联词法、限定词法、关键词法等。教师在教授学习策略的同时，要向学生说明各个学习策略的操作方法，如有需要可开设学习策略课，系统教授并指导学生如何有效应用这些策略。此外，教师可以鼓励学生选择、整合、开发、分享学习策略，培养学生的创新力和创造力。

2. 细化评分规则

学习加油卡的评分规则和要求需要细化。细化的评分规则和要求，可以使教师在评分时给予学生更加明确的指导。例如，在观察加油卡中，教师可以规定学生每填写一条"已掌握的"给 10 分，细化的评分规则可以让学生真正思考自己的学习情况而非凭感觉随意评分。而且，细化的评分规则和要求，可以减少学生故意给自己打高分的情况。

3. 划分任务难易

学生已有的认知结构和认知发展水平各不相同，教师可以对学习任务进行难度划分，划分为学生必须完成的学习任务（基础任务）和具有挑战性的学习任务（发展任务）。相对而言，学生必须完成的学习任务是基础性的，其包含的知识点是所有学生都必须掌握的。在完成基础任务之后，学生可以进一步选择发展任务，学习更具挑战性的内容。对学习任务的难易程度进行划分，既能统一学习进度，便于教师指导和管理，又让不同水平的学生有了选择的空间。

二、学习问吧法

"独学而无友，则孤陋而寡闻。"学习问吧法，即教师通过学习问吧收集全班学生的问题，并指导部分学生主动参与，使问题得到解答，并将问题的解决过程与答案与全班同学共享。

(一)学习问吧法的提出

在班级管理中，学习问吧法的形式类似于"百度知道"和"爱问共享资料"，学习问吧法具有激发学生思考热情、帮助学生克服怯问心理和提升班级凝聚力的作用。①激发学生思考热情。对于学生而言，学习就是不断地克服一个又一个问题，如果学习上遇到的问题没有及时解决，长此以往，问题将会越积越多，甚至会对学习产生厌烦心理，失去兴趣，陷入恶性循环。学习问吧法让学生乐于正面直视并解决问题，收获学习上的成就，增强自信心。学习问吧法，号召全班同学一起思考、解答问题，形成一种互相学习的氛围，激发学生思考问题的热情。②帮助学生克服怯问心理。有的学生上课时害怕在老师和全班同学面前举手发言，更不敢直接向老师或同学提问，他们担心自己因出错而遭到老师批评或同学嘲笑。学习问吧法将当面的"直接提问"变为通过问吧的"间接提问"，帮助一些学生克服怯问心理，让学有余力的同学帮助学习困难的同学，也为学习困难的同学开放一条寻求帮助的通道。③提升班级凝聚力。学习问吧法需要全班师生共同参与和实施，需要全班同学共同管理和维护，是提升班级凝聚力的有效方式。

(二)学习问吧法的实施步骤

视频：学习问吧法的实施步骤

学习问吧法的实施，主要包括说明运行方法、制作学习问吧、确立管理组、开放"问题区"、开放"解答区"、讨论重点问题和解决难点问题七个步骤。

1. 说明运行方法

班主任要选取一节班会课作为学习问吧法的启动仪式。在启动仪式上，班主任要向全班学生说明什么是学习问吧法，如何运行学习问吧法，以及同学们如何参与学习问吧的建设，并对全班学生分组和编号。为了激发学生的参与热情，班主任可以举行学习问吧法的现场签名仪式，让每位学生在横幅上签名。班主任要尽可能邀请所有科任教师参加学习问吧法的相关活动，获得各位老师的支持。

2. 制作学习问吧

当前我国小学阶段主要有语文、数学、英语、科学、美术、音乐和体育等课程。在学习问吧中，教师将这些课程分别用不同类型的问吧加以标识，如设定语文问吧、数学问吧、英语问吧、科学问吧、美术问吧、音乐问吧和体育问吧等(参见表5-1)。教师将学习问吧表悬挂在教室的墙壁上，由学生主动将自己在各门课程学习中遇到的问题写在便笺纸上，粘贴在相应的栏目中。

表5-1　学习问吧表示例

学习问吧类型	问题区	解答区
语文问吧		
数学问吧		
英语问吧		
科学问吧		

续表

学习问吧类型	问题区	解答区
美术问吧		
音乐问吧		
体育问吧		
……		

3. 确立管理组

实施学习问吧法，需要确定好学习问吧管理组。在每周五最后一节课后，以小组为单位进行学习问吧管理组选举活动。每四人小组有两张选票，可投两个小组，票数最高的小组为下周的学习问吧管理组。管理组的学生需要在其值周时间内，管理并维护好学习问吧表，各项维护任务可以由组长进行统一分配。

学习问吧管理组负责以下任务。①便笺纸的发放。为了充分利用学习问吧表的空间，并且使其更加井然有序，张贴在问题区的便笺纸由管理组统一发放，提问或解答的同学需要到管理组领取便笺纸。②问题或解答的正确张贴。管理组成员每天检查学习问吧表上的各个区域，确定便笺纸是否正确张贴，张贴有误的便笺纸要及时调整。③问题和解答的统计。管理组成员每天要统计张贴在问吧各个区域内的问题或解答数，记录好各个区域的问题内容、问题数及其相对应的解答数，并在周五下午将统计数据汇报给班主任。④在周末将问吧清零。学习问吧表以五个学习日为一个周期，每周五下午放学后，管理组成员要将张贴在学习问吧表的便笺纸取下来，整理好后交给班主任，由班主任保存。

4　开放"问题区"

为了使学生提出的问题都能得到重视和解决，可将学习问吧的运行时间进行划分。每周的周一、周二开放"问题区"，在这两天中，学生可以将自己在平时学习中遇到的问题写在便笺纸上，张贴在相应的区域。为了保证每位学生都能有机会提出自己的问题，教师规定在每个区域，每周每位学生只能提出一个问题。为了保证问题的质量，教师鼓励以小组为单位提问。学生必须在便笺纸上签署自己的名字或小组的组号，以便管理组进行统计。

5. 开放"解答区"

从每周三开始正式开放"解答区"，关闭"问题区"，周三后若有同学在"问题区"提问，将视为无效问题，管理组成员要及时进行清理。从周三到周五，全班同学以小组为单位，对"问题区"内的问题进行解答。经过协商后，小组成员选择其中的两个问题开展合作学习，组内的每位成员都要参与到问题的解答过程中，由组长进行任务分配。小组组长要记录问题的解决过程，包括任务分配、问题解读、查阅资料的途径、资料来源、解题步骤等，这些过程最终都要完整地呈现在便笺纸上，张贴在"解答区"内。在"问题区"内提问的同学，要及时查看在"解答区"内是否有相应的解答，并及时对解答内容进行学习和记录。

6. 讨论重点问题

在实施过程中，学生对每个问题的解答可能有多有少，有些问题的解答相对较多，说明很多学生都对该问题有兴趣，这样的问题可列为重点问题。针对重点问题，教师在每周召开一次座谈会，由提出问题的同学做主持人，在其组织下，每个针对该问题做出解答的小组推选代表，向全班同学汇报自己所在小组针对该问题的思考和解答过程。一个小组汇报完毕后，全班同学可以举手发言，对汇报内容提出自己的见解甚至质疑。所有小组汇报完之后，班主任指导各个小组对不同的解答进行补充和整合，最终形成更为全面的解答。

为了提高问题质量，激发学生思考，教师可对提出高质量问题的学生给予一定的奖励。奖励可以是给这些学生发放学习用品，也可以将提问题的机会作为奖励，即这些学生在下周的"问题区"开放时间内，在同一个课程区域内能够提两个问题。

7. 解决难点问题

学生提出的一些问题，可能存在没人回答的情况。这些问题可能是过于简单，各学习小组认为没有解答的必要，也可能是难度太大，没有学习小组能够回答。对于简单的问题，班主任可指导管理组请班里有能力解决相应问题的同学来回答；对于难度过大的问题，班主任可指导管理组将这些问题做好记录，将其递交给相应的科任教师，请科任教师在课堂上帮助解答这些问题。

(三)学习问吧法的实施策略

视频：学习问吧法的实施策略

学习问吧法的有效实施需采用按需调整学习问吧中的空间、均衡学习小组的学习能力和合理利用数字化资源等策略。

1. 按需调整学习问吧中的空间

最初的学习问吧是按照学生所学课程的门类设计的，但在实际操作中，学生更倾向于提有关语文、数学、英语、科学等课程的问题。班主任可以根据每周各课程区域的问题数量，调整学习问吧中的空间划分，问题较多的课程如数学、科学等可划分多个区域，给更多学生提出问题的机会；问题较少的课程可以减小区域。班主任可以指导班干部带头，针对提问较少的课程提出一些问题，为其他同学提供示范。

2. 均衡学习小组的学习能力

如果各学习小组的学习能力出现显著差异，有些学习小组都是成绩较好的学生，而有些学习小组都是成绩落后甚至对自己学习能力失去信心的学生，那么，这样的分组不仅不能实现班集体的共同进步，甚至会加大两极分化。因此，班主任在分配学习小组时，要均衡好各学习小组的学习能力，综合考量每位学生的优势与不足，发挥水平较高的学生的带动作用，让每位学生都能在合作学习的过程中获得学业成就感，不断激发学生的学习动力、毅力、创新力。

3. 合理利用数字化资源

随着信息通信技术的逐渐发展，一些小学不仅配备了多媒体投影、电子白板等，还为每位学生配备了平板电脑来辅助学习。对于提出的一些问题，学生可能需要查阅大量资料才能进行解答。班主任可以通过家长会或家访的形式，事先向家长说明，邀请家长指导学生正确使用电脑等电子设备查阅资料。学生也可以先与父母讨论自己提出的问题或解答。对于一些配备了个人平板的班级，班主任可以通过开通班级微信公众号等方式，让学生将一些提问与解答发布在微信公众号上。利用这类数字平台，不仅能够摆脱学习问吧的时空限制，还能简化管理学习问吧的程序，高效记录学习问吧的内容，快速、准确地统计问题和回答数目，方便班主任对学习问吧的运行情况进行实时监控。

三、百家讲坛法

探究是学生认识世界并发展自身的重要途径，也是学生主观能动性和创新性的重要体现。如何指导学生学会探究学习，是值得教师在优化班级管理过程中深入探讨的问题。对此，教师可运用百家讲坛法。

（一）百家讲坛法的提出

《百家讲坛》是中央电视台科教频道开设的讲座式栏目。该栏目题材广泛、前沿、吸引人，涉及文化、经济、生物、医学等领域，邀请各界著名学者对中国历史和文化进行普及与深入讲解。百家讲坛法，就是借鉴《百家讲坛》栏目的形式，由学生自主选择某个学科领域内的一个主题开展研究，并向全班同学汇报研究成果。百家讲坛法立足于班级，百家指班级里的全体学生，讲坛则是指为学生搭建展示个人优势、相互分享与交流的平台。

百家讲坛法以阿尔伯塔（Alberta）探究模型指导活动的开展。反思，是模型的核心，贯穿于探究过程的始终。学生通过反思、监控并不断调整学习过程来发展自身的元认知技能。阿尔伯塔探究模型包括计划、检索、处理、创造、分享、评价六个过程。[1] ①计划。学生确定探究的范围和探究

---

[1] Learning and Teaching Resources Branch，*Focus on inquiry：A teacher's guide to implementing inquiry-based learning*，Edmonton：Learning Resources Centre，2004，p. 7.

所需要的资源信息，规划出实施探究的可能方案。②检索。学生充分利用各种纸质材料和数字化资源收集信息，对收集到的信息进行初步的科学性评估，并根据相关信息内容适当修改计划。③处理。学生确定探究的焦点，对收集到的信息进行记录、分类和筛选，保留能用于探究的信息，去除无用信息和有误信息。④创造。学生对筛选后的信息做进一步的组织工作，使零碎的信息形成一个组织结构较为完整的知识体系。⑤分享。学生将整理后的信息按照一定的结构顺序，与全班同学进行分享和交流，向其展示自己的新观点和新想法。⑥评价。学生对自己的整个探究计划、探究过程、探究产品等进行回顾和评价，调整和改善个人的探究模式，并将探究所得的新知识应用到新情境中去。

图 5-6　阿尔伯塔探究模型①

(二)百家讲坛法的实施步骤

百家讲坛法的实施，主要包括确定探究主题、进行资料检索、组内筛选资料、确定汇报内容、汇报探究内容、总结与评价六个步骤。

1. 确定探究主题

班主任要选取一节班会课作为百家讲坛法的启动仪式。在启动仪式上，班主任向全班学生说明什么是"百家讲坛"，设立"百家讲坛"的目的是什么，

①　Learning and Teaching Resources Branch，*Focus on inquiry*：*A teacher's guide to implementing inquiry-based learning*，Edmonton：Learning Resources Centre，2004，p. 7.

"百家讲坛"如何运行。班主任按照组内异质、组间同质的原则，根据学生的学习表现，将学生分成若干个由 4 人组成的小组并对小组进行编号。在启动仪式上，每小组需讨论确定本小组的探究主题，主题内容来源于语文、数学、英语、科学、美术、音乐、体育等课程，包括遇到的困难或想要拓展了解的内容。班主任要尽可能邀请所有老师参加，并与各科任教师商量"百家讲坛"的时间安排，将某几周的班会课作为"百家讲坛"时间。

2. 进行资料检索

探究小组确定好探究主题后，就进入资料检索阶段。班主任需为全班每位学生发放资料检索表(见表 5-2)，以便学生在检索资料时做好记录。组内每位学生都要参与资料检索，由组长负责分配检索任务。小学生可能不太了解检索资料的途径，班主任可为学生演示查阅资料的方法。

表 5-2　资料检索表示例

探究主题：《月亮船》作者——叶圣陶爷爷的一生	
资料来源	资料内容

3. 组内筛选资料

在小组内的每位组员都检索到与主题相关的材料后，组长将材料进行汇总，并召开小组内部的资料筛选会。每位组员都要介绍自己如何检索材料以及检索到的内容。每位组员在对其他组员的材料有大致了解后，就共同讨论删除和保留哪些内容，并对检索任务再分配，以便对材料进行补充。教师统一安排资料筛选会的时间(如周一下午的最后一节课)，各组讨论的时间统一，并且讨论时间限于 15～20 分钟内，既为减轻学生的课业负担，也便于教师及时对各个小组的资料筛选会进行指导。

4. 确定汇报内容

在初步对检索到的材料进行筛选后，小组成员需要将资料进行整理和组织，形成"百家讲坛"演讲内容。为了使每位组员都有机会上台演讲，可以将演讲内容划分为四个部分，每位组员分别汇报一个部分。小组内成员的学习能力各异，因此，教师应尽量统筹平衡每位学生上台展示的机会，以激发他们的自信心。例如，教师可指导小组长和学习能力较好的学生帮助相对落后的学生做好汇报准备，并多给予他们鼓励，告诉他们每个人都能成为在讲台上侃侃而谈的人。

5. 汇报探究内容

在每周的"百家讲坛"时间，班主任汇总本周要演讲的小组，并安排小组演讲的先后顺序，每小组的演讲时间控制在 10～15 分钟。在"百家讲坛"时间，全体学生和教师都要积极参与。

每位演讲小组的成员都要清晰明了地将自己想要与同学们分享的内容表述出来，有脱稿能力的学生要尽量脱稿演讲。组长负责安排组员的演讲顺序以及演讲各部分内容的衔接工作。

未参与演讲的小组，在汇报小组演讲时要体现出对汇报小组的尊重，仔细聆听，积极思考。在一个小组汇报结束后，所有学生要在组内积极开展讨论，每位组员都必须对汇报小组的内容和仪态等提出意见与建议，并与组员分享自己的收获，组长要及时做好组员们的发言记录。

在现场的班主任与科任教师要维护好"百家讲坛"的秩序。有学生向汇报小组提问而汇报小组无法作答时，班主任与科任教师可以帮助汇报小组解答，满足学生们的求知欲，还可以对相应内容予以进一步深化和拓展。

6. 总结与评价

在每周的"百家讲坛"活动结束后，教师组织学生开展总结与评价活动。每位同学都要总结自己在此次探究、演讲或点评中有哪些地方表现良好，还存在哪些不足，并提出自己将如何继续发扬优势、弥补不足，与组员共勉。

(三)百家讲坛法的实施策略

关于百家讲坛法的有效实施，教师需注意做到选取贴近学生生活实际的主题、重点关注学习能力的培养以及恰当把握指导时机等策略。

1. 选取贴近学生生活实际的主题

由于学生的学习不是简单的信息堆积，而是已有认知结构在一定学习环境中的完善与变构，因此教师指导学生开展探究活动必须建立在学生当前认知发展水平和知识经验基础之上。学生原有的知识储备和生活经验共同生成了学生的认知图式，影响并制约着他们的探究学习。教师在指导学生确定探究主题时，不能脱离学生当前的课程学习内容以及学生学习和生活的现实背景。让学生体验到知识与实际生活的紧密关联，有助于学生理解、明晰探究学习的意义，激发学生学习的热情和兴趣，实现有效探究的目的。

2. 重点关注学习能力的培养

"百家讲坛"能够让学生体验探究过程的艰辛以及锻炼口才的重要性，可以初步培养学生的创造力与批判思维。教师必须跳出知识本位的桎梏，既帮助学生获得和建构知识，又帮助学生锻炼探究和演讲的能力。

3. 恰当把握指导时机

在学生开展探究活动的过程中，教师要将探究的主动权交给学生，但当学生遭遇困难时，也要把握住指导的时机。当学生的探究兴趣减退时，教师要及时介入，与部分学生进行交流，了解兴趣减退的原因并帮助他们制订继续开展探究的计划、调整好状态重新投入到探究活动中来。当学生遇到障碍无法推进探究时，教师可以针对学生的困难提供一定的帮助，并引导组员给予该学生鼓励。

第六章　形成教育合力

本章思维导图

　　学生的成长与发展以及班集体的建设，都受到多方力量的影响。班主任需要认识到、把握住和协调好这些力量以便发挥教育合力。

第一节　形成教育合力的基本原理

　　合力，不能仅被理解为多种力量相加，而应被理解为多种力量的相互协调、配合，从而形成的推动、促进作用。对于班级管理来说，形成教育合力就是为了实现教育目标，班主任整合各方教育资源，协调各方教育力量，构建起"学校为主导，家庭为基础，社区为依托"的合作模式，以期有效发挥各方力量的整合优势，产生优化的教育效应。

一、形成教育合力的内容

　　《中小学班主任工作规定》明确指出：班主任应"经常与任课教师和其他

教职员工沟通，主动与学生家长、学生所在社区联系，努力形成教育合力。"①可见，协调好学校内外部各方面的教育力量，是班主任的重要工作。

（一）在学校形成教育合力

在学校内，科任教师、学校领导、班主任及后勤工作者等，都对学生的成长和发展产生着影响。

班主任与科任教师形成合力，需注意做到"四多"。①多向科任教师了解学生的学习情况。班主任可以通过开座谈会或私下聊天等方式与科任教师沟通，倾听科任教师对一些学生的看法等。②多邀请科任教师参与班级活动。邀请科任教师参加班会、队会、社会实践活动等，能够增加科任教师与学生接触的机会，帮助科任教师更立体地了解学生。③多向班级学生宣传科任教师。班主任可以在科任教师新接手班级、学生取得好成绩、开家长会等"关键时期"，为科任教师"打广告"，帮助科任教师赢得学生和家长的信任与敬重。④多听取科任教师的意见。班级开展重要工作或进行重要决策前，应该听取科任教师的意见并尽可能采纳施行。

班主任的工作受各级领导的认识水平、领导能力和态度的促进与制约。为顺利开展班级管理工作，班主任要争取学校领导给予经费和场地等支持，还可以邀请学校领导参与班级特色活动。

班主任之间也可以进行沟通交流，共同策划组织班际活动，如学习经验交流会、干部经验交流会等。

对于学校的后勤工作者如门卫、生活老师、保洁工人等，他们展现的劳动精神默默地影响着学生的行为和生活，班主任可以策划组织相关的劳动体验活动或者采访活动，让学生体验学校后勤工作者的艰辛，丰富学生的品德教育内容。

---

① 中华人民共和国教育部：《教育部关于印发〈中小学班主任工作规定〉》的通知，http：//old. moe. gov. cn/publicfiles/business/htmlfiles/moe/s3325/201001/81878. html，2019-05-22.

（二）与家庭形成教育合力

只有在家庭和学校合作的条件下，才能实现学生和谐全面的发展。[①]
班主任可通过多种方式与家长加强联系。①访问交流。包括教师上门"家
访"和家长主动"校访"，二者都是通过家校双方面对面交流，了解学生的具
体情况，有针对性地解决一些问题。②通信联络。班主任借助通信工具，
如电话、书信等，以及在线交互平台，如微信、博客、家校通等与家长保
持联系，向家长介绍学生在校情况，并了解学生的家庭生活情况，及时对
家长给予家庭教育方面的指导。③会议讲座。班主任根据实际情况召开家
长会或专题教育讲座，为家长分析学生在校情况，并指导家长开展家庭教
育工作。④策划活动。班主任邀请家长参与班级活动或协助组织亲子活动，
让家长与学生共同完成任务，增进亲子关系和家校关系。⑤参与管理。班
主任邀请家长通过多种形式参与班级与学校管理，如组建家长委员会和参
与管理中的重要决策等。

（三）与社区形成教育合力

班主任应主动与社会中的机关、团体、教育机构、居民组织及个人等
建立联系，积极争取其配合，组织学生开展形式各样的社会实践活动。具
体的活动类型有以下 5 种。①参观访问。参观博物馆、历史遗址、名人故
居等社会教育实践基地，访问英雄人物、离退休干部，让学生了解我国的
历史和革命传统，这是进行爱国主义教育的重要途径。②调查考察。组织
学生到工厂、社区或村落走访调查，了解民生民情、社会现象，有助于培
养学生的洞察力。③志愿服务。与志愿服务组织合作，组织学生进行公益
劳动，有助于价值观的培养。④学工学农。组织学生到工厂农村，让学生
承担一定数量的劳动任务，学习劳动技能，形成正确的劳动观点，培养热
爱劳动的好品质。⑤军政训练。组织学生参加军训或夏令营，让学生体验

---

① ［苏］瓦·阿·苏霍姆林斯基：《给教师的建议（修订本 全一册）》，403 页，杜殿坤
编译，北京，教育科学出版社，1984。

军营生活，培养集体主义精神，增强组织纪律性和国防观念，学习中国军人的优秀品质。

二、形成教育合力的价值

形成教育合力，对学生发展、家长发展和学校发展均具有重要的价值。

(一)对学生发展的价值

家庭、学校和社会形成教育合力，为学生的成长创设良好环境，有助于学生全面发展。无论家庭、学校、社会哪一方面的教育出现缺失，都会影响教育成效，诱发学生的一系列学习问题和品性问题，甚至导致犯罪行为的出现。"有些家庭的生活方式、家长之间的关系以及家长对社会义务的态度，会把学校在儿童身上培养的一切善良、美好和积极的东西都加以破坏，以致全部抵销。"[①]常见的"5＋2＝0"现象便是例子，即学生在校接受了5天教育后取得的效果，在离开学校过周末之后就消失殆尽。

(二)对家长发展的价值

家长是学生的第一任教师，学生则是家长的一面镜子，从学生的行为表现中能够看出家庭教育的不足。家庭教育不得法，是学生问题行为出现的一个重要原因。形成教育合力，在提高家庭教育成效的同时促进了家长的成长。

由于一些历史原因，我国基础教育长期受应试教育的影响，"唯分数"的传统教育价值观念在许多家长的心目中根深蒂固。许多学生长期生活在学业压力下，难以适应生活和学习节奏，产生了各种危害身心健康的疾病，家庭氛围也变得紧张。在这样的情况下，家长如果得到来自班主任、科任教师甚至是教育专家的帮助，逐渐确立正确的教育观念，改善教育方式，就会有利于缓和家庭矛盾，营造和谐的家庭氛围。

---

① [苏]瓦·阿·苏霍姆林斯基：《和青年校长的谈话》，187页，赵玮等译，上海，上海教育出版社，1983。

学校举办关于家庭教育的专题讲座、开展家长沙龙等活动，可以帮助家长获取相关的教育知识，解答教育困惑。学校举办家长会和家长经验交流会等活动，能促成家长们相互分享和借鉴经验，并反思自身的教育方法。

(三)对学校发展的价值

家长来自不同的社会阶层、不同的职业背景，拥有不同的理念和思想，具有可以补充教师专业以外的知识和技能。[1] 家长不仅是学校的合作伙伴，也是重要的教育资源。学校可以充分利用家长这一教育资源进行相关课程的开发，如让家长走上讲台，呈现生动有趣、能够拓宽学生知识面的课堂。

第二节　形成教育合力的常规方法

形成教育合力的常规方法主要有家庭访问法、家长会交流法和"家校通"联系法等。班主任也可以根据具体情境，选择多种方法组合使用，也可以在这些方法的基础上予以创新。

一、家庭访问法

家庭访问法，简称家访。家访是教师进行个别家庭教育指导的一种常用方法，主要目的是通过与家长面对面交流，共同努力解决学生在学习、生活、心理等方面的问题，以促进学生全面发展。

(一)现实困境

现实中的家访存在诸多问题，如缺乏计划、缺乏平等沟通和缺乏总结等，都需要引起重视。

其一，家访缺乏计划。许多班主任在家访的前期准备工作中，都没有制订或只是制订了十分简单的家访计划，以至于家访的成效不高。其主要

---

[1]　殷飞：《班主任的家校沟通》，23～24 页，上海，华东师范大学出版社，2013。

原因有三点。一是班主任承担的工作过多，没有时间制订详细的家访计划。二是许多班主任没有制订计划的意识，其家访工作就是完成学校安排的任务。三是缺乏制订计划的能力。家访计划需要在充分了解学生及其家庭环境的前提下，妥善设计出家访问题与内容，部分班主任这方面的能力存在不足。

其二，家访缺乏平等沟通。据调查发现，48.9%的家长以及58.8%的学生都认为家访的主要目的是"告状"。[①] 教师应该充分尊重家长，在家访时做到平等交流，而不是把家访当作向家长告状的途径，滔滔不绝地向家长投诉、批评孩子。还有一些班主任认为家长的学历水平较低，很难顺畅地沟通交流，因此以自己介绍学生的情况为主，不耐心听取家长的意见，让家长沦为"听众"。

其三，家访缺乏总结。许多班主任既不注重家访情况的单次总结，过于简单地填写家访记录表，未能进行后续的追踪工作，也不注重多次家访工作的阶段总结，得过且过，漠视家访开展过程中的各种不足，以至于家访成效不明显甚至出现负面作用。

(二)实施步骤

为了能够收到预期效果，教师需要明确家访的主要实施步骤，以做出充分准备。

1. 前期准备

前期准备，主要包括明确家访目的、掌握家访学生的基本情况、拟定访谈提纲和制订家访计划。

第一，明确家访目的。一般来说，家访主要有三种形式。①了解性家访。这类家访较常见，以了解学生的基本情况为主，较适用于新学期刚开始或教师新接手班级的情况。②目的性家访。目的性家访主要针对少数学

---

① 闫晓毓：《内蒙古乌海市小学家访现状及问题对策》，硕士学位论文，内蒙古师范大学，2017。

生的特殊问题,适用于学生出现不良行为或者特殊表现的情况。③沟通性家访。与家长交换信息、沟通情感,以实现良好配合,适用于家校之间因沟通问题造成配合欠佳的情况。① 班主任可以根据班级的基本情况,确定家访目的。

第二,掌握家访学生的基本情况。在家访前,班主任要事先掌握学生的基本情况,主要包括:学生的基本家庭情况,如家庭住址、联系信息等;学生的学习情况,如学业成绩、学习态度、学习方法和习惯、行为表现、思想动态等。② 班主任也可以对家长的相关情况做基本了解,如工作时间、基本职业情况、教育孩子的方式等,以便更好地安排家访工作及指导家长的教育行为。

第三,拟定访谈提纲。教师在家访前要先确定访谈的话题,访谈题目应包含常规话题和针对性话题。常规话题,能够帮助教师了解学生在家的情况及家庭基本情况;针对性话题,则有助于发现学生存在的问题,这是确定有效解决方法和手段的重要途径。

第四,制订家访计划。班主任应该在假期根据收集的信息,制订下学期的家访计划表,开学后便可按计划执行。若发现学生在学习与行为上出现较大波动,或部分学生出现情绪问题时,班主任在与科任教师及家长商量后,可以对家访计划进行灵活调整。

2. 上门家访

上门家访前,班主任要先向学生交代清楚家访的目的和所要讨论的问题,保障学生的知情权,可以充分征询学生的意见,然后联系家长确定家访时间,让家长有所准备。班主任在与家长和学生充分联系后,便可以按照计划进行家访。

_____

① 葛明荣、孙承毅、王晓静:《中小学班主任工作(第 2 版)》,221~222 页,北京,科学出版社,2016。

② 戴胜利、徐雄伟、万瑾等:《班级管理技能》,235 页,上海,上海教育出版社,2012。

上门家访时，班主任应注重以下三点家访礼仪。一是衣着装扮得体。班主任要注意个人的仪容仪态，衣帽整齐，打扮大方得体，不浓妆艳抹，不穿低胸、短裙、短裤、露背、拖鞋等服装。二是行为举止得体。班主任要做到不随意参观家居情况，不随意张望，端正态度，时刻注意自身言行。三是言语表达得体。在家访过程中，班主任要不卑不亢，把握语言表达的分寸，不随意评价学生的家庭环境，注重使用文明礼貌用语。

上门家访后，班主任要及时填写好家访记录表，认真记录对于每个学生的家访情况，以便整理与分析学生的综合情况，加强工作的计划性和针对性。大部分小学都会专门制作家访记录表(参见表 6-1)。

表 6-1　××小学家访记录表

学生姓名		性别		班级	
家长姓名		家访时间		班主任	
学生情况					
家访目的					
谈话内容					
建议或措施					
备注					

3. 跟踪反馈

在每次家访完，教师要细致观察学生的学习与行为，关注学生行为习惯等的改善情况。教师要将观察到的情况记录下来，并分析学生行为转变的原因，判断是否起到家访预期的作用。若学生有明显改变，教师应及时给予表扬，鼓励其再接再厉；若学生改善情况不理想，教师应反思自己在家访乃至日常教育过程中存在哪些不足，并与学生沟通交流，倾听学生的想法，必要时可再安排一次家访。

(三)实施策略

班主任需要清晰地认识到家访的重要性和必要性。电话形式的交流，只是声音的传递，永远无法替代面对面的情感交流与实地走访。每位学生都希望能够感受到教师给予的爱，而这份爱，是虚拟、远程、便捷的联系方式所不能实现的。因此，班主任应该接受相关培训，积极转变观念，挖掘和彰显家访的价值，将家访落到实处。班主任针对家访中存在的常见问题，在开展相应工作时，需注意以下策略。

1. 在主体上，变"以班主任为主"为"全员参与"

家访，是所有教师的职责。班主任可邀请科任教师一同家访，展现教师对家访的重视程度。家访计划可由班主任和科任教师协商制订，并且在家访后召开总结会议，分享各自的家访心得。

2. 在内容上，变"通报情况"为"正面鼓励"

家访不是投诉、告状，更不是推卸责任，而是通过与家长面对面真诚平等的交流，及时发现教育存在的问题，为学生创设良好的成长环境，促进学生的身心健康发展。在家访过程中，班主任应多运用激励的语言，尤其在面对"问题学生"的家长时，不能一味责怪、告状、批评，而是要摸实情、提希望、出主意、教方法，正确"把脉"，找到"病灶"，进而"对症下药"，争取"药到病除"。

3. 在形式上，变"一言堂"为"互动式"

让学生与家长很反感的家访是教师只关注学生的缺点，对优点只字不提，或者泛泛而谈，说了三五句话就匆匆离开。为此，教师一定要树立家校双方平等的观念，摒弃"一言堂"现象，与家长真诚沟通、平等对话，耐心倾听家长的介绍、意见和建议。

4. 在策略上，变"千篇一律"为"因地制宜"

不同的家庭教养风格，其家庭教育氛围相距甚远，导致孩子的性格及行为表现都有明显差异。家庭教养风格主要有四种类型，分别是"权威型""独裁型""宽容—宠溺型""宽容—忽视型"。面对不同教养风格的家长，教师在家访时应采取不同的有针对性的谈话策略(参见表6-2)。

表 6-2　家访的谈话策略表现

	表现	特点	教师家访时的谈话策略
权威型家长	要求高、控制的；接纳的、有回应的	文化素养高，在教育孩子方面有自己独到的见解	开门见山，直接进入正题，相互探讨，寻求最佳的教育方式方法
独裁型家长	要求高、控制的；拒绝的、无回应的	注重学习成绩，对孩子的期望值很高	言语诚恳，将心比心，先拉近教师和家长间的心理距离，再共同寻找原因，商讨解决办法
宽容—宠溺型家长	要求不高、非控制的；接纳的、有回应的	平时对孩子娇惯宠爱，对孩子百依百顺，一味做孩子的保护伞	从优点谈起，逐步引入，最后明确指出孩子存在的缺点，并寻求解决办法
宽容—忽视型家长	要求不高、非控制的；拒绝的、无回应的	一般对自己孩子的在校表现、学业成绩不闻不问	多报喜，少报忧，让家长发现孩子的闪光点，并向其强调家庭教育的重要性

二、家长会交流法

家长会交流法，是指教师联系全班学生家长，以家长会的形式探讨有关学生的教育事项、沟通重要信息并解决班级学生普遍存在的问题。家长会可在学期初、学期中或学期末各个阶段举行，由班主任和科任教师共同组织。

案例："聆听心声 关注成长"家长会方案

(一)现实困境

有的教师对家长会的认识存在偏差，导致在家长会中教师、家长和学生的关系定位出现问题，使得家长会难以收到理想的效果，主要表现有以下几种。

其一，存在认识偏差。有的教师认为家长会就是教师给家长开会，目的是让家长配合学校完成各项工作。基于这样的认识和理解，家长会异化为"培训会""报告会"，甚至"批评会"，缺乏有效互动。

其二，家长被动倾听。在一些家长会中，班主任是家长会的"绝对主体"，家长作为旁观者和被教育者被动参与，没有发言权，只能"洗耳恭听"，自身的需求无法在家长会中得到实现，意见和想法也缺少相应的交流渠道。

其三，形式内容单一。很多家长会的形式，都是以家长听、教师讲为主。在内容上，大多数家长会都围绕学习及成绩展开。许多家长在会后只记住了自己孩子的成绩和名次，并未从根本上明确孩子成绩低、纪律差、行为异常等的原因及相应的解决方法。

(二)实施策略

针对上述困境，教师在运用家长会交流法时应注意以下四种策略，以充分发挥该方法的作用。

1. 建立平等和谐的关系

教师要尊重家长，与家长平等对话。教师召开家长会是为了更全面地向家长反映学生的在校表现及突出问题，而不是说教和批评。为此，家长会以家校双方平等交流为主，教师用语应以鼓励为主，拒绝"语言暴力"。家长会也应预留更多的时间进行自由交流，这有利于各科任教师与家长能够针对学生存在的具体问题进行详谈并协商解决方案。为了能够体现学校对家长会的充分重视，班主任与科任教师可以一同设计家长会的邀请函，由学生带给家长(见图 6-1)。

2. 拓展家长会的内容

在家长会中，可以是班主任、科任教师与家长三方相互交流，还可以邀请学生和一些专家、研究人员参加，丰富家长会的内容。教师应基于学生健康发展需求，有选择性地确定家长会的内容，切实帮助家长解决教育过程中的困惑。教师还可以借助这一宝贵机会，与家长一起分析学生的优缺点，共同关注学生身心发展变化，寻找有效的教育方法。

3. 丰富家长会的形式

教师应结合各种实际情况，有效丰富家长会的形式。比如，可以把家

家长会邀请函

尊敬的家长：

您好！非常感谢您一直以来对我校工作的大力支持，在此谨向您和您的家人表示最衷心的祝福！

孩子在校的学习情况和表现以及成长过程中的热点问题，都是您热切关注的，都需要我们真诚地交流和沟通。为了充分发挥学校、家庭及社会的教育合力，共同为孩子的成长撑起一片蓝天，我们真诚地邀请您在百忙之中抽出时间，请您（×年级×班的家长）于×月×日（星期×，×点—×点）来孩子的班级（地点×）参加家长会。

在家长会期间，请您将手机设置为静音或震动状态，不抽烟，不乱扔垃圾，不大声喧哗，成为孩子们的好榜样。

我们真诚感谢您的配合，期待您的到来！

×小学
×年×月×日

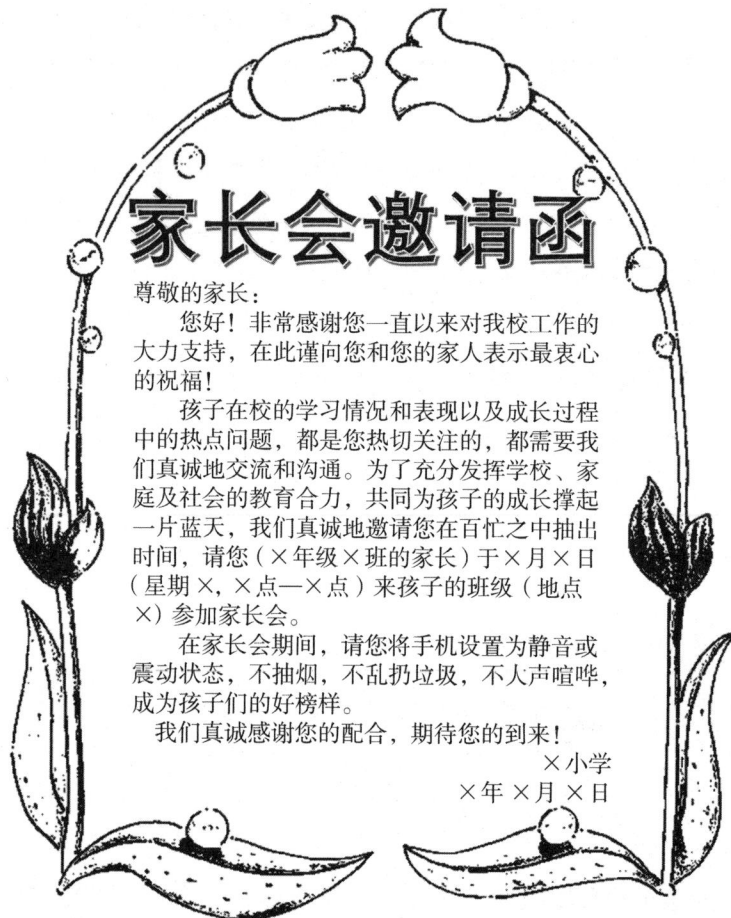

图 6-1　家长会邀请函

长会开成交流会，加强教师和家长之间的相互了解、理解，彻底改变以往家长会就是"汇报孩子成绩"的形式；可以营造宽松舒适的氛围，就教育中的问题进行探讨，或听取家长的育儿经验与困惑，或与孩子面对面地交流，或做个案分析和班级管理评价等；也可以召开联欢会，让班主任、科任教师及家长共同感受学生的成长。针对班级学生的情况，班主任还可以让存在相似问题的学生家长集中在一起，共同交流，寻求合适的解决办法。

4. 重视会后总结落实

及时总结反思，是使次数有限的家长会发挥更持久作用的重要保障。因此，教师务必在会后对家长会开展的整体情况进行总结反思，提出行之有效的改进策略并相继落实，同时记录落实情况。教师可以将家长会的重要内容整理好之后，通过写感谢信或推送短视频的形式发给家长，也可以向家长推荐一些与家长会内容相关的书籍和资料。[①]

案例："家校通"联系法

第三节　形成教育合力的新兴方法

形成教育合力的实践过程中，出现了一些新兴方法，包括宣传科任教师法、家长沙龙和家长讲堂等。

一、宣传科任教师法

班主任需要充分协调好与科任教师的关系，宣传科任教师是一种有效的方法。

(一)宣传科任教师法的提出

宣传科任教师法，主要是针对一些班主任缺乏主动协调意识以及家长对科任教师缺乏信任等问题而提出的。

在实际工作开展过程中，一些班主任不注重与科任教师维持良好的关系，相反，他们各自为政、侵占阵地，甚至双方心存芥蒂。宣传科任教师法需要班主任多关注科任教师的闪光点，在适当的时机向家长加以宣传，增加家长对科任教师的好感，密切班主任与科任教师之间的关系，推动班级管理工作的开展。

---

① 李小红、刘嫄嫄：《学校家长会：问题与改进策略》，载《中国教育学刊》，2011(12)。

由于家长与科任教师之间缺乏沟通交流等原因，双方可能会产生一些误会与不满，以致家长投诉科任教师的现象时有发生。这严重影响了教学工作的正常开展，也影响了班级管理工作的顺利进行。为此，班主任需要采取有效方法，化解其中的误解，帮助科任教师树立威信，保证家校之间的友好合作。

（二）宣传科任教师法的实施策略

运用宣传科任教师法，需注意选择合适的时机、注重语言的真实性并采取适当的方式。

1. 选择合适的时机

一般来说，在以下三个时机宣传科任教师的效果较好。①班级刚换新的科任教师。更换科任教师，家长与学生就会开始担心并会与原科任教师进行对比。此时，班主任对科任教师的宣传尤为重要。班主任可在科任教师第一次上课前，向学生介绍科任教师，多讲其优点，使学生尽快接受科任教师。②活动进行中。班主任要经常在班会、家长会等场合，抓住机会向学生及家长表达"我们班的老师是很好的老师，我们的老师很爱我们班的同学"等。③在每次大考小测后。测验成绩的高低，直接影响着家长对科任教师的评价。为此，班主任应该在测验前后及时向家长肯定科任教师的作用。

2. 注重语言的真实性

班主任向家长宣传科任教师时，要注意展示科任教师的师德师风、教学成果及优势特长等。班主任在表达时，要保证信息的真实度，采用生动的语言，注意分寸，不能夸大其词、弄虚作假，不能引起家长与学生的反感。否则，会使学生或家长对科任教师产生更不好的印象，也降低班主任的威信。

3. 采取适当的方式

班主任在宣传科任教师时，可以采用多种方式。比如，借助家长会，以课件展示的形式介绍科任教师；制作科任教师宣传册，分发给学生与家长浏览阅读；制作视频通过网络平台分享给家长；等等。

案例：给科任教师做广告

二、家长沙龙

家长沙龙是将多位家长聚在一起，在教师和专家的指导下，围绕着学生的成长问题展开讨论。这是一种以家长为主体，以学生学习成长为中心，以教师及专家学者为咨询指导，提高家长的教育素养，实现以家庭教育为突破口，最终形成教育合力的有效形式。

(一)家长沙龙的提出

家长沙龙，主要是针对部分家长教育观念陈旧、学生的家庭教育环境参差不齐等问题而提出的。

一直以来，很多家长都坚持"唯分数论"，令学生苦不堪言。而且，由于学校教育与家庭教育在某些理念上的不一致，导致学生陷入成长的困境。就此，学校有义务必须帮助家长更新教育观念，推动学生健康成长。

家长教育理念和教育方式的差异，导致家庭教育环境参差不齐。虽然物质环境的差距很难缩小，但教育理念和教育方式上的差距是可以缩小的。家长沙龙，可以为家长之间交流经验与解除困惑提供很好的平台。

(二)家长沙龙的基本原则

家长沙龙的实施要遵循对象广泛原则、目标一致原则和方法指导原则。

1　对象广泛原则

家长沙龙的参与者并不只是部分家长，而是全部家长。每位家长都有自己在家庭教育上的困惑，家长沙龙活动能够使他们在教师和专家的指导下有效解决困惑，增强家庭教育的科学性。

2.目标一致原则

在家长沙龙活动中，家校需要在信息共享、平等合作与相互尊重的前提下，传达各自的教育诉求，经过商讨，明确统一的教育目标，提高家校合作的质量和效率。

3. 方法指导原则

有不少家长具备良好的教育能力，家长沙龙为他们提供了宣讲的舞台。家庭教育方法失当的家长，也能通过这一平台得到家庭教育观念与教育方法的改进。教师和专家对家庭教育方式方法的有效指导，使家长在进行家庭教育时更加得心应手。

视频：家长沙龙法

(三)家长沙龙的实施步骤

家长沙龙的实施，包括确定话题、开展沙龙和总结反馈等步骤。

1. 确定话题

话题的确定，是开展家长沙龙的关键。因此，一定要审慎选择话题。教师可以通过两种方式发现家长关注的话题。一是通过网络（如班级论坛）征集家长感兴趣的话题。二是通过问卷调查家长关注的话题、家庭教育常用方式、家庭教育中的困惑或家庭教育的特殊需要。有些家长关注的问题非常特殊且私密性较高，需要进行个性化的家长沙龙。

2. 开展沙龙

家长沙龙通过论坛或座谈的形式，为家长们提供了一个畅所欲言的平台。在活动过程中，参与的家长、教师和专家就当前家庭教育与家校合作中存在的难点与热点问题展开讨论，拓宽视野、开阔思路。开展沙龙可考虑以下四个环节。

(1)实话实说，深刻反思

家长分享典型案例，反思自己在家庭教育方法及与学校沟通的方式上存在哪些不当之处，并尝试深入分析问题产生的根源。其他家长提供一些建设性意见，最后由教育专家或教师进行有针对性的专业指导。

（2）聚焦重点，深入讨论

专家或教师提出常见的困扰众多家长的家庭教育问题，然后重点聚焦到某个或某几个问题上，从而更好地帮助家长发现问题，解决亲子间的矛盾。在交流过程中，家长间的分享讨论能引起共鸣，促使一些家长思考自己的教育方法是否正确，从而寻求更合适更科学的教育方法。

（3）分享体验，深度交流

情感的交流不仅存在于亲子之间、师生之间，更应存在于本应密切合作的家校之间。教育专家或各科任教师可以向家长呈现自己在从事教育工作时遇到的种种问题、案例，分享自己的体验，以期在情感上与家长产生共鸣。这些分享，不仅使家长对教师工作有了更深入的认识和理解，也能在一定程度上消除家校交流过程中存在的诸多疑虑，有助于家校统一立场。

（4）专家点拨，深化认识

家长沙龙快结束时，可由教育专家进行小结升华，为家庭教育提供有力协助。而且，教育专家的点拨也可穿插于各环节之中。专家可以站在家校之外的第三方视角，为家长提供有效的指导意见。

3. 总结反馈

总结反馈对活动的可持续进行有重要指导意义。在家长沙龙结束后，教师发一份活动反思日志，请家长配合填写自己在活动中的感受及总结活动中的不足。教师在收集有关信息后，做好相应的总结反馈工作，以便在下次开展活动时能够赢得更多家长的青睐和支持，为学生的健康成长保驾护航。

（四）家长沙龙的实施策略

为充分发挥家长沙龙的作用，教师需注意采取立体化宣传和寻找优秀教育案例等策略。

1. 开展立体化的宣传

教师要在期末的家长会或开学初的家庭教育培训会上，提出开展家长沙龙的想法，并通过班级的微信群、QQ群、班级公众号等渠道，阐述活动的重要意义以及发布活动细则。教师还可以组织一次线上交流会，解答家长们对活动的疑惑，倾听家长们的意见，从而完善活动细则，加强家长们对活动的信心和期待。

2.寻找优秀教育案例

优秀的家庭教育案例分享尤为重要。教师可以对家庭教育情况做相关调查，然后选择一些家庭教育水平高的家长，与其协商，让其在家长沙龙上分享教育孩子的心得，并且将其心得撰文发布在班级的公众号上，以便更多的家长借鉴学习。

三、家长讲堂

家长讲堂是以班级为单位，针对学生的问题和需求，结合家长的职业和特长，由家长选择特定主题，在班主任和科任教师的指导下开展的丰富学生课外知识及技能的一种有效方法。家长有不同的职业或身份，能够为学生提供教师不了解的课外知识和技能等。

(一)家长讲堂的实施步骤

家长讲堂的实施，主要包括以下三个步骤。①前期准备。包括招募家长、确定主题和授课安排。教师在招募家长时，可制作发放"家长讲堂成员信息表"或以其他形式收集家长信息，对收集到的家长信息进行分类整理，并与家长沟通交流，以便确定主题。在主题确定后，教师可从授课内容取舍、时间控制、课堂互动等方面给家长提供建议。随后，教师根据实际情况，适时安排家长开讲。②家长授课。教师做好准备后，就可以按照计划安排，让家长讲堂有条不紊地进行。③评价改善。教师根据其他家长或嘉宾的反馈，结合学生听课后的表现和感受，整理出反馈报告，对活动效果进行客观评价并提供给授课家长，以便后续活动得以完善。

(二)家长讲堂的实施策略

家长讲堂的关键是家长，使用以下策略有利于提高家长讲堂的整体效能。①广泛宣传。尽可能通过各种途径予以宣传，动员更多的家长参与。

②指导授课。部分家长缺乏讲课的经验与信心，需要班主任和科任教师在撰写教案、讲课技能、制作课件等方面提供帮助。特别是要指导家长用适合小学生的语言和方式讲课。③评价激励。为保证家长讲堂能够持续性地有效开展，学校需出台相关的评价激励机制，即对参与讲课的家长实行综合评价，借此授予家长相应荣誉，以激发其成就感和继续参与班级与学校活动的愿望。

视频：案例展示——明星家长进课堂

第二篇 课堂管理篇

在我国，课与堂两字最初是单独使用的。课做动词时，意为考核、督促，如《管子·七法》中的"成器不课不用，不试不藏"①。《南齐书·武帝纪》中的"宜严～农桑"②。课做名词时，意为规定的学习内容。堂做名词时，表示官府审案之地等；做量词时，表示分节的课程等；做形容词时，表示体面或有气派，如《礼记·檀弓》中提到"吾见封之若堂者矣"③。目前未能确证课与堂在何时作为一词合用。但依照《学记》所述"古之教者，家有塾，党有庠，术有序，国有学"④可判断，课堂与课堂教学早已存在。

课堂管理将影响课堂教学工作的成败。课堂管理的界定可分为三类。①协调要素说，指教师为保证课堂教学秩序和效率，协调课堂中的人、事、物等各要素，吸引学生参与到教学活动中，从而实现教学目标。②解决冲突说，将管理视为控制学生行为的过程，认为课堂管理是教师采用消除课堂冲突、矫正问题行为、协调课堂人际关系等一系列策略，以保证教学活动顺利进行，从而实现教学目标。③顺应需要说，倡导管理应发生在问题行为或违纪行为出现之前，教师需顺应学生需求，鼓励学生克服困难，帮助学生在享受学习的同时养成良好的行为习惯。综合以上看法，课堂管理可界定为：管理者为保证课堂教学秩序和效率，协调课堂中的多要素以吸引学生参与课堂活动，并预防和消除学生干扰教学秩序与降低教学效率的行为。

课堂管理是小学教师面临的一个难题，也是教师职业幸福感降低和教师流失率升高的重要原因。循证视角的课堂管理研究发现，影响课堂管理有效性的要素主要有优化课堂结构、促进学生课堂参与、建立课堂行为标准、回应学生恰当行为与学生不当行为。本篇从这五个方面加以分析，以期帮助教师提升课堂管理成效。

---

① [唐]房玄龄注、[明]刘绩补注：《管子》，刘晓艺校点，33页，上海，上海古籍出版社，2015。
② [梁]萧子显：《南齐书》第一册，50页，北京，中华书局，1972。
③ 滕一圣：《礼记译注（精编本）》，83页，北京，商务印书馆，2015。
④ 傅任敢：《"学记"译述》，7页，上海，上海教育出版社，1962。

第七章　优化课堂结构

本章思维导图

良好的课堂结构能保证课堂活动的有序进行。优化课堂结构，是课堂管理的题中之义。

第一节　优化课堂结构的基本原理

对优化课堂结构的概念、层面、要素及内容进行分析，有利于更好地运用和开发相应的具体方法。

一、优化课堂结构的概念

在西蒙森（Simonsen，B.）等人的循证课堂管理理论中，课堂结构指教师或成人指导性（adult-directed）活动的数量、在某种程度上明确定义的常规以及教室的设计或物理安排 。① 课堂作为重要的学习环境，其内涵远远不止是师生开展教学活动的物理空间，它是由多个层面和要素构成的一个复杂系统。② 课堂结构，不但是在一定时空中教学活动诸细节的排列，而且是教学目的、教学原则、诸种教学方法在这时空中的体现。③ 结构优化的课堂，已被证明能够促进适宜的学习和社会行为。学生在结构优化的课堂中，表现出更高的任务参与度、更友好的同伴交互、更多的帮助行为、更专注的行为及更少的攻击行为。当然，在教师指导下的课堂结构化和学生独立性之间的平衡，也是必要的。

二、优化课堂结构的层面与要素

课堂是由多个层面和要素构成的复杂系统，教学价值、教学理念、教学内容、教法、时空、技术六个要素，构成了课堂的顶层、中层及底层结构。④

(一)课堂结构的顶层：教育价值与教育理念

课堂结构顶层，由教育价值和教育理念两个要素构成。教育价值体现教育活动的属性、特点、功能、效果与教育活动主体之间的关系，表明教育活动过程及其结果对教育活动主体需要的适合或满意程度。⑤ 教育理念，是人们对于教育现象(活动)的理性认识、理想追求及其所形成的教育思想观念和教育哲学观点。⑥ 教育价值与教育理念是课堂的灵魂。整个课堂结

---

① Simonsen, B., Fairbanks, S., Briesch, A., et al., "Evidence-based practices in classroom management: Considerations for research to practice", *Education and Treatment of Children*, 2008, 31(3), pp.351-380.

② 张春雷：《核心素养视角下课堂结构的审视与重构》，载《教师教育研究》，2018，30(5)。

③ 郑大衡：《对改革课堂结构的一些认识与尝试》，载《课程·教材·教法》，1987(6)。

④ 参见张春雷：《核心素养视角下课堂结构的审视与重构》，载《教师教育研究》，2018，30(5)。

⑤ 扈中平：《教育规律与教育价值》，载《教育评论》，1996(2)。

⑥ 韩延明：《理念、教育理念及大学理念探析》，载《教育研究》，2003(9)。

构的优化，必须围绕着教育价值和教育理念进行顶层设计。而且这些教育价值与理念，必须在其下的所有层面和要素上得以体现，并在课堂上得以实践。

(二)课堂结构的中层：教育内容与教法

课堂结构的中层，由教育内容和教法要素构成。课堂内容对于教师来说，就是教师所要教授的教学内容；对于学生来说，就是学生所要接触的学习内容。课堂内容的选择直接受教育理念的影响，并服务于课堂的价值取向。教学内容，是教学过程中同师生发生交互作用、服务于教学目的而达成的动态生成的素材及信息[①]，在课堂上，教学内容要转化为学生的学习内容，这个过程就涉及教师的教法水平。针对不同的内容，教师可以选择不同的教法。教师的教法运用水平越高，学生对内容的掌握程度也会相对越高。

(三)课堂结构的底层：时空与技术

课堂结构的底层要素包括时空和技术。时空就是课堂发生的时间和空间，每节课都被设置在特定的时间段和场所中，这种时间和空间上的配置就构成了课堂的时空设计。一般来说，课堂所在的空间往往是相对封闭的，一个班的学生在固定的时间处于一个固定的空间内而不发生人员流动。学生无特殊情况不得随意离开，课堂的无关人员不得入内，以减少外界对课堂活动的干扰。每节课的时间往往也是固定的，促使学生形成习惯，即在固定的时间内维持高度集中的注意力。

除了课堂的时空之外，课堂中还存在各类教学技术，辅助教育价值和教育理念的落实、课堂内容的呈现和教法的实施。课堂上的各项技术服务于教师的教与学生的学，对课堂活动的有序开展助益匪浅。随着信息技术的不断发展，运用于课堂的技术也在不断地更新换代，从最初的黑板教学

---

① 李臣之：《论教学内容创生：规定性要素及基本路径》，载《课程·教材·教法》，2007(2)。

到之后的多媒体投影设备的应用，再到如今电子白板的逐渐普及，技术使课堂的时空得以延伸和扩展，学生对学习过程的掌控逐渐增强，以学生为中心的教育和教学理念正在稳步得以彰显与落实。

三、优化课堂结构的内容

从课堂结构的三层面和六要素来看，优化课堂结构涉及范围甚广。根据课堂结构与学习过程是否直接关联，可将课堂结构优化的具体内容分为优化课堂情境结构和优化课堂教学结构。

（一）优化课堂情境结构

在课堂教学中，为落实教学目标所设定的适合学习主体并作用于学习主体，能够使学习主体积极主动地建构的环境，就是课堂情境。[①] 该环境中的各个组成部分的搭配和排列，就是课堂情境结构。优化课堂情境结构，包括班级规模的控制、课堂常规的建立、学生座位的分配以及教室墙壁的布置。

其一，班级规模的控制。班级规模是指在班主任领导下的一个班集体或教学团体的学生人数。研究表明，班级规模越大，成员间交往的频率就越低，情感纽带的力量就越弱，冲突也就越容易发生。而规模小的班级，学生间有较高的交往频率，学生的学习兴趣更浓，师生和生生关系融洽，学生具有较强的归属感。[②] 但是，过小的班级规模又给教育资源带来极大挑战。适当的班级规模，能使课堂的教学效果事半功倍。如何适当控制班级规模，是优化课堂情境结构的一项重要研究课题。其二，课堂常规的建立。课堂常规是每位学生必须遵守的日常课堂行为准则。若要使遵守课堂常规成为学生的自觉行为，则必须让学生对课堂常规产生认同。其三，学生座位的分配。座位的不同，影响着学生的课堂参与程度和学习态度。其

---

① 阎乃胜：《深度学习视野下的课堂情境》，载《教育发展研究》，2013(12)。

② 和学新：《班级规模与学校规模对学校教育成效的影响——关于我国中小学布局调整问题的思考》，载《教育发展研究》，2001(1)。

四，教室墙壁的布置。精心布置的教室墙壁文化，是伴随正式课堂而生的隐性课堂，能给师生的教与学增添不少乐趣，潜移默化地影响着学生的身心发展。

(二)优化课堂教学结构

课堂教学结构，是指在一定的教学和学习理论的指导下，在课堂环境中展开教学活动进程的稳定结构形式，它将直接反映教师按照什么样的教育思想、教育理论来组织自己的教学活动进程。[①] 课堂教学结构的优化涉及教师对教学时间和教学过程的合理设计。课堂的教学时间设计包括规划教师的教学时间和学生的学习时间。教学过程的设计包括恰当确定教学过程的主要环节及各环节所采取的教学方法，特别要注意对学生动手操作、动脑思考、语言表达、随堂练习等过程的重点规划。

第二节 优化课堂结构的常规方法

教师通过日常教学实践，已经形成了一些优化课堂结构的常规方法，包括情绪激励法和墙壁妙用法等。

一、情绪激励法

情绪的概念是由拉丁动词"行动"(motere)衍生而来，表示促使个体采取某种行动的趋力，它是个体受到某种内在或外在的刺激所产生的一种身心激动状态。[②] 在课堂上，教师激励学生的情绪，是教师为促进学生学习而采用的方法，对帮助学生高度投入课堂活动，遵守课堂常规，进而优化课堂情境结构具有重要意义。

---

① 余胜泉、马宁：《论教学结构——答邱崇光先生》，载《电化教育研究》，2003(6)。
② 余玲艳：《员工情绪管理》，25页，北京，东方出版社，2006。

(一)情绪激励法的提出

学生个人的情绪管理能力，往往是衡量学生是否具备学习环境适应能力的重要指标。在课堂环境中，情绪无时无刻不在影响着学生对课堂活动的参与程度以及学习的投入程度，还会影响到课堂学习的氛围和班级凝聚力。正确地认识和管理学生的情绪，无论对课堂情境结构的优化还是对班集体的发展而言都具有重要意义。在课堂活动中，教师了解学生的情绪并采取相应的方法有意识地加以管理，学生才不会对教师的各项指示、课堂常规产生逆反心理。情绪激励法是教师对学生的情绪进行管理的有效方法。

情绪激励法，就是通过对需求的满足和对行为动机的刺激，促使个体处于身心激动状态，形成采取某种行动的趋力。从一定意义上说，对学生的情绪进行管理就是为了更好地激励学生，提高学生对课堂学习的投入度以及对课堂常规和教师指示的认同度。学生受激励驱使，进而去完成那些能带来预期结果的课堂行为。在这个过程中，学生需要投入自己的情感，沉浸于对学习的体验和对目标的追求中，从而具有更高的学习积极性，更易于接受环境中的各种条件。

教师对学生的情绪激励包含以下三个层次。①教师个体层次的情绪激励，主要是指教师对自身情绪的激励。教师是课堂活动的主体之一，小学教师具有很高的权威性，教师自身在课堂上表现出来的情绪很容易感染学生的情绪。当教师的情绪受到激励时，学生的情绪也会相应受到一定程度的影响。②教师激励学生的情绪。教师在激励自身情绪的基础上，要更好地理解和识别学生当前的情绪，并通过一定的方式给予激励。相较于以教师自身的情绪带动学生的情绪，教师激励学生的情绪显得更加直接。③班级层次的情绪激励，即班集体在课堂上营造一种氛围来激励学生的情绪。情绪具有感染性，并且与运动系统模仿有直接联系。① 当学生无意识地模仿他人的表情、身体姿态时，就会受到其他同学的情绪感染。

---

① 余玲艳：《员工情绪管理》，31 页，北京，东方出版社，2006。

(二)情绪激励法的实施

运用情绪激励法，需要注意提高教师对学生的关注、创设良好的沟通环境、适当提高学习任务挑战性，以及合理运用奖励机制。

1. 提高教师对学生的关注

在课堂活动中，每位学生都渴望获得教师的关注，但教师更容易将注意力放在优生及活跃或调皮的学生身上，而一些成绩中等的学生往往受到教师的忽视。因此，教师要合理分配对学生的关注，尤其要提高对课堂"边缘"学生的关注，让这些学生感受到教师的关怀，从而调动他们参与课堂活动的积极情绪，使其主动参与到课堂活动中，主动遵守课堂常规。

2. 创设良好的沟通环境

真诚、平等的沟通环境，能满足学生爱与归属、被尊重的需求。在这样的环境中，学生能够更加轻松愉快地学习。教师要主动与每位学生平等地沟通交流，关心学生的学习需要，尊重每位学生对学习内容的想法，及时给予鼓励。同时，教师要给予每位学生更多参与课堂决策的机会。而且，师生之间要建立和谐的人际关系，教师引导学生间建立良好的同伴关系，使学生乐于在这个氛围融洽的课堂上共同学习。

3. 适当提高学习任务挑战性

学习任务过于简单或难度过大，都不利于激发学生的学习动机。因此，教师要给予学生具有适当挑战性的学习任务，让学生既能充分调动自己认知结构中的已有知识，又能够获得新知以调整认知结构，满足参与课堂的成就感与自我效能感，以此激励学生情绪。

4. 合理运用奖励机制

奖励，是教师激励学生情绪时常用且有效的方式之一，能使学生获得学习成就感。教师要合理利用奖励机制，细化奖励规则，对不同学习能力水平的学生分别设置不同的奖励标准和内容，使奖励更有针对性。同时，教师要完善奖励程序，减少在操作过程中的失误和不公平，加强民主监督与申诉制度，给予每位学生获得奖励的机会。

案例：师生条约法

二、墙壁妙用法

如何合理利用教室墙壁以优化课堂情境结构，值得深入探讨。就此，教师开发了墙壁妙用法。

(一)墙壁妙用法的提出

墙壁妙用法，就是巧妙运用教室墙壁，辅助教师教学和学生学习的方法。很多小学为了美化教室环境，都会在教室四周的墙壁上张贴一些名人名言或开辟专栏展示学生的优秀作业或作品。但是，这些内容往往一两周或者几个月才更新一次，也与课堂教学内容关联不大，甚至成为优等生的展示作业和作品的"专属地"。

墙壁妙用法，一改往常以教师为主导布置墙壁的旧有模式，将布置和利用墙壁的权利与责任交给学生，同时充分发挥墙壁辅助师生教与学的作用，诸如帮助学生解决在学习过程中遇到的困难等。

(二)墙壁妙用法的实施

为了更加高效地推行墙壁妙用法，教师需对其进行具体规划。墙壁妙用法的实施过程，主要可以划分为以下步骤。

1. 说明墙壁妙用的原则

选取一节班会课作为该方法的启动仪式，班主任邀请所有参与活动的课任老师到场，并向老师和学生说明墙壁妙用法的工具制作、活动流程、注意事项和实施原则等。

在活动之初，并不是所有学生都愿意参加。对于一些本身就处于课堂"边缘"的学生而言，他们常受到教师和同学的忽视，对新活动的开展较难产生兴趣，甚至会怀疑活动的有效性。因此，若要顺利开展活动，教师必须要了解学生的需求，尤其是按照差别原则，关注中等生和待优生的需求。

2. 确定墙壁妙用类型

启动仪式之后，班主任要组织学生对墙壁进行装扮。在保留已有学习角的前提下，根据墙壁的剩余空间大小，将其划分为 3 个区域，分为问题区、分享区、展示区，每个区域再各划分为若干个子区域（见图 7-1、图 7-2、图 7-3）。问题区，主要是由学生将自己在课堂上遇到的疑难问题写在纸条上，张贴在此区域，可以是学生对所学新旧知识的疑惑，也可以针对某一内容寻求具体的学习方法；分享区，学生将自己认为有价值的内容张贴在此区域，与各位同学进行分享，但要保证其分享的内容与课堂学习相关；展示区，主要是用于展示学生在课堂上完成的优秀作业、作品等，为其他同学提供示范。

图 7-1　问题区

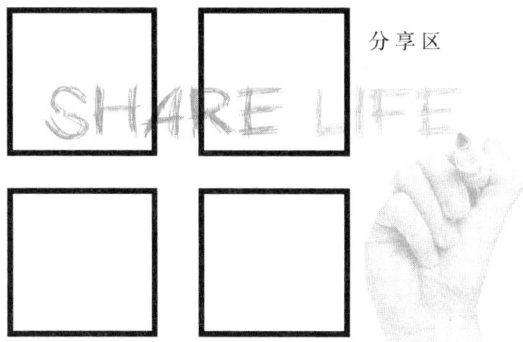

图 7-2　分享区

图 7-3　展示区

3. 申请墙壁使用权

装扮完墙壁后，学生就可以开始申请墙壁的使用权。学生自查在课堂上的表现，反思自己是否对课堂学习活动存在较多问题？是否有想要与其他同学分享的内容？自己是否在课堂上有较为优秀的表现，是否可以将自己的课堂作业与他人分享？在启动仪式之后，班主任给予全班学生一周时间进行自查和反思，由学生自己决断是否需要申请墙壁的使用权。

在每周五下午的最后一节课后，班主任宣布学生可以开始申请墙壁使用权。申请过程遵守自由原则与机会的公正平等原则。根据自由原则的要求，班主任不强迫每位学生都必须参与申请墙壁的使用权，若有使用墙壁的需要则进行申请，若无需要则无须参与。依照机会的公正平等原则，每位学生都被赋予了申请墙壁使用权的权利，并且在同一周期内，每位学生都只能申请一个子区域的使用权。有需要申请墙壁使用权的学生，可以将自己的意愿告知学习委员，由学习委员统计好各位同学的申请信息后交给班主任，每位学生最多能申请一周的使用权，到期后需重新进行申请。

4. 确定墙壁使用权

由于墙壁区域有限，并非每位学生在提出申请后就能得到使用权。申请截止后，班主任需要根据墙壁申请信息，请申请同一区域的学生召开小型座谈会，以最终确定墙壁的使用权。确定使用权的过程遵循差别原则，既要照顾到班级中所有成员的利益，又要引导成绩较为优异的学生照顾成绩相对落后的学生，帮助他们建立起参与课堂活动和投入学习活动的信心。同时，班主任也要帮助中等生和待优生主动向其他同学表达自己的学习需要，引导他们与其他同学真诚地商量可否将墙壁的使用权给予自己。在每位学生向其他同学表达了自己的诉求后，座谈会现场采取无记名投票的方式确定最终结果，成功获取墙壁使用权的学生要诚恳地向其他同学表示感谢，向其他同学保证自己一定会利用好自己申请到的墙壁并邀请同学们共同监督和提供帮助。

5. 合理使用墙壁

获得墙壁使用权的学生，可以在自己的使用周期中合理使用。获得问题区使用权的学生，需每1～2天更新自己在课堂上遇到的问题，寻求科任教师和同学的帮助。学生在将问题张贴到问题区之前，可以先询问其他同学是否遇到相同的问题，对问题是否有补充；然后根据同学们的想法和意见适当调整问题。能够解决相应问题的学生，则将自己的解答张贴到相应区域。科任教师要每天检查问题区是否有新提出的问题，并及时给予解答。科任教师可以直接找提出问题的学生面谈，也可以将回答写在纸条上张贴在同一区域，为班上其他有同样问题的学生提供解答。

获得分享区使用权的学生，要每天更新分享区的内容，可以分享一首古诗词，也可以分享一篇散文，抑或分享一则时事新闻，由拥有使用权的学生自己决定分享的内容。但班主任与各位科任教师要及时审查，避免有的学生将与学习无关的内容张贴在该区域，一经发现，该学生将被取消本周期内的使用权。

获得展示区使用权的学生，需要每天将自己的学习成果张贴在该区域，可以是获得高分的试卷，也可以是自己的作文，或者是某道题目详细的解题过程或解题技巧。

为了使尽可能多的学生获得使用墙壁的机会，已经行使过墙壁使用权的学生将不再具有申请权。若确有需要，可向班主任提出参与本周的座谈会，并在座谈会上与其他申请者协商，说明自己使用墙壁的计划，只有所有参与座谈会的学生都赞成,才能给予该同学墙壁的申请权。

6. 确定墙壁妙用效果

墙壁妙用法每使用一个月后就要进行评估,确定该方法的使用效果。评估主要以访谈的形式为主,班主任可以将全班学生划分为各个小组,并组织班干部对各个小组的每位组员进行访谈。各位班干部将收集到的评价意见整理后反馈给班主任,由班主任组织开展相应的改进工作。例如,有的学生在分享区分享一个周期的内容后,认为自己一个人可能无法很好地决定分享内容,需要寻求其他同学的帮助,班主任建议学生可以两两配对共同申请和使用墙壁。又如,有的同学认为自己在课堂上完成的作业或作品不够完善,无法达到展示的要求,需要请有能力的同学帮助进行修改,希望能为每位获得展示区使用权的同学分配一名协助员。再如,有学生建议在已有三种区域的基础上增设建议区,用于学生对教师的课堂教学提出建议,让教师听到学生的心声。

班主任在收到对活动的反馈后,可以举行座谈会,征询全班学生的意见。对于部分学生提出的建议,班主任在座谈会上转述这些同学的诉求,并现场进行无记名投票,以少数服从多数的原则,由全班学生共同决定是否采取建议。

案例:特殊座位法

第三节　优化课堂结构的新兴方法

在课堂管理领域,图标指示法和学习超市法等优化课堂结构的新兴方法已陆续出现。

一、图标指示法

小学生的自制力有限,因而需要具体明确的课堂常规以规范和指导他们的课堂行为习惯。为制定和实施结构良好、内容合理的课堂常规，教师开发了图标指示法。

(一)图标指示法的提出

对于一些低年级学生来说，他们难以理解和接受教师反复强调的课堂常规。而相对于抽象概念或表述，直观具体的事物更容易吸引低年级学生的注意。怎样用形象直观的方式来呈现课堂常规，使得小学生更容易理解？这是一个值得研究的问题。图标指示法，就是将课堂常规形象化为卡通图标，不同图标分别表示所要遵守的课堂常规条目，从而为课堂常规增添趣味性，消除学生的排斥心理，引导学生主动遵守。

(二)图标指示法的实施步骤

图标指示法的实施主要包括获得科任教师支持、激发学生参与热情、确定课堂常规、确定图标指示、应用图标指示和优化图标指示六个步骤。

1. 获得科任教师支持

为了充分发挥图标指示法的规范作用，整个教师团队需要协同参与。作为课堂活动中不可或缺的角色，每位科任教师都需要参与到图标指示法活动中。设计和实施课堂常规，不仅是教师管理和学生被管理的过程，也是教师和学生共同成长的过程。通过课堂常规优化课堂结构，不应成为一名科任教师的独角戏，只有所有科任教师共同参与，才能使课堂常规作用的发挥具有连续性。因而，班主任需要提前向每一位科任教师传达图标指示法设立的初衷及操作要求，力争获得各位科任教师的认可与支持。

2. 激发学生参与热情

在图标指示法应用于正式课堂前，教师需要选取一节班会课作为该活动的启动仪式。班主任在启动仪式上邀请所有参与活动的科任教师到场，向全班学生说明小组分工、工具的制作和用法、活动流程、注意事项等。在班会课上，班主任要明确告诉学生什么是课堂常规，让学生了解图标指示法的活动理念是为了让他们更好地参与课堂活动，更好地协助教师管理课堂，并鼓励每位同学积极配合和参与，以此来激发学生参与活动的热情。

在此次班会课上，班主任还要将学生分为四人小组，并编号。每组先选任一名组长，随后每周实行小组组长轮换制。

3.确定课堂常规

因自主能力有限，小学生在课堂上离不开教师的各种引导。在一堂 40分钟的课上，教师有必要从学生的课前准备、坐立走、说话、听课、读书、写字等方面制定和实施课堂常规(见表 7-1)。课堂常规并非由教师单独制定，而是由学生在班主任的指导下通过四人小组提议，全班投票确定的。在活动开展之前，班主任可以拍下在各个课堂上学生的良好表现和不良表现；活动开始后，通过对比良好表现和不良表现的照片，教师让学生直观地理解他们需要制定什么样的课堂常规，课堂常规需要规范哪些行为。之后，每个小组进行组内讨论，根据学生对课堂常规的理解，分别从课前准备、坐立走、说话、听课、读书、写字六大方面各提两项课堂常规，由小组组长提交给班主任。班主任请班干部协助统计各个小组提交的课堂常规，并将其写在黑板上。现场采取无记名投票的方式，每位学生在六大方面的课堂常规中各投两条，票选出自己心目中最有助于管理课堂的常规，最终每方面得票数排在前两位的条文将被确定为最终的课堂常规。

表 7-1　课堂常规条目表 ①

方面	课堂常规条目
课前准备	把课本、作业本、文具盒整齐地放在课桌上
	上课铃声响后安静地坐在座位上等待老师上课
坐立走	坐得稳，背挺直
	走路要有精神
说话	回答问题时主动举手发言
	声音洪亮

_____

① 本表参考了朱雪丹：《教育孩子的艺术》，38～44 页，杭州，浙江教育出版社，2015。

续表

方面	课堂常规条目
听课	专心听老师讲课，边听边做笔记
	认真听同学的发言
读书	齐声朗读时不要拖腔，声音洪亮
	默读时要保持专注
写字	写字时背挺直，握笔姿势正确
	字端正，少涂改，格式正确

4. 确定图标指示

课堂常规确定后，下一步就是要确定适用于课堂、与每一条课堂常规相对应的图标。图标的设计，需注意以下三点要求。①图标要选取明亮色。儿童色彩心理理论表明，儿童最容易被纯正的色彩所吸引，越是明亮、纯净、饱和度高的色彩，如纯正的红、黄、绿、蓝等，对视觉的冲击力越强，越容易引起儿童的注意。[①] ②图标要尽量清晰直观。课堂常规条目较多，选择易于理解的图标，有利于学生将其与课堂常规联系在一起（如表 7-2 所示）。在保证清晰直观的前提下，教师还可以选用一些学生熟悉并感兴趣的卡通人物作为图标，以便吸引学生关注图标指示。③图标要放置在学生目之所及之处。在课堂活动中，教师不可能时时都直接指向图标以提醒学生遵守课堂常规。因此，指示课堂常规的图标，要放置在学生一眼就能看到的地方。学生一看到图标，就知道自己应该干什么，不应该干什么，不仅能维护正常的课堂秩序，而且能锻炼学生的自我管理能力。

表 7-2　课堂常规与图标指示对应示例表

课堂常规	图标
走路要有精神	

---

① 李敏：《每天懂一点色彩心理学》，299 页，北京，中国华侨出版社，2013。

续表

课堂常规	图标
专心听老师讲课，边听边做笔记	
齐读时不要拖腔，声音洪亮	
……	……

5. 应用图标指示

确定好课堂常规以及对应的指示图标后，接下来就要在正式课堂上应用这些图标。刚开始实施的时候，学生可能还不能很好地将图标与其所代表的课堂常规相对应，这就需要教师在课堂开始时，抽出 1 分钟时间与学生一起练习图标的使用。教师用尺子指向某一图标，学生齐声回答所对应的课堂常规，并按常规所要求的予以行动。在课堂教学过程中，教师可根据需要随时指向某一图标，并给予学生一定的反应时间，待大部分学生都达到常规所要求的标准后，继续进行教学活动。

为帮助学生更好地遵守课堂常规，教师要在课前给每位学生发放违规记录表，每位学生都是课堂管理员，管理好自己的课堂表现。当学生意识到自己违反了课堂常规时，要及时对自己的违规行为进行记录（见表 7-3）。当有组员违反课堂常规时，也要提醒组员。在每天课程结束后，组长进行统计，用于每周五下午交流会的反思。

表 7-3　违规记录表示例

序号	课堂	违反课堂常规	备注
1	语文课	齐读时不要拖腔，声音洪亮	齐读时没有一起读
2	数学课	坐得稳，背挺直	数学课上一直趴在桌子上，课后问他为什么趴在桌子上？有没有生病？他说没有生病，这样比较舒服
……	……	……	……

6. 优化图标指示

在每周五的最后一节课后，全班举行交流会。交流会分为两个环节。第一个环节是反思。每个小组的组长将本周本组违反课堂常规的情况汇总反馈给各位组员。组员根据反馈，反思本周自己出现违规的原因，并向自己的组员做出检讨。在每位组员各自检讨后，小组长代表组员在全班进行经验交流，分享自己小组出现最多的违反课堂常规的表现，以及之后应该如何避免、如何在课堂上表现得更好。

第二个环节是课堂常规和图标指示的优化。课堂常规的制定和实施并不是一劳永逸的，而要根据课堂进展不断改进和优化。例如，在小学科学课上教师为了能够对学生进行直观教学，往往需要在课桌上摆设许多实验器材，此时若要求"把课本、作业本、文具盒整齐地放在课桌上"，会给学生的实验过程带来不便。此时，课堂常规则需要进行部分调整。学生在使用部分图标后发现它们较难与课堂常规进行对应，也可以由学生自行提议后修改或重新绘制。

（三）图标指示法的实施策略

班主任在实施图标指示法的过程中，需要注意充分了解学生和科任教师的需要、师生共同参与课堂常规的制定与实施以及定期更换图标以保持学生注意等策略。

1. 充分了解学生和科任教师的需要

班主任在制定课堂常规之前，要充分了解学生和各位科任教师的需要。这样，学生和各位科任教师才能充分配合、积极参与运用图标指示法。对于学生来说，他们作为课堂常规的遵守者，不仅要理解常规，更要真正认同课堂常规。课堂常规必须是学生可以接受的，是他们真正认为在课堂上必须遵守的，有益于维护课堂秩序的。这样，学生才能自动自发地去规范自己在课堂上的表现，甚至将部分常规中的条目迁移到自己其他的学习时间和生活中。而对于科任教师来说，不同的科任教师对课堂秩序有不同的要求，有的科任教师喜欢活泼的课堂，有的老师则偏向于安静、有序的课堂，因而在课堂常规要求上必然存在差异。这就需要班主任主动去了解各位科任教师的需要，发挥自己作为班主任统领全局的作用，调和不同科任教师对课堂常规的异议，尽量让制定出来的课堂常规能够满足每位学生和科任教师的预期。

2. 师生共同参与课堂常规的制定与实施

在课堂常规的制定过程中，虽然教师会通过图片和视频等形式直观地帮助学生理解什么是课堂常规，但由于学生年龄较小、理解能力有限，在他们提出课堂常规时可能会出现分类混乱、表述不清、与课堂活动无关等问题。因此，班主任要与各位科任教师组成提议小组，与学生一起设计课堂常规，以便给学生起一定示范和引导作用。在课堂常规的实施过程中，班主任与各个科任教师也不应只作为课堂常规的"旁观者"，更应该成为课堂常规的"遵守者"。学生看到教师与自己一起遵守课堂常规，就能够体会到教师是真正想要帮助自己进步，想要上好课，而不只是为了管学生，以此增强对课堂常规的认同感。

3. 定期更换图标以保持学生注意

虽然用于指示课堂常规的图标是学生感兴趣的卡通人物，但这些图标在学生习以为常之后就不容易再产生新鲜感、不再给学生带来刺激，可能就无法给学生带来持续的视觉冲击，失去了引导学生自动遵守课堂常规的功效。因此，这些用于指示课堂常规的图标必须要定期更换。为了减少教师制作图标的负担，这些图标可以由小组轮流选择他们感兴趣的卡通人物形象进行制作。

二、学习超市法

优化课堂结构的一项重要工作，是对课堂时间进行合理规划。为此，教师开发了学习超市法。

(一)学习超市法的提出

在小学课堂中，时间规划仍然面临问题。比如，课堂时间利用不充分，教师对课堂掌控度过高，学生在学习时间分配和掌控上的自主程度不足。学习超市法是教师先分层定位课堂时间，并标识不同类型学习超市的运营时间；教师再赋予学生一定的选择权，根据学生的选择，在不同学习超市中设定不同的教学内容。该方法的核心就在于让学生根据需要建议每节课各环节的时间及相应的学习内容，就像在超市选择商品一样，充分发挥学生的自主性。

学习超市法的提出，还有如下考虑。其一，师生关系是影响班级和课堂管理效果的关键。其二，学习任务难度本身决定学生成功的可能性，影响着学生投入意愿的动机水平。[①] 存在一定挑战难度的任务，更能够激发学生学习的兴趣，调动学生投入学习的积极性。其三，共同的学习任务驱使学生产生学习责任感。尤其是当自己的学习影响到其他组员的学习进展和学习成果时，责任感会驱动学生投入课堂活动中，从而更高效地完成学习任务。

（二）学习超市法的实施步骤

视频：学习超市法的实施步骤

学习超市法的实施，主要包括启动仪式、设定学习超市类型、确定管理、选取商品、总结收获，优化运营六个步骤。

1. 启动仪式

班主任选取一节班会课作为学习超市法的启动仪式。在启动仪式上，班主任需发挥统领全局的作用，邀请所有参加学习超市法活动的科任教师到场。班主任要向全班学生说明什么是学习超市法，介绍将在课堂上如何运用学习超市法，并对全班学生进行分组，并编号。每组选任一名组长，

---

① 乔建中、李星云、夏云等：《学习目标和任务难度对学生投入意愿的影响》，载《南京师大学报（社会科学版）》，1998(1)。

每周实行组长轮换制。

2. 设定学习超市类型

现阶段我国课堂教学环节可划分为预备、新知讲解、新旧知识联系、总结概括及实践环节，将时间单位数分别投入以上教学环节，从而产生不同时间比例的分配模式。[①] 本活动中的学习超市，就是将以上的教学环节分别用不同类型的学习超市加以标识，设定预备超市、新知超市、新旧知识联系超市、总结概括超市、实践超市(参见表 7-4)。

表 7-4　学习超市表

学习超市类型	红花
预备超市	🎖🎖🎖🎖
新知超市	🎖🎖🎖🎖
新旧知识联系超市	🎖🎖🎖🎖🎖
总结概括超市	🎖🎖🎖🎖
实践超市	🎖🎖🎖🎖🎖

教师将学习超市表悬挂在教室的墙壁上，由学生进行投票确定每周课堂上学习超市的选择与分配。每周，学生根据自己的学习需要，在想要开设的学习超市后贴上红花；对于每种学习超市，每周每位学生最多只能领取并粘贴一朵红花。每周获得红花朵数最多的学习超市，将在下一周的课堂上分配最多的时间。为了保证课堂学习超市的多样性，每一种学习超市的分配时间最多不能超过 20 分钟(一节课 40 分钟)，并且每一种学习超市必须占用 至少 5 分钟。另外，为了满足教师教学的需要，教师可以对学习超市的时间分配做适当调整，但要在课前向学生说明调整原因及调整后的时间分配。

3. 确定管理

确定好下周课堂学习超市的同时，还要确定管理组成员。每周五的最

---

① 赵培允：《教师课堂教学的时间分配、控制与评估》，载《教育理论与实践》，2017，37(8)。

后一节课后，以小组为单位进行学习超市管理组选举活动。每四人小组有两张选票，可投两个小组，票数最高的小组作为下周学习超市管理组。为了保证每个小组都有机会成为管理组，已经担任过管理组的小组将不再作为候选组。

管理组的学生每周都需要管理并维护好学习超市表，其任务包括红花的发放、有序张贴、数量统计和周末清零等。在管理组内部，可由组长进行任务分配。每周五下午的最后一节课后，组长将各个学习超市的红花数统计结果汇报给科任教师，由科任教师最终确定课堂上学习超市运行时间的分配。作为学习超市的管理组，组员有权利并有义务在课堂上监督学习超市的运营时间，即一旦有学习超市的运营超时，管理组就可以提醒教师该学习超市的运营时间已截止，需运营下一个学习超市。

4. 选取商品

确定好课堂上学习超市的时间分配以及学习超市的管理员后，课堂学习超市正式投入运营。正式上课后，教师宣布学习超市正式开张，并告诉学生第一个运营的学习超市是什么、运营时长以及"提供的货物"。科任教师可以通过多媒体投影仪展示该学习超市运营阶段的"货物"供学生选择。学生通过举手投票的方式，快速确定该时段的学习内容。

以《月亮船》课文为例，在预备超市运营阶段，教师可以准备《月亮船》的同名歌曲、月亮船的图片、作词人叶圣陶的生平事迹等，作为课文学习的导入内容。学生通过举手投票，确定欣赏《月亮船》歌曲。导入环节结束后，科任教师宣布：预备超市停止营业、新知超市正式营业。

新知超市，就是学习新的知识点。对于《月亮船》课文来说，新的知识点就是学生需要掌握的本节课文的新字和新词。科任教师将一个个新字或新词标识为"商品"，学生以小组为单位选择"商品"进行学习。学生以自主学习为主，虽然这对于低年级学生来说有一定难度，但科任教师可以实时指导，帮助学生掌握这些新知识。在一个小组中必须所有同学都完成所有"商品"的学习，才算是完成本阶段的"采购"，所以教师必须引导小组学生进行积极的互帮互助。未在学习超市营业时间内完成"采购"的小组，需记录未完成学习的成员名字以及内容。这便于小组成员在课后帮助这些同学继续学习，也便于教师获取学生学习情况的信息，及时调整和改进教学。新知超市运营结束后，将继续营业新旧知识联系超市，以此类推。

5. 总结收获

在一节课的最后，科任教师可以预留 3~5 分钟时间让学生结算"商品"，即以小组为单位，每位学生总结自己在本节课上收获了什么。在科任教师的指导下，学生可以回顾并记录自己在本节课上掌握的及未掌握的学习内容。针对未掌握的学习内容，本组组员可向其他小组组员请教，也可寻求教师的帮助。教师一般可个别答疑，但就班上很多同学都存在的疑惑，可在下节课的预备超市运营时间内统一给学生解答。

6. 优化运营

学习超市的类型及运营时间并非一成不变，除了每周教师会根据学生的需要调整超市的时间分配以外，还可以根据教学需要，增加或者删减一节课中学习超市的类型。例如，对于复习课，就不需要设置"新知超市"；而对于一些科学实验课，教师的授课方式主要是以学生的探究实验为主，实践超市需要运营一整节课的时间，教师就没有必要设置新旧知识联系超市或总结概括超市。另外，实践超市对科任教师及学校教学环境或设备的要求可能相对较高，科任教师没有条件每节课都设置实践超市的运营时间，就可以考虑关闭实践超市的运营环节，但要跟学生解释说明关闭该超市的原因。

(三)学习超市法的实施策略

视频：学习超市法的实施策略

学习超市法的有效实施需要注意采取突出学习重点、保持教学节奏和符合浮动要求三大实施策略。

1. 突出学习重点

课堂时间的规划，是为教师教学和学生学习服务的，必须做到突出学习重点。对于重要的学习内容和学习环节，教师和学生必须要多分配时间给相应的学习超市。虽然通过学生投票，学生可能会更加喜欢某些环节，但科任教师可以根据教学需要做适当的时间调整。而且，每个环节也有轻重主次之分。例如，在新知超市运营阶段，对于一些新知识点而言，学生可能在日常学习和生活中就多有接触，可以少分配学习时间；而针对一些较为陌生的知识点，学生可以多分配学习时间。

2. 保持教学节奏

保持教学节奏，就是要让整节课在时间和内容安排上是较为均等合理的。虽然不同学习超市的运营时间有长有短，但教师对每一个学习超市的时间都要高效利用。这就对科任教师的时间掌控能力提出了很高的要求。过于松散的时间安排会让学生感到无趣，严重影响学生投入学习的积极性；而过于紧凑的时间规划会让学生处于神经高度紧张状态，时间一长不仅不能提高学习效率，反而会导致学生的厌烦情绪。

3. 符合浮动要求

很多情况下，尤其是对于一些新手教师来说，他们或许不能完全严格地把握课堂时间，因此，在实际操作中不可避免地要对各个学习超市的时间分配做出调整。时间调整，必须符合通常的标准，而这个标准就是大多数学生能够接受的范围。一般来说，各个学习超市的占用时间可以有几分钟的浮动，但教师要明确将时间的调整告诉学生，以获得他们的理解和支持。另外，在一节课中，尽量不要多次做出时间调整，多次调整容易导致科任教师自身的教学节奏紊乱，也会影响学生对自身学习过程的规划。

第八章　促进学生课堂参与

本章思维导图

学生的课堂参与度，在很大程度上影响学生的学习效果。如何促进学生课堂参与，是课堂管理研究的重要课题。

第一节　促进学生课堂参与的基本原理

每位教师都需要关注和思考怎样引导学生积极参与到课堂中来。学生在课堂中积极参与，就会降低不适宜行为出现的频率。在管理学领域，参与是指"个人的思想和感情都投入到一种鼓励个人为团队目标作出贡献、分担责任的团队环境之中"，"这样的投入极大地激励了参与者，从而发挥他们的干劲、创造力和积极性"①。课堂教学要达到理想的效果，必须激发学

---

　　① ［美］罗伯特·G. 欧文斯：《教育组织行为学(第7版)》，374页，窦卫霖、温建平、王越译，上海，华东师范大学出版社，2001。

生足够的努力和投入。教师不仅要关注自己的教学内容和手段，更要从促进学生课堂参与的角度，关注学生的动机和行为，观察和分析学生做了什么，怎样做的，他们的动机是什么，学生在学习过程中投入了多少时间和精力。

一、学生课堂参与的类型

学生在课堂中的参与，主要包括行为参与、情绪参与、认知参与和自主参与四类。[①] ①行为参与，指学生根据课堂活动的需要而集中或转移注意力，坚持不懈地努力完成学习任务，以便实现目标。②情绪参与，指学生在课堂活动中，不断激发自己的积极情绪以使学习活动顺利进行，同时不断摆脱消极情绪以避免干扰学习活动的开展。③认知参与，指学生在课堂活动中自觉、主动地使用复杂的学习策略，以取得更好的学习效果。④自主参与，指学生在课堂活动中，运用提出有价值的问题、表达自己的观点和陈述自己的学习需要等方式，主动与教师和同学互动以促进知识的建构与加工等。

二、学生课堂参与的层次

学生的课堂参与层次，可分为表层参与、浅层参与和深度参与。[②] ①表层参与，是学生感官受到刺激的课堂参与形式。表层参与式的课堂，主要是通过创设课堂情境或采用教学道具等途径，调动学生多感官并用。②浅层参与，是学生从感性经验到理性认知的课堂参与形式。浅层参与式的课堂，强调学生要"动手"以丰富自己的直接经验，以便从感性经验过渡到理性认知层次。③深度参与，是基于课程资源充分开发应用的课堂要素协调参与形式，主要体现为教师与学生在课堂上的充分互动。

---

① 王明忠、王梦然、王静：《父母冲突损害青少年学业成绩：努力控制与课堂参与的中介作用》，载《心理发展与教育》，2018，34(4)。

② 本部分参考了彭银梅：《基于多感官刺激的学生课堂参与研究》，载《教育理论与实践》，2017，37(29)。

三、促进学生课堂参与的策略

教师在课堂中引导学生积极参与，可以采用增加学生在课堂中回应的机会、利用直接指令、实施同伴教学以及运用计算机辅助教学等策略。①

增加学生在课堂中回应的机会。一个常用方法是使用写字板（dry-erase board）。例如，在汉字教学课上，教师可以请学生在写字板上写上"勤"字，当教师数到三时，所有学生同时举起写字板。写字板的运用，构建了全体学生反应系统（all-student response system），一方面可以让全班参与回答，另一方面有助于教师快速了解学生的知识掌握情况。如果所有学生都写对了，那么教师可以往下教学；反之，教师则需要重新进行"勤"字的书写教学。另一个常用方法是"交通灯"（traffic light），学生根据自己对知识点的理解程度举牌示意。笑脸绿灯表示"完全明白"，疑惑黄灯表示"不确定"，哭脸红灯表示"不明白"。

教师还可以使用精心设计的直接指令，清晰明确地陈述教学要求，较好地引起学生的专注。教师在班级内实施同伴教学，是将学生配对，让他们为彼此提供指导。同时，教师可以在教室里面自由走动，协助那些需要额外帮助的学生。此外，运用计算机辅助教学，也可以提升学生的积极参与度和专注行为。

第二节　促进学生课堂参与的常规方法

促进学生课堂参与的常规方法，主要有优质提问法和分类管理法等。

一、优质提问法

教师在课堂中恰当地提问，能够调动学生的情绪，激发学生的思维。

---

① Greenwood, C. R., Horton, B. T. & Utley, C. A., "Academic engagement: Current perspectives in research and practice," *School Psychology Review*, 2002, 31 (3), pp. 328-349.

特别是教师精心设计带有适当思维含量的问题，有利于激发学生主动参与问题探究，在探究中解决问题。这是提高学生课堂参与度的有效方法。

(一)优质提问法的提出

在课堂中，难免有学生因为精力不集中而"走神"。有的学生表面上像是在参与课堂活动，其心思却处于"飘忽"状态。教师有效提问，便起到了吸引学生参与课堂的作用。一个好的问题，能激起学生的兴趣和求知欲，使其积极参与到课堂中来。

优质提问可参考"6P框架"①。①准备问题(prepare the question)。教师确定主要内容，考虑教学目标，确定学生的认知加工水平，精心编排问题的措辞和语法，以便于学生理解。②提出问题(present the question)。在正式提问环节中，教师要指明回答问题的结构，并给学生留出思考时间，最后教师选择回答者。③促进思考(prompt student thinking)。教师要明确每个学生都有责任回答问题，要及时理解学生隐藏在回答后的思维方式，当学生回答有困难时，教师可再次留出思考时间并提供适当的帮助。④处理回应(process student responses)。教师要及时回应学生的回答，鼓励学生相互提问和反馈并在互动中加深思考与理解，基于学生的回答开展下一阶段的教学。⑤打磨实践(polish questioning practices)。教师要对自己的提问进行个人反思，与同事共同反思提问质量和提问实践以便改进。⑥师生协同(partner with students)。教师可让学生思考提问的目的，同时要创建"思考光荣"的文化和"所有回应都是学习机会"的价值观，师生还要合作创建课堂学习共同体，共同体里的所有成员都把有价值的反馈、提问和对话作为深度学习的方法。

(二)优质提问法的实施策略

优质提问法的实施，要注意把握提问时机、精心设计问题、提供回应

---

①　本部分参考了：［美］杰姬·阿克里·沃尔什、［美］贝思·丹克特·萨特斯：《优质提问教学法——让每个学生都参与学习(第二版)》，10～11页，盛群力、吴海军、陈金慧等译，北京，中国轻工业出版社，2018。

方式和设置开放问题等策略。

1. 把握提问时机

教师要注意设问的时机,体现出适时性和针对性,否则设问将失去作用。在学生对课堂教学的某个问题表示出好奇时,一个适时的问题可以激发学生探究的兴趣,引导学生逐步解疑,加深学生对知识的理解。在学生学习情绪高涨的时候,一个合适的问题可以起到事半功倍的作用。

2. 精心设计问题

在设计问题时,教师需要全面考虑学生的思维水平、认知程度和学习能力等,尽可能设计一些能够体现大多数学生疑问的问题,即问题要有普适性。教师可以围绕重难点精心设计问题,以激发学生的思考意愿和提高学生的课堂参与度。同时,问题设计也要考虑照顾到不同层次的学生,让学生体验到成功的喜悦,激发学习欲望。

3. 提供回应方式

一些低压力、少威胁的问题回应方式,有利于促进学生参与课堂活动。比如,回答卡片就能让学生以一种较为舒服的方式参与课堂,也让教师能够直接评估出学生的理解能力和参与程度。[1] 教师可以给学生分发回答卡片,让学生在卡片上填写对问题的回答,随即学生在课堂上将填好的回答卡片举起来给教师看,这样能够增加学生回应教师的机会,也增加师生互动交流的机会。

4. 设置开放问题

教师要注意设置一些开放性的问题,学生的答案言之有理即可。这样能鼓励因担心答错而不敢回答问题的学生参与到课堂活动中。教师要认识到学生对于开放性问题的思考和贡献,不要仅用正确与否作为评判标准。

二、分类管理法

教师根据班级学生的特点分类管理学生,有利于为学生提供不同的参

---

① [美]布莱恩·哈里斯:《快速调动学生参与的 99 个方法》,124 页,刘白玉、刘璐丝译,北京,中国青年出版社,2013。

与方式。

(一)分类管理法的提出

分类管理法主要是考虑到班级存在多种类型的学生和目前分层教学法的不足，同时基于自我效能感理论的启示而提出的。

1. 班级存在多种类型的学生

教师如果总是在面向全体学生进行教学时缺乏分类指导，以及不区分难易程度，则很难确保全体学生都能进行实质参与。[①] 注重学生的差异，并针对这些差异进行分类指导，是因材施教的重要体现。[②]在班级中，有的学生具有外向型心理特征，性格开朗而活泼，其课堂的行为参与能力就会高一些；有的学生具有内向型性格特征，腼腆而寡言，其课堂的行为参与及情绪参与能力就比较低。

2. 分层教学法的不足

分层教学法是比较常用的方法，但其主要是基于学生的认知水平差异来进行分层的。有研究表明，根据学生认知水平的差异实施分层管理，会让教师对层次不同的学生有不同的态度，这样的分层教育方式会使认知水平低的学生产生心理不适，认为教师区别对待学生。因此，可将学生分为在课堂上认知参与不足、行为参与不足、情绪参与不足、自主参与不足四种类型，以便分类管理学生。

3. 自我效能感理论的启示

班杜拉(Bandura, A.)认为自我效能感是一个人对自己能否达到某一成就的主观判断。[③] 其中，影响自我效能感的四个主要因素分别是直接经验、替代经验、言语说服和情绪的唤醒。[④] 直接经验，是指个体的亲身经历对自我效能感的影响，成功的经历会提升自我效能感，增强其自信心，而失

---

① 王升：《主体教学有效性探索》，162 页，北京，教育科学出版社，2012。

② 金其先：《差异化教育》，64 页，厦门，厦门大学出版社，2015。

③ Bandura, A., "Self-efficacy: Toward a unifying theory of behavior change," *Psychological Review*, 1977, 84(2), pp. 191-215.

④ 陈琦、刘儒德：《当代教育心理学》，221 页，北京，北京师范大学出版社，2007。

败的经历则会降低自我效能感，降低其自信心。替代经验，是指学习者在观察示范者的行为之后而获得的间接经验。言语说服，是通过说服性的建议、劝说来影响一个人的自我效能感。情绪的唤醒，是指人的情绪和生理状态也能影响自我效能感。因此，教师可以依据自我效能感理论，给不同类别的学生安排合适的学习任务，主要是让其在学习上产生自信心，提升其自我效能感。

（二）分类管理法的实施策略

根据自我效能感理论，教师运用分类管理法可遵循以下几点策略。

1. 根据分类，增强学生的成败体验

教师对学生进行分类，要在充分了解学生特征的基础上进行，包括其在课堂中认知参与、行为参与、情绪参与、自主参与等方面的差异。比如，在课堂中，对于认知参与不够的学生，教师可提供适当的学习策略指导，帮助其体验到学习成功的满足感。简言之，教师要尽量通过分类管理，帮助每位学生都能获得成功体验，增强其自我效能感，进而积极参与到课堂学习中来。

2. 选择榜样，引导学生获得替代经验

在学习过程中，学生的多数知识经验是通过观察他人行为（替代经验）并模仿获得的，这一过程对形成自我效能感有较大影响。观察者模仿的对象是其榜样。个体遇到过去从未接触过的任务时，可以选择和自己能力相当的一个榜样。如果榜样能够成功完成任务，则个体自信心会增强，认为自己也可以做到。相反，看到能力相当的人历经千辛仍旧失败，则其自我效能感会大幅降低，认为自己努力也会无用。因此，教师要引导学生选择适合自己的榜样，使每一个学生都可以获得成功的替代性经验，这样学生的课堂参与度才能大幅提升。

3. 言语劝说，鼓励学生向其他类别发展

言语劝说，可以通过暗示鼓励使他人相信自己有能力完成某项任务。在成败经验和替代经验的基础上，实行言语劝说效果会更好。教师要对学生给予鼓励和表扬。教师对学生进行分类，不是为了给不同的学生贴标签，而是为了有针对性地教育学生，使每一类别的学生都获得发展。教师尤其要多给予学生鼓励性评价，激发学生的自信心、上进心。而且，教师要关注学生课堂参与的发展变化情况，及时、准确地对已有的学生分类予以调整。

4.情绪唤醒，调动学生的积极情绪

在面对某个任务时，如果个体的情绪、身心反应异常激动、焦躁，则会降低其自我效能感；反之，内心平静、保持平常心会有助于其自我效能感的提升，容易获得成功。分类管理时，最好不让学生知道自己被教师分类，学生就不会因为教师的分类影响情绪。因此，可采取"隐蔽分类"的方式，教师做到心中有数即可。这样才能在保护学生心理感受的基础上，为不同类别的学生分配适宜的学习任务，以有效增强学生的自我效能感，课堂参与度也随之提高。

案例：创设情境法

第三节　促进学生课堂参与的新兴方法

促进学生课堂参与的新兴方法，主要有拼板合作法和多彩发言卡法等。

一、拼板合作法

为了提升合作学习的效率，特别是促进所有学生都参与到学习活动中，拼板合作法应运而生。

(一)拼板合作法的提出

学生在合作学习中，经常出现一些问题。比如，有的小组成员"搭便车"，较少参与学习活动甚至不参与学习活动。一些学生认为，既然小组成

绩人人有份，那我参不参与都是一样的，还不如"坐享其成"。小组合作成为一些学生躲避学习任务的"避风港"，这样就失去了合作学习的意义。

拼板合作法是将学习任务分解为几部分布置给学生，首先由承担相同任务的学生展开学习研讨。其次承担不同学习任务的学生组成拼板学习小组，将自己所学的内容讲解给组内成员，帮助成员掌握相应内容。该方法特别重视任务互赖设计和角色互赖设计。

（二）拼板合作法的实施

视频：拼板合作法的实施步骤

拼板合作法的实施，主要包括创设问题情境、索引卡片归类、组内合作交流、得出最终结论和迁移学习内容等步骤。

1. 创设问题情境

问题情境的创设，要能激发学生的学习兴趣，能迅速打开学生的学习思路，使他们明确探究的方向，为接下来的合作探究活动做准备。问题的提出，也要能与学生先前学习过的知识结合起来，以此吸引学生主动参与到课堂学习中来。例如，在学"三角形的面积"时，让学生事先准备好长方形、正方形、平行四边形各一个，锐角三角形、直角三角形、钝角三角形各两个，以及剪刀、直尺等学具。然后教师提出问题：利用手中的学具可以将三角形转化为学过的什么图形？每个三角形与转化的图形有什么关系？你能据此推导出三角形的面积公式吗？你是如何理解你所推导出的公式的？以此引导学生一起来进行探究。

2. 索引卡片归类

教师根据学习内容将问题分成几类。比如，当有三类问题需要探究时，教师给学生发放分别指向于三类问题的索引卡片，上面有不同的编号1、2、3。在学生拿到卡片后，教师可以让学生在教室内走动，找到所持卡片同属一类（有相同编号）的其他人，与负责同样学习任务的学生组成专家小组，讨论共同的学习材料，一起探究并填写个人学习任务单（参见表8-1）。

表 8-1　个人学习任务单

序号	组员	原三角形			转化后的图形		推出原三角形的面积（cm²）
		类型	底边（cm）	高（cm）	转化后是什么图形	面积（cm²）	
1		锐角三角形					
验证猜想		类型	底边（cm）	高（cm）	用上面所猜想的公式计算所求三角形的面积（cm²）		
		锐角三角形					

3. 组内合作交流

在完成个人任务单以后，学生进入组内合作交流环节。在这一环节中，由拥有不同编号的学生组成"拼板学习小组"。比如，在上述案例中，有三类问题，就组合成多个三人小组，即在每一个拼板学习小组里都有一位同学学过问题一，另一位同学学过问题二，还有一位同学学过问题三。要求拼板学习小组的成员互相教授他们自己学过的东西。教师要为拼板学习小组提供一份协作学习任务单（参见表 8-2），让学生填写探究内容。

表 8-2　协作学习任务单

序号	组员	原三角形			转化后的图形		推出原三角形的面积（cm²）
		类型	底边（cm）	高（cm）	转化后是什么图形	面积（cm²）	
1		锐角三角形					
2		直角三角形					
3		钝角三角形					
归纳与猜想		三角形的面积计算公式是：					
验证猜想		类型	底边（cm）	高（cm）	用上面所猜想的公式计算所求三角形的面积（cm²）		
		锐角三角形					
		直角三角形					
		钝角三角形					
结论		三角形的面积公式是：					

在合作学习中，每个小组成员都承担了一定的任务，保证全员参与。为了确保学生小组合作的有效性，教师需要总结一些合作学习策略，并对学生予以指导，让学生能够掌握和应用这些策略(参见表 8-3)。

表 8-3　小组合作学习策略①

组内合作学习常规	靠	小组成员必须将小脑袋靠拢在一起，这样才能确保每个组员的发言能被其他成员听到。
	摆	每一位发言者必须将其要展示的个人学习成果摆在小组的中间，并用手指着来解释自己的观点。发言完毕后将其收回，再轮到下一位发言者展示他的学习成果。
	析	每一位发言者需解释自己所展示的答案背后的理由，也就是分析自己是怎样思考的。
	轮	小组内进行编号，按编号顺序轮流发言，以确保每一位学生的平等参与。
	赏	如果认为小组成员的回答清晰、合理，就用掌声来给予欣赏和鼓励。
	辨	如果认为小组成员的回答不够合理，则提出自己的观点，在辨析中统一认识，帮助知识掌握薄弱的学生。
	记	在合作任务支架的引导下每一位同学的发言将被整理、记录下来，并继续发现其内在的数学规律。
组间合作学习常规	全组亮相	不仅小组代表在全班发言，小组所有成员都要在全班同学前亮相，每人承担一定的汇报任务。这样，所有成员都对小组有一份责任感和自豪感，有利于全员参与。
	展示小组组织课堂	将组织课堂的主动权交给出来汇报的小组，如出来汇报的小组需养成一出来展示就表扬同学的习惯，如表扬坐姿最端正的同学，以此使整个课堂安静下来，便于台下学生聆听和相互交流。
	侧身汇报	四人小组将合作学习支架用投影展示出来，两两相对站在屏幕的两边，轮流指着屏幕侧身汇报。这样的汇报要求，更能集中台上和台下学生的注意力，而且不会遮挡投影的图像，使展示更加清楚。
	邀请质疑	在小组汇报的过程中，小组之间会产生不同意见，汇报组有邀请台下同学质疑和解答的权利。
	总结结论	每一个小组必须对合作学习任务进行总结，汇报他们从多个数据中发现的结果。

---

① 本表内容整理自孙颖：《基于协作建模的小学生数学学习常规培养策略的探索》，载《教育导刊》，2011 (8)。

视频：小组合作学习策略

4. 得出最终结论

学生探究的目的是得出明确的结论。通过自主探究和协作交流后，教师还需设计总结环节，让小组选择代表进行汇报展示。在此环节中，教师引导学生将探究的结果加以概括总结。同时，教师要注意解决遗留问题，确保学生都掌握了学习内容。

5. 迁移学习内容

为了巩固学生的学习成效，教师要及时帮助学生将学习到的知识加以迁移运用。比如，教师让学生用所学知识解决实际问题，让学生体会到解决问题的喜悦，激发学生的自我效能感，进而增加学生参与课堂的积极性。

二、多彩发言卡法

有时候，学生之所以不参与课堂发言，是由于其思维没有打开，不知如何思考，自然无话可说。多彩发言卡以不同颜色的卡片代表不同的思考角色，培养学生的思维能力来提高其发言积极性，调动学生课堂参与的热情。

(一)多彩发言卡法的提出

多彩发言卡法的提出，借鉴了六项思考帽理论。六种不同颜色的帽子，分别代表着相应的思考方向及思维焦点(参见表 8-4)。需要注意的是，这些帽子并不体现思考者的类别，每个思考者都能使用各顶帽子。

表 8-4　六顶思考帽及其对应的思维训练①

白色思考帽	白色显得中立而客观。白色思考帽代表客观的事实与数字。例如，"我们有什么信息？""我们需要得到什么信息？"

① ［英］爱德华·德·波诺：《六项思考帽》，10～11 页，德·波诺思维训练中心编译，北京，新华出版社，2002。

续表

红色思考帽	红色暗示着情感。红色思考帽代表情绪上的感觉、直觉和预感。例如，"现在你感觉这个怎么样?"但你不必刻意去证明你的感觉。
黄色思考帽	黄色是耀眼的、正面的。黄色思考帽代表乐观，包含着希望与正面思想。例如，"为什么这个值得做? 利益是什么?""为什么可以做这件事? 它为什么会起作用?"
黑色思考帽	黑色暗示阴沉、负面的。黑色思考帽也就是考虑事物的负面因素，它是对事物负面因素的注意、判断和评估。例如，"这是真的吗?""它会起作用吗?""缺点是什么?""它有什么问题，为什么不能做?"
绿色思考帽	绿色象征生意盎然、肥沃丰美。绿色思考帽代表创意与创造性的想法。例如，"有什么不同的想法?""新的想法、建议和假设是什么?""可能的解决办法和行动的过程是什么?""可能的选择是什么?"
蓝色思考帽	蓝色是冷静的，也是天空的颜色。例如，"我们走了多远?""下一步采取什么?"蓝色思考帽代表思维过程的控制与组织。它可以控制其他思考帽的使用。

(二)多彩发言卡法的实施

多彩发言卡法的实施，主要包括准备、运行和评选三个阶段，所有阶段都需要教师和学生精心做好相应工作。

1. 准备阶段

准备阶段主要完成前期宣传和用具制作两项内容。在前期宣传过程中，学生及多位科任教师了解多彩发言卡的含义，理解其如何使用。比如，持白色卡的同学为资料员，主要负责收集并整理资料;持红色卡的同学为体验员，主要负责说出自己的感受;持黄色卡的同学为鼓励员，主要负责说出各成员在思考问题时的优点，鼓励同学参与合作学习;持黑色卡的同学为监察员，主要负责挑出缺点并监督改进;持绿色卡的同学为建议员，主要负责提出自己的建议和看法;持蓝色卡的同学为总结员，主要负责总结大家的看法并得出结论(参见图 8-1)。

用具制作涉及三类:第一，多彩发言卡，即在课堂上需要用到的白色、红色、黑色、黄色、绿色、蓝色卡片;第二，金色目标卡，当学生发言的卡片积累到十张时即可兑换一张金色目标卡;第三，龙虎榜，用于张贴学生兑换的金色目标卡。

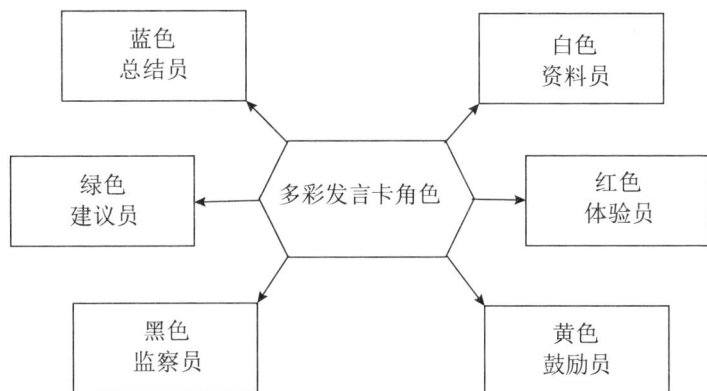

图 8-1　多彩发言卡角色

2. 运行阶段

在运行阶段，多彩发言卡可在小组内使用，也可在全班使用，拿到不同颜色卡片的小组成员按卡片上的指引完成任务。

虽然多彩发言卡已经为学生指派了任务角色并指引了思考方向，但是，为了促进学生积极踊跃发言，教师仍要注意创设自由和谐的课堂氛围，以便学生自由地思考，缓解紧张情绪，进而敢于发言、乐于发言。而且，教师也要注意让学生适时轮流体验各种角色，以便锻炼学生多方面的思考能力及表达能力。

3. 评选阶段

教师根据龙虎榜上金色目标卡的张贴情况，评选出"最佳发言员"和"积极发言员"等。最初使用多彩发言卡时，学生可能是被动的，还需要教师点名发言。而当学生熟悉之后，教师运用一些激励手段，使学生逐渐由被动参与转化为主动参与。

第九章 建立课堂行为标准

本章思维导图

"离娄之明，公输子之巧，不以规矩，不能成方圆。"[①]掌握建立课堂行为标准的原理，优化相应的常规方法并创生新方法，对保障良好的课堂秩序尤为重要。

第一节 建立课堂行为标准的原理

尽管优秀的课堂管理者所采用的规则和程序因人而异，但没有哪个管理有效的课堂能离开规则和程序。[②] 教与学的开展，需要有秩序的课堂环境，而有秩序的课堂又依赖于制定良好且有效果的课堂行为标准。

---

① 杨伯峻：《孟子译注》，148 页，北京，中华书局，2010。

② Emmer，E. T.，Evertson，C. M.，Sanford，J. P.，et al.，*Organizing and Managing the Junior High Classroom*，Washington：National inst of education，1982，p. 24.

一、建立课堂行为标准的概念

行为标准，可称为行为规范或行为规则。广义上的行为标准，是指群体及个体在社会环境中所须遵守的规则，即调节社会活动的手段。狭义的行为标准，指确定个人与社会相互关系的原则和规则，分别在法律、风俗习惯及社会要求中体现。[①] 行为标准，受到社会认可且为人们所普遍接受，依据社会成员的需求和价值判断逐渐形成，用于维护社会秩序，对社会成员具有引导、规范和约束的作用。

课堂行为标准，又可称课堂规则或课堂规范，是师生都需要遵守的基本行为准则，可以约束、规范并指导师生的课堂行为。课堂行为标准一般包含课堂规约及活动程序两方面。课堂规约，指的是一系列相关的一般性行为规定，如"上课前准备好学习材料和活动用具""准时上下课""在教师或其他同学说话或发言时保持安静并认真倾听"等。活动程序，是为了保证课堂上各项活动顺利进行而做出的规定，如集体活动程序规定有倾听、参与、交流、协助等，小组活动程序规定有寻找、主动、探究、观察、合作等。[②] 建立课堂行为标准，即制定和落实课堂规约及活动程序。

二、建立课堂行为标准的策略

研究发现，以下五方面在很大程度上影响着课堂行为标准建立的成效，需要教师注意运用相应策略予以落实。[③]

（一）初建课堂行为标准

在初建课堂行为标准时，教师应考虑到用"不希望"的语气的后果，即

---

① 宋希仁、陈劳志、赵仁光：《伦理学大辞典》，620～621 页，长春，吉林人民出版社，1989。

② 陈时见：《课堂管理论》，178～179 页，桂林，广西师范大学出版社，2002。

③ Simonsen, B., Fairbanks, S., Briesch, A., et al., "Evidence-based practices in classroom management: Considerations for research to practice,"*Education and Treatment of Children*, 2008, 31(3), pp. 351-380.

易造成学生的逆反心理。也就是说,教师最好明确告诉学生希望他们能够怎么做,而不是告诉学生不希望他们怎么做。而且,建立的行为标准不宜过多;在建立过程中需要参考校规等,做到课堂行为标准与校规等其他已有规范"互通有无";制定好的行为标准以海报等方式展示,以便学生能够清晰、及时地看到。

(二)在日常教学中运用

课堂行为标准要在日常教学环境中得到落实。教师要告诉学生什么是课堂行为标准,若遇到使用专业术语表达的行为标准,可用举例子等通俗的方式给学生讲解,并为学生展示在日常生活中遵循行为标准和没有遵循相应标准的例子,加深学生对准则的理解。除了直接讲授之外,教师还可以利用游戏或角色扮演等方式,吸引学生理解相应标准。而且,教师要注意在自然环境中给学生提供练习遵守行为标准的机会。

(三)提醒学生遵守规范

在实施课堂行为标准的过程中,难免会发生学生难以遵守的现象,此时需要教师及时发现并提醒。提醒的方式主要有:提供海报、插图等视觉提示,使用口头提醒、行为预演,示范社会中正确的行为标准及未规范的行为标准等。

(四)在自然环境中监控

确立课堂行为标准后,教师也不能放任不管,要对学生的课堂行为予以监督并及时纠正不合规范的行为。首先,教师要主动监督,监督的方式有巡逻、环顾四周、与学生互动等;其次,教师要对遵守行为标准的学生给予具体的表扬;最后,教师要及早发现学生不合规范的行为并加以纠正,必要时可适当批评不遵守行为标准的学生。

(五)做好实施后的评价

除了要监督学生、提醒学生遵守课堂行为标准之外,教师还要做好实施后的评价。评价工作包括:检查行为标准是否得到了落实,记录没有得到落实的行为标准;在学生犯错误后,要搞清楚原因并记录下犯错的地方;

要汇总行为标准落实的情况，依据汇总情况对学生遵循课堂行为标准的整体状况进行评价。

三、建立课堂行为标准的价值

建立良好的课堂行为标准，有利于维持课堂秩序，促进学生自我管理及优化课堂学习氛围。

案例：建立课堂行为标准的价值

(一)维持课堂秩序

课堂行为标准是维持有序课堂环境的"定心丸"。教师对课堂成员的行为进行约束和规范，及时并适当地将一般性要求确定下来，进而形成课堂行为标准。在执行过程中进行监督，可以有效减少课堂上问题行为的产生，建立起良好的课堂秩序。反之，若教师不重视课堂行为标准的建立，在发生问题后才提出要求和指令来改善课堂秩序，不仅效率低下，还容易导致更多问题。

(二)促进学生自我管理

小学生正处在成长的阶段，心智发育尚不够成熟，需要一些具体的指引来帮助他们培养自我控制和调节的能力。一系列明确且要求具体的课堂行为标准，可以成为课堂中师生互动的依据。学生一旦接受这些课堂行为标准，就会逐渐内化并发展为自身的自觉行为。这不仅能唤醒学生自主管理的愿望，还能激发他们进入自我管理的状态，形成良好的自律习惯。学生规范自身行为的动机由外在因素转变成内在因素，学生的心理活动会发生改变，由"不交作业会受批评、处罚，所以我得交作业"转变为"我要按时交作业，要做一个合格的学生，按时交作业是作为学生的基本要求，也是对教师教学的尊重，我自己也想通过做作业来巩固课堂所学，查漏补缺"。总而言之，不要让学生被动地接受规定，而要让学生理解为何需要这样做，这样做会对他们自己有何好处。假设每位学生都能理解课堂行为标准制定背后的原因，发自内心地认同这些规定，那么学生做到对自己负责任就不再是一件难事了。

(三)优化课堂学习氛围

恰当且统一的课堂行为标准，能使学生间相互合作、和谐相处，建立起良好的同学情谊，从而形成和谐、活跃的课堂气氛。这样的氛围，会增强学生的学习动机与进取心。处于秩序良好的课堂环境中，学生的学习效率会随之提高，教师的教学也会更顺利。而且，课堂行为标准对课堂活动起着导向和激励的作用。教师要有意识地强化学生的良好行为，有效地纠正学生的不良行为，并帮助学生做到知行合一，以便优化课堂学习氛围。

第二节　建立课堂行为标准的常规方法

建立课堂行为标准，主要涉及制定标准和落实标准等。对于这些方面，参照制定法和检查落实法较为常用。

一、参照制定法

参照制定法是指师生根据学生守则、校规并参考行之有效的已有课堂行为标准，制定出符合班情的相应标准。

(一)参照制定法的实施步骤

参照制定法的实施，主要包括课堂行为初步归类、收集优秀行为标准和确定课堂行为标准等步骤。

1. 课堂行为初步归类

教师给每位学生一张 A4 纸，让学生写下在课堂中出现的良好行为和不良行为两项内容，由组长收齐纸条并统计大家的看法。需要注意的是，要将重复的内容合并。教师收齐组长递交的纸条后，在全班分享。其中，要将学生认为不好的行为逐条指出，请大家共同思考如何通过建立课堂行为标准来解决相应的问题。

2. 收集优秀行为标准

教师给学生布置任务：去了解其他班级的课堂行为标准并分析哪些标准适用于自己的班级。同时，教师指导学生上网查资料，在更大的范围内收集课堂行为标准的优秀范本。在适当时候，教师组织同学们畅所欲言，分享所收集到的课堂行为标准和自己的相应看法。

3. 确定课堂行为标准

在初步分类课堂行为和收集优秀行为标准的基础上，师生共同分析评价哪些标准比较适合本班级，进而确定自己班级的课堂行为标准。

(二)参照制定法的实施策略

教师应当在学期伊始时，及早制定课堂行为标准，在具体制定时可使用抓住关键、明确可行、师生协商和简洁适宜等策略。

1. 抓住关键

课堂行为标准不能解决所有的课堂管理问题。在制定课堂行为标准的过程中，教师要考虑到学生课堂行为的共性问题有哪些，抓住这些关键问题来形成相应的标准。

2. 明确可行

在一些课堂行为标准中会出现"请注意自己的言行"等说法，这样的标准较难规范和指导学生的行为。因此，要使课堂行为标准发挥更大的作用，相应的表述需要明确、合理且可行。

3. 师生协商

制定课堂行为标准，不可由教师一人决定，而需经由全体师生共同讨论得出。比如，请学生将他们认为重要的标准列出，通过班内讨论，共同制定出课堂行为标准。这样，学生才会积极参与并乐于遵守规则。当学生参与规范的制定并尝试着去遵守这些规范时，就会对集体产生强烈的归属感，他们会知道如何规范自身的行为。在课堂上，学生可以感受到自己是班级的主人，他们体验并享受着集体生活。而这正是解决学生在课堂中丧失集体归属感的灵丹妙药。① 需要注意的是，相应行为标准也需要得到学生家长的认可，这样在实施时能减少一定阻力，并得到家长的适当助力。

4. 简洁适宜

课堂行为标准应简明、适宜，一般以5~10条为宜，若不够全面，也应等学生逐步学习、了解和适应后，再行增加。一次性制定太多条例，学生很难快速地理解把握，教师也不易控制其实施程度，从而使得课堂行为标准的权威性下降。在内容表达上，课堂行为标准应多使用积极的语言，以正面引导为核心，如多使用"应该怎么做"的句式，少采用"不得""禁止"……这样的规范样式。采用积极的语句，透露出教师对学生的期望和尊重，更容易被学生接受。

二、检查落实法

在形成课堂行为标准之后，需要检查标准的执行和落实情况。若不检查落实，行为标准将如同虚设。

案例：不执行课堂行为标准的学生

(一)检查落实法的实施步骤

课堂行为标准的检查落实，可先由学生自我反思和小组检查，再由班干部检查，最后教师加强检查，并及时做好总结工作。

1. 学生检查

教师要鼓励学生自我反思课堂行为标准的执行情况。同时，小组内的成员互相检查、互相评价，便于学生及时发现问题，互相监督，共同进步。

---

① ［美］琼斯（Jones，V. F.）、［美］琼斯（Jones，L. S.）：《全面课堂管理——创建一个共同的班集体》，217页，方彤、罗曼丁、刘红等译，北京，中国轻工业出版社，2002。

如果启用小组间的竞争机制，课堂行为标准落实得好的小组，可以得到教师的奖励。

2. 班干检查

在课堂行为标准制定后，班干部"依规检查"，不仅可以减轻教师的负担，还能提高他们的管理能力。需要注意的是，在班干部们协助管理课堂时，教师要给予他们一些工作技巧上的指导。

3. 教师检查

在日常教育教学中，教师要对学生的行为及时做出评价。评价的目的是让学生了解自己的行为与行为标准之间的差距，以便更好地改进自己的行为。教师在评价过程中可采取不同的手段，根据不同的情境采用不同的方法，引导学生由被动变为主动。

4. 及时总结

教师每周都必须抽出固定的时间对学生的行为表现进行总结，分析成功的经验、存在的不足及需要改进的地方。教师可以请表现好的学生介绍自己的经验，也可以引导学生围绕某条课堂行为标准进行研讨，反思在执行过程中应当注意的事项，并鼓励小组成员间相互提醒彼此存在的问题。

(二)检查落实法的实施策略

检查落实课堂行为标准时，需要注意实施杜绝"相互包庇"、指导班干部的工作和灵活运用"角色互换"等策略。

1. 杜绝"相互包庇"

学生在相互检查课堂行为标准的落实情况时，可能会出现"相互包庇"的情况，所以，教师应专门给学生打"心理预防针"，讲清其中的利弊，让学生从内心深处认同课堂行为标准的重要意义。

2. 指导班干部的工作

班干部在协助教师管理学生的时候，如果分寸把握不当，容易导致学生对班干部产生排斥感，严重时会造成学生不再接受班干部的管理。教师要指导班干部与同学建立良好的关系，指导班里的学生理解和尊重班干部的工作。

3. 灵活运用"角色互换"

教师在检查课堂行为标准的落实情况时，可能会发现学生"知错不改"的现象。教师若使用强硬的方式，逼迫学生进行改正，容易导致学生的逆反心理。这时，教师可考虑采用"角色互换"等方式，让学生换位思考、体会不落实课堂行为标准给同学和教师带来的困扰，帮助学生通过"移情"明白自己行为的不足并在后续的学习中加以改正。

第三节　建立课堂行为标准的新兴方法

教师与学生需要共同开发一些新的方法，以保证课堂行为标准的有效实施。以下主要介绍学科促成法和成长银行法。

一、学科促成法

学科促成法，就是在具体学科教学时，各任课教师有意识地强化学生对课堂行为标准的理解和认同，以此进一步促成课堂行为标准的落实。

(一)学科促成法的实施类型

不同学科的特点不一样，在运用学科促成法时，教师需要充分结合各学科的特点促成课堂行为标准的落实。

1. 语文课的实施

语文课上促成课堂行为标准落实的时机很多。比如，一位教师在教"学"字的过程中，促进学生积极发言。

师：同学们，大家都有自己的好朋友，那"学"字的好朋友有谁呀？

生(起来回答)：学习、学步、学生、好学……

师：有位同学说到"好学"这个词组，"好学"这个词我们可以理解为爱好学习。那么，我们班上的同学都是好学的学生，是不是呢？

生：是！

师：好学的学生有一个很明显的特征，就是在课堂中踊跃发言，让老师看看，在下一个字的学习过程中，哪位同学愿意来当"好榜样"呢？

在接下来的课堂学习中，举手的同学明显增加了。

2. 数学课的实施

教师带着学生学习时针和分针各自代表的意义及如何看钟表，在此过程中，教师帮助学生明白上课不能迟到，要"守时"。

师：同学们，我们早上第一节课是几点上课呀，时针和分钟在钟表上如何表示呀？

生：8点，时针指在数字8上，分针指在数字12上。

师：真棒！那你们能不能告诉我，在早上第一节课时我们应该在时针和分针指在哪里的时候到教室呢？

生：分针指在数字12之前，时针指在数字8之前。

师：好！同学们，如果分针和时针分别超过了8和12意味着什么呢？

生：那就不是8点了！我们就迟到了！

在此过程中，数学教师实现了课堂行为标准规范与学科教学的融合。学生在学习前后和时间概念的同时，能够进一步加强对课堂行为标准的理解。

3. 音乐课的实施

在学习了简单的乐理知识后，学生开始自己改编一些简单的儿歌。教师可带领学生，将课堂行为标准改编成简单押韵的歌曲并配上旋律。这样的形式既朗朗上口，又很有音乐韵律美，有利于学生将课堂行为标准潜移默化地内化于心并外化于行，课堂行为标准不再仅仅是墙壁上的条例。比如，课前预备铃响后，学生一边唱预备铃儿歌一边为上课做准备。

预备铃儿歌

上课铃声刚刚响，我们快步进课堂。

身体坐正脚放好，静等老师来上课。

课上纪律儿歌

上课时，坐端正，两手放平看老师，

要发言先举手，老师允许再开口。

课后安全儿歌

下课后，收文具，先把课表对照好，

上下楼要靠右行，打水方便要及早，

文明待人要牢记，你我都会做更好。

(二)学科促成法的实施策略

学科促成法的实施，需要注意口令设置得当、愉快环境渗透和利用心理暗示等策略。

1. 口令设置得当

在设置口令或教儿歌时，教师要注意节拍和韵律，速度适中，要求学生的回应迅速、整齐。各种口令或儿歌在课堂中交替着、穿插着，帮助教师组织课堂。多加应用之后，口令或儿歌的掌握就会越来越熟练。重要的是，全体师生需进入状态，大家都依据口令或儿歌的要求执行，其效用才能发挥到最大。

2. 愉快环境渗透

沉闷且无趣的环境不利于学生的学习。对于刚入小学的学生而言，如果他们立刻进入充满各种"冷冰冰条条框框"的课堂，就会让他们难以适应甚至会产生厌恶、逃避的情绪。教师不妨从学生喜欢的语言游戏入手，把许多课堂规则传递给学生。

3. 利用心理暗示

对于课堂行为标准的落实，教师最终的期望是这些外在的行为标准可以内化为学生的自发行为。因此，教师需要格外注意规则的传达方式是否易于学生接受，要体现尊重学生的原则。例如，在上课铃声响过后，部分学生仍在讲话，未进入上课状态，教师可以通过表扬其他表现好的学生的方式，暗示那些表现不够好的学生。诚然，学生的不良表现难免反复，在这些反复中，需要教师不断予以善意的提醒与帮助，通过心理暗示巩固学生的规则意识。

二、成长银行法

成长银行，是基于对学生符合课堂标准行为与不符合课堂标准行为的记录，通过成长储蓄币的存入与支出、储蓄评比等多种手段，激发学生自主管理意识并自觉约束和修正自身行为。

（一）成长银行法的实施步骤

视频：成长银行法的实施步骤

成长银行法的实施，主要包括了解班级情况、准备活动工具、制定实施细则和定期总结反思等步骤。

1. 了解班级情况

在准备阶段，教师要了解班级里的管理情况、学生情况，积极与各位老师沟通、表明态度以得到支持。同时，以适当的方式告知家长，取得家长的认同与配合。

2. 准备活动工具

制作成长银行时需要用到的关键工具是存折。存折有两种，一是周存折表（参见表 9-1），二是月存折表（参见表 9-2）。同时，教师要制定好加分和扣分的标准。记录人是教师，评分标准印在两份存折的后面作为记录依据。成长银行月存折是对 4 周的总结，可以让学生看到自己的表现。

表 9-1　成长银行周存折

时间		___年___月___日—___年___月___日							
		周一	周二	周三	周四	周五	周六	周日	小结
第一周	存入（＋）/支取（－）								
	事由（原因）								
	证明人								
第二周	存入（＋）/支取（－）								
	事由（原因）								
	证明人								
记录人：									

注：第一次拿到存折的时候，每位同学都有 50 元成长储蓄币。存折背面印有成长银行的使用说明。

表 9-2　"成长银行"月存折

储蓄币(元)		＿＿月	＿＿月	＿＿月	＿＿月	＿＿月
第×周	额外奖励					
	周累计					
第×周	额外奖励					
	周累计					
月小结						
记录人						

注：存折背面印有成长银行的使用说明。

成长银行的评分标准，由教师和学生依据已有的课堂行为标准共同制定。关键是要将课堂行为标准再细分，并确定如何根据不同的时间和行为表现进行不同等级的加分或减分。

3. 制定实施细则

最好是各科任教师都使用一份统一的成长银行存折，为了统筹使用，需要根据实际情况，制定一系列实施细则。

4. 定期总结反思

每天放学时，学生以成长存折为依据，对自己的表现进行反思。每个学生在拿到自己的存折时，都可以清晰看到里面的余额，并体会到只有表现好了，余额才会越来越多，从而会更加注意自己的表现。一个月结束时，教师根据成长银行月存折上的数额，给基本数额大于 50 元的学生准备小礼物，同时，组织学生进行自我反思和小组点评，促进学生反思水平的提升。每学期结束时，教师可用折线图的形式，对银行账目进行公布并颁发优秀长期用户奖。

(二)成长银行法的实施策略

视频：成长银行法的实施策略

成长银行法的实施，需要注意使用保证奖惩公平、建立交换体系和考虑退出时机等策略。

1. 保证奖惩公平

在奖励和惩罚面前，公平是首要的。特别是在各科任教师都使用一份成长银行存折时，多位教师之间加减分的标准一定要统一。

2. 建立交换体系

后期的强化物能有效激发学生管理自己行为的意愿。随着学生的身心发展，强化物也要随之变化，教师可询问学生的想法，依据学生的特点，建立起有本班特点的交换体系。

3. 考虑退出时机

成长银行法并不是要一直实施下去的。随着成长银行的实施，学生的行为管理由被动逐渐转为主动，良好行为得到保持。为了让学生真正能够自觉自愿地养成良好的课堂行为习惯，教师要适时考虑如何弱化成长储蓄币和强化物的作用，甚至考虑让成长银行慢慢退出课堂管理。

第十章　回应学生恰当行为

本章思维导图

循证研究表明，回应学生恰当行为是影响课堂管理成效的关键要素之一。[①] 教师在了解其概念、策略和价值的基础上，创新常规方法并创生新兴方法，有利于其在课堂上更好地回应学生的恰当行为。

第一节　回应学生恰当行为的原理

教师往往对学生课堂中的不当行为有较多关注，而对学生恰当行为的回应有所不足。回应学生恰当行为的价值，是不能被忽视的，有待教师进一步加以重视。

---

① Simonsen，B. ，Fairbanks，S. ，Briesch，A. ，et al. ，"Evidence-based practices in classroom management：Considerations for research to practice"，*Education and Treatment of Children* ，2008，31(3)，pp. 351-380.

一、回应学生恰当行为的概念

恰当意为合适、妥当。① 课堂上学生出现的恰当行为，是与课堂管理要求相符合的良好行为，指学生在课堂上表现出来的，符合课堂纪律和规范，有利于教学活动顺利开展的行为。例如，认真倾听，不随意打断教师上课或同学发言；独立思考，成为真正的课堂参与者；做好笔记，记录重点、难点；小组交流，掌握合作学习技巧与方法等行为。②

回应意为回答、应答、响应。③ 循证课堂管理理论认为，"回应学生恰当行为"即教师使用持续的策略，对学生的恰当行为予以认可和鼓励。其中，持续的策略指一系列基于证据并聚焦于识别和察觉恰当课堂行为的方法与手段。④ 从实质上说，回应学生恰当行为至少包括"判断"和"引导"，前者指教师要对学生在课堂上的多种行为进行必要的价值判断，后者指教师要采用适当的互动方式予以引导和支持，使学生的良好行为得以延续。

二、回应学生恰当行为的策略

"'基于证据的行动'是人类长期以来追寻的一种实践方法。"⑤循证课堂管理理论认为，以下四种回应学生恰当行为的策略具有坚实的证据基础，可用于不同学科教学的实践之中。⑥

---

① 中国社会科学院语言研究所词典编辑室：《现代汉语词典》第 7 版，582 页，北京，商务印书馆，2016。

② 吕立杰：《课堂教学管理》，长春，东北师范大学出版社，2011。

③ 中国社会科学院语言研究所词典编辑室：《现代汉语词典》第 7 版，582 页，北京，商务印书馆，2016。

④ Simonsen, B., Fairbanks, S., Briesch, A. et al., "Evidence-based practices in classroom management: Considerations for research to practice," *Education and Treatment of Children*, 2008, 31(3), pp. 351-380.

⑤ 张云昊：《循证政策的发展历程、内在逻辑及其建构路径》，载《中国行政管理》，2017(11)。

⑥ Simonsen, B., Fairbanks, S., Briesch, A. et al., "Evidence-based practices in classroom management: Considerations for research to practice," *Education and Treatment of Children*, 2008, 31(3), pp. 351-380.

(一)具体表扬

具体表扬,指教师针对学生在课堂上表现出的恰当行为给出具体的积极鼓励。采取该策略应注意两个要点:第一,让学生明确知道,他们因哪一行为符合课堂行为规范而得到表扬;第二,教师是否予以表扬,必须取决于学生是否做出恰当行为。研究表明,具体的表扬对学生的学习与社会行为发展均有积极影响。比如,学生回答问题与完成作业的准确度,随着教师表扬频率的提高而提高[①];具体的表扬能增加学生恰当行为的出现频率,在维护其自尊心、形成积极的自我参照等方面也起着重要的作用[②];具体的表扬有利于指导和加强学生之间的跨性别合作[③],培养其团队协作的技能与技巧,进而提高课堂教学的效果与效率。

(二)团队强化

团队强化,指教师引导学习小组确立共同目标,鼓励他们以教师所期望的行为来实现目标。团队强化发挥了同伴压力的积极作用。在课堂管理中运用团队强化,能够增加学生恰当行为出现的频率,帮助他们获得同伴认可,满足其社会交往的需要[④],有助于增加学生之间积极的言语交互,减少消极的交流,提高课堂交往的质量,尤其是当该策略与社交技巧训练

---

① Craft, M. A., Alber, S. R. & Heward, W. L., "Teaching elementary students with developmental disabilities to recruit teacher attention in a general education classroom: Effects on teacher praise and academic productivity," *Journal of Applied Behavior Analysis*, 1998, 31(3), pp. 399-415.

② Phillips, R. H., "Increasing positive self-referent statements to improve self-esteem in low-income elementary school children," *Journal of School Psychology*, 1984, 22(2), pp. 155-163.

③ Serbin, L. A., Tonick, L. J. & Stemglanz, S. H., "Shaping cooperative cross-sex play," *Child Development*, 1977, 48(3), pp. 924-929.

④ Nevin, A., Johnson, D. W. & Johnson, R., "Effects of group and individual contingencies on academic performance and social relations of special needs students," *Journal of Social Psychology*, 1982, 116(1), pp. 41-59.

配合使用时，对维持学生恰当行为更为有效。[1]

(三)代币经济

代币经济，又可称为代币奖励或代币制。代币有筹码、记分等多种形式，是一种替代品，学生可在表现出恰当行为之后用其交换奖品或奖励。[2]采用代币制，能有效减少上课后学生正式进入学习状态的过渡时间。[3] 比如，在课堂刚开始时，教师通过向已经做好学习准备的学生发放代币，不仅表达了教师对其的肯定，也是对其他未进入状态学生的提醒，提示他们此时已是上课时间，请将注意力尽快集中到课堂上来，进而减少过渡时间。代币制也有助于集中学生课堂学习的注意力，提高专注度。实践证明，代币与课堂行为规范、教师巡堂等具体方法相互搭配与协调使用，能为教师提供一个有效、经济、可持续发展的回应学生恰当行为的方法体系。[4]

(四)课堂契约

课堂契约，又称课堂行为契约、课堂表现合同，是一份具体、书面的协定，规定了其中一方或多方在特定课堂情境中，需要做出的确切行为及相应的具体奖励和惩罚措施，包括选择目标行为、规定测量方法、明确起止时间、提出强化和惩罚措施、选定契约管理者这五个基本要素。课堂契约的常见类型有单方契约、双方契约和集体契约，具有导向、预防、监督、

① Hansen，S. D. & Lignugaris-Kraft，B.，"Effects of a dependent group contingency on the verbal interactions of middle school students with emotional disturbance,"*Behavioral Disorders*，2005，30(2)，pp. 170-184.

② 林崇德、杨泊良、黄希庭：《心理学大辞典》上卷，182～183 页，上海，上海教育出版社，2004。

③ Yarbrough，J. L.，Skinner，C. H. & Lee，Y. J. et al.，"Decreasing transition times in a second grade classroom: Scientific support for the timely transitions game,"*Journal of Applied School Psychology*，2004，20(2)，pp. 85-107.

④ Kehle，T. J.，Bray，M. A. & Theodore，L. A.，"A multi-component intervention designed to reduce disruptive classroom behavior," *Psychology in the Schools*，2000，37(5)，pp. 475-481.

教育的功能。[①] 研究发现,当行为契约生效时,学生恰当行为的发生率和日常作业的完成率将显著提高,学习成绩也将随着行为的改善而逐步提升。[②] 但是,课堂契约属于外部强化,即使它在激发学生动机等方面有着独特作用,教师仍需重视学生自我管理能力与控制能力的培养。

三、回应学生恰当行为的价值

回应学生恰当行为,在帮助学生深入理解课堂行为规范和鼓励其自觉表现出恰当的课堂行为等方面有着重要价值。

(一)帮助学生深入理解课堂行为规范

教师在课堂管理中运用具体表扬、团队强化、代币经济和课堂契约等一系列策略回应学生恰当行为,其实就是在告诉学生什么样的行为符合课堂行为规范与教师的期望,什么样的行为在课堂上不宜出现。这是一个持续巩固课堂行为规范的过程。学生从中逐渐学习与领悟恰当行为的内涵、要求,为进一步内化课堂行为规范并表现出恰当行为奠定了较为坚实的基础。

(二)鼓励学生自觉表现恰当课堂行为

教师对学生恰当行为的持续回应,其实是在表达对该类行为的鼓励和期待,希望学生在接下来的课堂学习中能继续表现出类似行为。这是一种课堂管理观念的转变,即从"对不当行为的苛责与批评"转变为"对恰当行为的赞赏和认可"。教师课堂管理观念的转变,有利于培养和增强学生对课堂行为规范的认同感与接受度,这对学生自觉表现出恰当的课堂行为具有深远影响。认同感的缺失容易使学生对课堂行为规范的理解浮于表面,只是被动知晓规则却不予执行。只有当学生从内心深处真正接受并认同相应规

---

① 周小宋、李美华:《美国课堂管理中的新方法:行为契约》,载《比较教育研究》,2004(5)。

② White-Blackburn, G., Semb, S. & Semb, G., "The effects of a good-behavior contract on the classroom behaviors of sixth-grade students," *Journal of Applied Behavior Analysis*, 1977, 10(2), p. 312.

范与要求，才具备了自觉践行的主观条件，进而主动地落实并表现出更多的恰当行为。

第二节　回应学生恰当行为的常规方法

回应学生恰当行为的常规方法有卡片奖励法、喜报激励法和小组竞赛法等。这些方法虽为常规方法，但经过创新性实践也会产生优良效果。

一、卡片奖励法

卡片奖励法，指学生在课堂上表现出符合课堂行为规范的恰当行为时，教师向其发放精心制作的卡片以示鼓励和认可，当卡片达到一定数量即可兑换相应等级的奖品。这实质上是一种代币经济。卡片奖励法的运用，使得学生的优点被及时肯定，让其感受到学习中处处有成功，常能受鼓舞，进而对学习活动产生更加积极的体验。卡片奖励法还能鼓励学生展示个性特长，敢于挑战自我，在充分享受荣誉感和成就感之后，在新起点上不断奋发，努力向更高的目标迈进。

(一)卡片奖励法的实施步骤

代币经济的建立步骤包括选择目标行为，公开张贴并经常回顾规则，选择代币，确定备用强化物、交换比率等。据此，卡片奖励法的实施，主要包括选择目标行为、制定运行规则、制作奖励卡片、明确奖品种类以及确定交换比率与时间等步骤。[1]

1. 选择目标行为

在新组建班级时，目标行为可由教师事先确立。随着班集体的发展与成熟，教师可带领班干部与全班学生一起商定目标行为，如此更有利于目

---

[1]　本部分参考了［美］约翰·W. 马格：《儿童青少年的行为管理：从理论到实际应用（第二版）》，189～193 页，郑维廉译，上海，上海教育出版社，2012。

标行为的内化，在课堂上表现出尽可能多的恰当行为。教师还要根据学生已有的行为水平，合理设计目标行为的数量和难度，把握循序渐进的原则。若一开始的目标行为数量过多、难度过大，则容易打击学生的自信心。反之，目标行为过于简单，即使奖品再丰厚，也会影响其积极性。

2. 制定运行规则

运行规则的制定，需要与课堂行为规范及教师的期望相结合。当学生表现出恰当行为时，教师应及时发放卡片，这不仅是认可和鼓励学生的恰当行为，也是在警醒学生不要出现不当行为。

3. 制作奖励卡片

实体卡片是一种理想的代币，能让学生直观地看到自身的进步与发展。卡片的种类应多样化，尽量做到一种恰当行为对应一种特定的卡片。教师可根据具体情况，将恰当行为划分为不同类型，如按照认真倾听、独立思考、勤记笔记、积极交流四类恰当行为设计四种卡片（参见图 10-1）。在保证卡片多样化的同时，教师应注重卡片的质量与外观，精心制作并定期更新，使之能不断地吸引学生，进而解决卡片奖励法运行后期学生出现倦怠的问题。

认真倾听卡

奖给＿＿＿＿＿同学

兼听则明，偏听则暗。

——《新唐书·魏征传》

独立思考卡

奖给＿＿＿＿＿同学

学而不思则罔，思而不学则殆。

——《论语·为政》

勤记笔记卡

奖给＿＿＿＿＿同学

好记性不如烂笔头。

——谚语

积极交流卡

奖给＿＿＿＿＿同学

三人行，必有我师焉。

——《论语·述而》

图 10-1　卡片设计示例

4. 明确奖品种类

奖品的种类可以是五花八门的，但具体选用何种奖品，需要教师根据学生的兴趣、年龄、爱好等方面的特点来决定。比如，男生更喜欢篮球、足球等体育用品，女生则更青睐于精美的笔记本、散文集；低年级学生对于户外小游戏感兴趣，高年级学生则倾向于拥有更多的自由活动时间。直接询问学生、征询科任教师与家长的意见、观察学生喜好等，都是确定奖品种类的好方法。教师可定期更换奖品清单或根据实际情况设置个性化奖励，以维持学生对卡片奖励法的积极性，持续激发学生在课堂中的恰当行为。

5. 确定交换比率与时间

在卡片奖励法运行的初期，教师应采用较低的交换比率和较短的交换时间，让学生能较快地体会到成功的喜悦，认可并接受该方法。随着运行的推进，当学生在课堂上表现出越来越多的恰当行为后，教师应逐渐提高交换比率并延长交换时间，以帮助学生减少对卡片的依赖，促进课堂行为规范和教师期望行为的内化，使学生在没有外部强化作用下也能自觉做出恰当行为。比如，从一开始学生只需在一周内集齐三张卡片即可兑换一次奖品，逐渐过渡到一周内需集齐五张甚至更多的卡片才能获得兑奖机会。

(二)卡片奖励法的实施策略

卡片奖励法的实施，应注意把握持续巩固运行规则、适时调整避免学生倦怠和加强科任教师合作等策略。

1. 持续巩固运行规则

不同的恰当行为所获得的卡片数量、样式等各不相同，而兑换各种奖品所需代币的数量也因奖品的性质与价值而有所差别。教师应将课堂行为规范和奖品兑换规则张贴于教室的明显之处并持续巩固，对于小学生而言，可以展示于黑板或告示牌上起督促作用。尤其在卡片奖励法的运行初期，教师可在每次课前带领学生巩固恰当行为的各种表现、奖励规则等，以充分发挥卡片奖励法回应学生恰当行为的独特作用。

2. 适时调整避免学生倦怠

许多教师均使用过类似卡片奖励法的方法。比如，有的教师结合课堂管理实际情况，发放印有"大拇指""奥运福娃""十二生肖"的卡片以表示对学生的肯定；有的教师设计出独具英语魅力的卡片以激发学生在英语课堂上的积极性；等等。卡片奖励法的广泛运用，并不意味着该方法完美无缺。该方法在实践中仍存在一些问题，其中，较为普遍、较难解决的问题就是在活动后期学生可能会出现倦怠。就此，教师应根据卡片奖励法的实际运行情况，适当对目标行为、奖励卡片和奖品等做出调整，使该方法对于学生而言一直保持新鲜感与吸引力，避免学生出现倦怠，影响实施效果。

3. 加强科任教师合作

科任教师的积极配合与相互合作，能提高卡片奖励法的有效性。这种方法不应该只被用于某一孤立的课堂，最好用于多学科的课堂。每位教师向课上遵从一致的行为规范并表现优秀的学生发放卡片，这既是认可与鼓励学生的恰当行为，也是帮助其理解和内化课堂行为规范，共同促进学生课堂行为的改善。

二、喜报激励法

喜报，因其具有收藏性和延伸性等特点，有别于口头表扬与物质奖励。喜报激励法，是教师以书面报喜的形式，向家长告知孩子因课堂表现优秀而受表扬或被鼓励的一种方法，是一种具体的表扬。喜报激励法不仅鼓励学生继续遵守课堂行为规范，还加强了教师和家长之间的沟通交流，家长能通过喜报及时了解孩子近期在学校的表现。这种方法可有效改善学生、家长与教师三方的关系，特别是对于因成绩欠佳而使家庭关系紧张的学生较为适宜。

(一)喜报激励法的实施步骤

喜报激励法的实施，主要包括灵活设计喜报内容、详细说明发放规则和正式投入课堂使用等步骤。

1. 灵活设计喜报内容

发放喜报是教师对学生在课堂上表现出恰当行为的一种肯定与认可。喜报的内容设计，应根据学生的具体行为来定，不能图方便而事先制作一批内容一样的喜报。喜报的内容灵活多变，才能让学生对喜报持续抱有向往和热情，也可让学生从内容变化中体会到自己的进步。而且，喜报不仅要体现出教师对学生的肯定和认可，还要有学生喜爱的元素，如精美的图案、名言警句等，最好能让学生爱不释手，从而督促自己不断努力，追求更好的表现。

2. 详细说明发放规则

喜报一般有个人喜报、小组喜报和班级喜报三种类型。具体发放规则可结合学生遵守课堂行为标准等方面的情况来确定。喜报激励法可与卡片奖励法等配合使用。

3. 正式投入课堂使用

教师应引导学生发现并肯定自己一点一滴的进步，善于记录自己每天的表现情况。同时，教师要不吝惜表扬，及时对学生在课堂上的恰当行为做出回应。而且，教师应定期对班委和小组长进行培训。由于课堂时间与教师的精力有限，教师不可能时刻关注到每位学生的所有表现，班委和小组长的协助有利于喜报激励法的持续深入实施。

(二)喜报激励法的实施策略

教师在使用喜报激励法时，应注意采用多种激励方法、帮助学生澄清认识、加强家校沟通与合作。

1. 采用多种激励方法

喜报属于一种荣誉激励，适当运用能满足学生的自尊需求，使学生自觉地将课堂行为规范内化。同时，教师可综合运用目标激励、榜样激励和情感激励等方法，如为学生设立目标、树立学习榜样、尊重与信任学生等，全方位激励学生养成良好的课堂行为习惯。

2. 帮助学生澄清认识

通过喜报的书写，教师帮助学生逐步澄清认识：在课堂中，什么是恰当行为,什么是不当行为。由此,学生在不断尝试、归纳与总结的过程中树立信心,全班同学互相学习、互相提醒与监督,共同奋进,营造良好的课堂教学环境,促进班风、班貌的改善与发展。

3. 加强家校沟通合作

喜报激励法不仅涉及课堂上的师生双方,而且延伸到校外,将家校联系起来。使用喜报激励法时,教师应向家长说明喜报的价值与发放规则,赢得他们的支持。

三、小组竞赛法

小组竞赛法属于互助型的团队强化,指教师或师生共同设立小组目标,在课堂学习结束时,哪些小组在全体成员的努力下达到目标,则整组成员均可获得奖励。该方法使得所有学生都尽可能投入到课堂学习中并表现出恰当行为,积极争取获得教师的认可和表扬。

(一)小组竞赛法的实施步骤

视频:小组竞赛法的实施步骤

小组竞赛法的实施,主要包括设立共同的奋斗目标、选拔优秀得力的组长、制定并说明竞赛规则、正式投入运行和定期进行班级表彰等步骤。

1. 设立共同的奋斗目标

教师要为各小组设立共同的奋斗目标。小组目标在很大程度上影响着组内所有成员的行为。当有了共同目标后,所有成员会为之做出努力与改变。在学生具备一定的目标制定能力之后,师生协商确定小组目标。在学生目标制定能力成熟之后,学生可自主设立小组学习目标。

2. 选拔优秀得力的组长

小组长不仅应起带头作用,还应扮演组内联络人与调解人的角色,密切小组成员的联系,带领组员为实现共同目标而奋斗。迅速创设团体达成目标所需的信任环境，是每一个优秀的小组长必须具备的能力，小组长要懂得语言激励与诚恳批评，这将有助于个别成员及小组整体的进步与发展。[①] 教师在选拔组长时，应综合考虑多方面的因素。比如，在新建班级时，各小组长由教师指定组织管理能力强、富有责任心的学生担任；在班集体趋于成熟时，可由组员推选产生小组长或实施轮换制。

3. 制定并说明竞赛规则

小组竞赛法的规则简单，当小组成员共同实现小组目标时即可获得奖励。教师应根据小组竞赛法的实施时间和范围，向学生说明规则。若小组竞赛法的持续时间长或运用于多个学科，班主任和科任教师需要在充分沟通的基础上，统一竞赛规则并向学生详细说明；若只用于某一节课，教师可在课前向学生介绍本堂课的小组竞赛规则。

4. 正式投入运行

在运用小组竞赛法时，教师应引导学生关注实现目标的过程，发现自身的点滴进步，体验追逐目标实现过程中的乐趣与喜悦，而不是紧盯目标及达标后所获得的奖励。教师也可综合使用其他回应学生恰当行为的方法，如卡片奖励法、喜报激励法等，通过卡片、喜报的累积，及时记录并直观反映小组成员的表现情况。

5. 定期进行班级表彰

除了给予及时的小组奖励以外，教师可定期组织班级表彰活动，对获得优胜次数最多及进步最大的小组进行公开表扬。对优秀小组的表彰过程也是对课堂行为规范的巩固过程。

(二)小组竞赛法的实施策略

教师在运用小组竞赛法时，应向学生明确竞赛小组的重要性、营造遵守规范的氛围、优化小组成员的结构。

1. 明确竞赛小组的重要性

共同的奋斗目标及小组成绩是由组内所有成员的表现共同决定的。以

---

① 方明中：《提升学生学习力的小组学习策略》，载《上海教育科研》，2011(2)。

竞赛小组的形式敦促学生个体遵守课堂行为规范具有显著的效果。在使用小组竞赛法之前，教师应向学生强调采用竞赛小组的原因并说明其重要性。只有学生深入理解该方法时，才能真正地接纳并遵守相关规则，让竞赛小组的约束和激励力量充分发挥。明确竞赛小组的重要性，也有利于增强小组的凝聚力。

2. 营造遵守规范的氛围

当个别学生做出不当行为或存在不当行为倾向时，小组的减分与其他成员的提醒，都有助于督促该生及时做出改变，进而做出恰当的行为。教师应积极营造遵守规范的课堂氛围，发挥集体的教育力量，促使学生自觉、持续地做出恰当行为。

3. 优化小组成员的结构

组建竞赛小组应遵循组内异质、组间同质的搭配原则。教师在组建竞赛小组之前，应深入了解所有学生在学习习惯、个性、组织能力、学习成绩等方面的情况，组内异质、组间同质的搭配原则，为组员之间能互相提醒、优势互补、共同进步奠定基础。组内异质是小组内各成员互相帮助的基础，组间同质则是小组间公平竞争的条件。

第三节 回应学生恰当行为的新兴方法

就回应学生恰当行为而言，教师不应局限于常规方法，要勇于创新与尝试新兴方法，如温度计表扬法与课堂合约法等。

一、温度计表扬法

温度计表扬法，是一种通过在温度计上涂色，来表示学生在课堂中受到教师表扬的方法，属于代币经济的变形。该方法直观地显示了教师在课堂上的表扬热度。该方法使被表扬的学生体验到荣誉感和使命感，感到自己为班集体做出了贡献。同时，为了获得最大的惊喜，全班同学在课堂中都能相互监督、积极表现，课堂秩序得到改善。

(一)温度计表扬法的实施步骤

温度计表扬法的实施，主要包括精心设计工具、详细说明规则、正式实施运行和及时评价奖励等步骤。

1. 精心设计工具

温度计表扬法的配套工具的设计应简洁、便于操作。温度计共分为两种：班级温度计和个人温度计。班级温度计的量程为 0℃～100℃，一共 10 个刻度，每个刻度代表 10℃并表示一种特定的奖励。个人温度计的量程也为 0℃～100℃，共 10 个刻度，每个刻度也表示 10℃(参见图 10-2)。

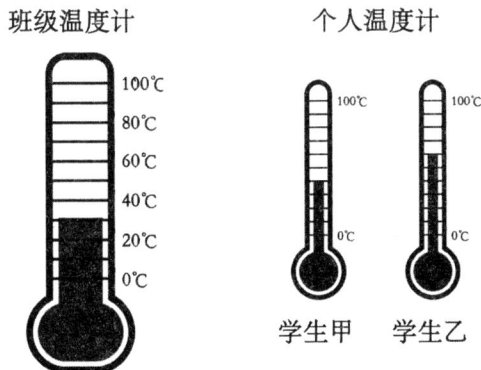

图 10-2　"温度计"示意图

2. 详细说明规则

两种温度计，均用于显示教师在课堂上的表扬热度。班主任在开学之初，即可与各科任教师进行沟通，向他们说明温度计的用法，并可利用一节班会课的时间，向学生详细介绍温度计的意义与使用规则。规则设计具体如下：教师在课堂中表扬了某位学生以后，给受表扬的学生发放一朵小红花，学生在下课后凭小红花到各科代表处在个人温度计上涂颜色，每涂一格表示受到一次表扬。当学生受到教师 10 次表扬之后，即可将涂满颜色的个人温度计放入班级温度计中并表示 1℃，该生也能获得一份精美的小礼品并领取新的温度计。

当班级温度计中放了 10 个学生的个人温度计之后，即达到 10℃ 时，全班学生可因此而获得一次奖励；当班级温度计达到 20℃ 时，可再一次获得奖励，以此类推。当班级温度计达到 100℃ 时，教师将根据学生的喜好，准备一份惊喜，并更换新的温度计(参见图 10-3)。只有当全班同学的个人温度计在班级温度计上至少出现过一次时，才能获得最后的惊喜，否则无法获得惊喜，不能更换新的温度计。

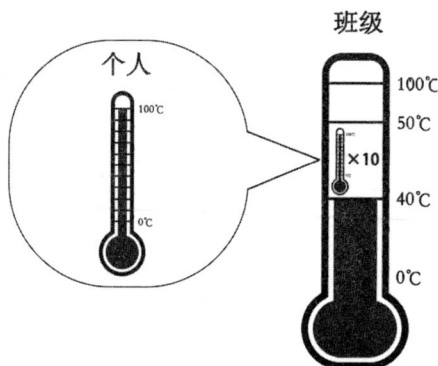

图 10-3　温度计表扬法的实施示意图

3. 正式实施运行

只要上课铃声一响，温度计就正式投入运行。教师应注意全班同学的课堂表现，及时表扬学生的恰当行为。在课堂上，小红花的发放可有效节省课堂时间，并防止学生因给温度计涂色而耽误课堂学习。课后凭小红花到各科代表处涂色，可避免因多涂、少涂或误涂温度计，引发学生之间的矛盾。如此，可有效提高温度计的运用效率，成为教师课堂表扬的有力工具。

4. 及时评价奖励

评价与奖励主要包括两类：一是学生个人温度计所兑换的奖励，二是班级温度计所兑换的奖励。教师可通过观察、询问等方法，深入了解学生的喜好，准备其心仪的奖励。在条件允许的情况下，个人奖励可体现出差异性。而且，班级温度计的奖励设计，应体现一定的梯度性，即 10℃ ～ 100℃ 的 10 个奖励，应有从低向高的递进感。更换新的班级温度计时，可采用相同或相似的奖励设置，因其使用周期较长，学生能保持一定的热情与积极性。

(二)温度计表扬法的实施策略

使用温度计表扬法时，教师应注意把控表扬的质量、掌握表扬的"度"以及关注学生的进步行为。

1. 把控表扬的质量

教师在使用温度计表扬法时，不能让表扬流于形式与表面。教师要多提供有效表扬，尽量避免无效表扬。有效表扬和无效表扬的区别可参见表 10-1。

表 10-1　有效表扬和无效表扬的区别 [1]

有效表扬	无效表扬
1. 具有针对性	1. 随机性或毫无章法
2. 指出所获成就的特别之处	2. 限于整体的积极反应
3. 具有自发性、多样性和其他可信度的特征，明确关注学生的成就	3. 千篇一律，给出一般性反馈
4. 奖励达到特定的表现标准(但可以包括努力标准)	4. 仅仅是表扬，很少涉及具体的表现或结果
5. 向学生提供有关其能力或成就价值的信息	5. 不提供任何信息或只向学生提供有关其成绩排名的信息
6. 引导学生更好地了解自身与任务相关的行为并思考解决问题的方法	6. 引导学生与其他人做比较并思考竞争
7. 基于学生先前的成就来描述当前的成就	7. 基于同伴的成就来描述学生当前的成就
8. 肯定学生在困难任务中的努力与成功	8. 不考虑学生在困难任务中的努力与成功
9. 将成功归因于能力和努力	9. 将成功归因于运气或任务难度小
10. 培养内部归因(学生相信他们为了任务花费精力，是因为他们喜欢任务本身和/或想要发展与任务相关的技能)	10. 培养外部归因(学生认为他们努力是为了取悦教师、赢得竞争或奖赏等)

---

① Brophy, J., "Teacher praise: A functional analysis," *Review of Educational Research*, 1981, 51(1), pp. 5-32.

续表

有效表扬	无效表扬
11. 将学生的注意力集中在与其任务相关的行为上	11. 将学生的注意力集中在教师身上，作为操纵他们的外部权威人物
12. 在完成任务后，教师促进学生对相关行为的理解	12. 中断正在进行的行为，分散学生对任务相关行为的注意力

2. 掌握表扬的"度"

在运用温度计表扬法时，教师应注意适度原则。较为常见的不当表扬包括夸大事实的表扬与重复表扬，前者易误导学生，后者易使学生心生反感。教师在表扬学生时，应关注其心理状态，对要表扬的事实秉承客观公正的原则，不能为表扬而表扬，从而真正发挥表扬的作用。

3. 关注学生的进步行为

教师不能总将目光放在成绩优秀、发言积极的学生身上，而应更多地关注每一位学生的进步并及时表示肯定。一般而言，优秀学生能较快涂满一张温度计并获得个人奖励，而上课积极性不高、纪律有待提高的学生则需要付出更多的努力才能涂满，教师要用发展的眼光看待他们，不吝啬表扬，让其也能体会到成功的滋味。

案例：神秘礼物法

二、课堂合约法

课堂合约属于课堂行为契约中的双方契约，是规定师生双方在课堂中所应履行义务的书面文件。对于学生而言，课堂中的义务即学生应尽可能做出的恰当行为；对于教师而言，其义务即对学生的恰当行为做出积极回应。双方的行为都是对方所期待的。签订课堂合约相较于口头保证与允诺更具约束力和严谨性。而且，课堂合约能满足学生自尊心、自信心等社会心理的发展，其形式上的别出心裁也容易引起学生的好奇心与期待，提高参与和配合的积极性。[①]

（一）课堂合约法的实施步骤

视频：课堂合约法的实施步骤

课堂合约应是师生共同协商的结果。在讨论的过程中，教师应帮助学生认识课堂上的恰当行为以及教师的回应行为有哪些。一份有效的课堂合约应明确课堂合约目的、确定具体的目标行为、阐明奖励与惩罚细则、规定合约的有效时间、选定监督者与评估者。主要实施步骤如下所示。

1. 明确课堂合约目的

在制定课堂合约之前，师生双方都应明确合约的目的，教师尤其要引导学生理解该合约存在的意义，即为了促进签约双方出现或保持某种恰当行为，进而推进课堂教学的顺利进行。只有当学生本人认识到课堂合约存在的重要性和必要性时，合约内容与后果的商议乃至实施才更为顺利。

2. 确定具体的目标行为

目标行为应是针对签约双方而提出的具体的、有针对性且便于操作的行为，符合其年龄、性格特征、教学风格等。根据课堂合约的目的，此处的目标行为侧重于恰当行为的增加。目标行为的陈述，必须清晰、明确、易于评估，含糊的表达将降低课堂合约的作用。

3. 阐明奖励与惩罚细则

课堂合约中应详细阐明签约双方在完成合约内容后应得的奖励，以及未完成合约内容后应得的惩罚。奖励与惩罚的选择，对学生恰当行为的影响尤为重大。奖励合理，符合学生的心理需要，才能更好地促进恰当行为的出现或保持；惩罚应限定在较小的范围之内，最好具有减少学生不当行

---

① 本方法参考了陈峥：《美国课堂管理的新方法——行为合同》，载《外国中小学教育》，2002(5)。

为的功能。制定课堂合约应建立在签约双方平等的基础之上，合约后果应由双方共同协商决定，不允许出现专断独裁的现象。

4. 规定合约的有效时间

课堂合约的有效时间要根据学生的具体情况而定。低年级学生的合约有效期可能只有半天、一节课甚至是十分钟，高年级学生的合约有效期可达到一周、一个月甚至一学期。对于自我控制能力较弱的学生，合约有效期不宜过长，否则容易消磨其耐性，进而打击其自信心；对于更具自制力的学生，可适当延长合约时间。课堂合约的有效时间并不是一成不变的，签约双方可根据恰当行为的出现与保持情况，灵活调整合约的有效时间。

5. 选定监督者和评估者

为了保证课堂合约的公平性与有效性，可为合约的执行安排监督者和评估者。监督者的职责，是观察与督促签约师生的行为，在有一方出现懈怠时给予必要的提醒，在学生遇到困难时伸出援手。由于签约的双方是教师与特定学生，所以可以选择学生信任的伙伴或班委作为监督者。评估者的职责，是判断签约双方是否实现了目标行为以及达到的程度，并据此评定奖惩情况。评估者应是师生双方均能信服的权威人员。

课堂合约示例如下：

李晓明同学同意将举手后再发言这一恰当行为保持下去，在老师讲课与同学发言的时候，认真聆听。开始时间是 2021 年×月×日星期×，持续一个月时间，到 2021 年×月×日星期×由班主任评定。如果完成任务，李晓明同学可以在全班同学面前获得班主任与数学老师的表扬。如果没有完成任务，则帮助值日生打扫卫生一天。

张老师(数学老师)同意在李晓明同学举手后再发言时，马上奖励其一朵小红花，当累积到 10 朵小红花时，可兑换一个数学练习本。如果没有奖励小红花，课后张老师要向李晓明同学说明原因，并安排他担任一个星期的数学小组组长。

合约日期：2021 年×月×日星期×到 2021 年×月×日星期×(一个月)

签约师生：张老师(数学老师)、李晓明(二年级学生)

(二)课堂合约法的实施策略

课堂合约法的有效使用，要求教师注重激发学生的内部动机、定期反思课堂合约的合理性。

1. 注重激发学生的内部动机

课堂合约的奖励或惩罚都属于外部强化，如果教师在运用课堂合约法时片面地依赖外部强化，会让学生失去对合约本身的兴趣。当外部强化消退以后，恰当行为开始减少，而不当行为又会卷土重来。因此，教师应注重激发学生的内部动机，发挥内部强化的力量，如激发学生取得进步后的自豪感等。为了减少过度使用奖励与惩罚带来的负面影响，随着课堂合约的推进，教师需逐渐延长外部强化出现的时间或增加其出现的随机性。

2. 反思课堂合约的合理性

课堂合约的实施并非是一帆风顺的，教师应经常反思其合理性，包括：所确定的目标行为是否具体、清晰；合约是否能及时地奖励学生的每一次进步；合约是否具有公正性、积极性、系统性；合约内容是否经过师生双方充分的共同协商；师生双方是否深刻理解了合约内容并认真履行各方义务；合约内容是否需要根据双方的改变而做出调整；双方在执行合约的过程中是否受到了阻碍等。教师从多方面反思课堂合约的合理性，并根据需要进行调整与修改，有利于更加充分地发挥课堂合约的作用。

视频：缤纷魔图法

第十一章　回应学生不当行为

本章思维导图

　　在课堂上，学生的不当行为一旦出现，较易蔓延并诱发更多类似的或其他的不当行为，影响教学效率与质量。本章分析回应学生不当行为的概念、类型和价值，阐述一些常规方法和新兴方法。

第一节　回应学生不当行为的基本原理

　　如何回应学生的不当行为，是每一位教师必须面对的考验。了解回应学生不当行为的基本原理，有利于教师找到解决相应问题的突破口。

一、回应学生不当行为的概念

　　在我国，关于不当行为的近似概念主要有问题行为、不良行为及失范行为等，名称虽不同但反映的内容基本相同。

　　课堂上学生的不当行为，主要指学生在课堂上出现的违反课堂规则、干扰或打断课堂活动正常开展，或影响教学质量与效率的一系列行为。[①]有人又称学生的不当行为为不良行为、失范行为或问题行为。但是，不当行为宜与问题行为相区分。比如，前者侧重行为表现不符合课程行为标准或规范，对应于不当行为(inappropriate behavior)；后者暗示了行为结果的严重性，对应于问题行为(problem behavior)。

学生的不当行为具有普遍性。不当行为的发生与学生成绩无必然关系，不仅成绩不好的学生有不当行为，成绩优秀的学生也会有不当行为，只是在发生频率、造成的后果、人群数量上有所不同。有学者曾做过研究，从1195节小学课堂中分析学生不当行为的主要表现及其比例：大声说话(32.9%)、随意走动(26.4%)、不恰当地使用材料(10.3%)、无视教师(8.3%)、未经允许拿东西(1.8%)、人身攻击(1.4%)。[②]

回应学生不当行为，是指在课堂情境中，针对学生干扰课堂秩序或影响课堂教学进展的不当行为，教师采取一系列措施或方法降低其发生频率，或纠正不当行为，以保证课堂有序进行。

二、回应学生不当行为的类型

对于学生不当行为以及对其的回应，不同学者从不同角度入手，按照一定的标准进行了分类。

(一)不当行为的类型

根据行为后果，可将不当行为分为两种[③]：①中性的课堂行为，这些行为只影响自己的学习，但基本不影响他人的学习；②消极的课堂行为，

---

① 施良方、崔允漷：《教学理论：课堂教学的原理、策略与研究》，290页，上海，华东师范大学出版社，1999。

② Wragg，E. C. & Wragg，C. M.，"Classroom management research in the United Kingdom，"The Annual Meeting of the American Educational Research Association，San Diego，1998.

③ 杨心德：《中学课堂教学管理心理》，119页，杭州，杭州大学出版社，1993。

其特点是干扰他人的学习。其中，中性的课堂行为，如开小差、玩文具等，因其具有隐蔽性，常常受到教师的忽略。

根据行为表现，可将不当行为分为外向型不当行为和内向型不当行为（参见表 11-1）。

表 11-1　学生不当行为的类型 ①

不当行为的类型	具体分类	具体表现
外向型 不当行为	侵犯他人的行为	打骂、推撞、追逐和讪笑
	过度亲昵的行为	交头接耳、窃窃私语、替换座位、传递纸条等
	故意惹人注意的行为	高声谈笑、发出怪音、敲打作响、做滑稽表情和怪异动作等
	盲目反抗权威的行为	故意不遵守规则、不服从指挥、反对班干部和老师等
	冲突纷争行为	恶意指责、互相攻击、彼此争吵、打架斗殴等
内向型 不当行为	注意力涣散行为	上课时凝神发呆、胡思乱想、心不在焉、做白日梦等
	草率行为	乱涂乱写、抄袭作业等
	退缩行为	胆小害羞、不与同学交往
	抗拒行为	迟到、早退、逃学
	依赖行为	寻求赞许、期待、帮助

(二)回应学生不当行为的类型

根据教师的干预程度，回应学生不当行为可分为轻度、中度和深度干预三种类型（参见表 11-2）。

---

① 本表参考了郑显亮、袁浅香：《学生课堂问题行为及其矫正技术》，载《现代中小学教育》，2005（10）。

表 11-2 回应学生不当行为的类型 ①

类型	方法	内涵
轻度干预	有意忽视	当学生表现出不受欢迎的行为时,教师有目的、有计划地忽视学生。有意忽视的有效性大小,取决于教师的关注会在多大程度上强化学生不当行为的持续进行
	错误纠正	指一种信息陈述,通常由教师提供。当学生出现不当行为时,教师具体、简洁地陈述"学生正在做什么",并明确指出"希望学生接下来做什么"
中度干预	绩效反馈	类似于错误纠正。教师为学生设定一定目标后,一般由学生提供数据(如图表、报告),以说明目标实现情况;教师帮助学生直观地分析他们的表现变化;在学生达到目标后给予奖励
	差别强化	是一种偶然强化,在某些特定情况下接受不当行为发生,但如行为发生过于频繁则需要进行干预
深度干预	响应成本	指一种程序,当学生出现不当行为时,一个正强化物(如令牌)被取消。响应成本的有效性与强化物的强化值、学生获取强化物/满足获取条件的程度(速率和进度)有关
	暂停强化	将学生从刺激环境(如与同伴玩游戏)转移至强化程度较低的环境(如空教室),以暂停不当行为(如游戏中的争吵)

三、回应学生不当行为的价值

科学有效地回应学生不当行为具有重要的价值。对于课堂教学而言,能够保证课堂的教学秩序;对于学生而言,能够习得规范,发展自我管理能力;对于教师而言,可以提高课堂管理自我效能感,预防职业倦怠。

(一)维护秩序,提升教学质量

有效课堂管理,是有效教学得以开展的基本保证。作为课堂管理的重要组成部分,回应学生不当行为,在一定程度上是为有效教学服务的。如果教师对学生的不当行为放任不管,必然会干扰正常的课堂秩序,降低教

---

① B. Simonsen, S. Fairbanks, A. Briesch, et al., "Evidence-based practices in class-room management: Considerations for research to practice," *Education and Treatment of Children*, 2008, 31(3), pp. 351-380.

学质量；如果管理不当，又容易使师生关系紧张甚至发生矛盾冲突。恰当回应学生的不当行为，能保证课堂教学顺利进行，促进良好课堂气氛的生成，促进有效教学。

(二)习得规范，发展学生能力

恰当回应学生的不当行为，能够使学生习得符合社会要求的行为规范，明白在什么情境下做什么样的行为，什么行为是不当行为。同时，恰当回应学生的不当行为也有助于学生自我管理能力的提升。在对社会期待与要求做出行为反应的过程中，学生渐渐提高独立性、自律性、自控力和忍耐力等。

(三)提升效能感，预防职业倦怠

有效回应学生不当行为是教师专业技能的体现，有利于提升教师的课堂管理自我效能感，让教师感受到自己能胜任组织课堂、维持秩序、引导所有学生参与课堂和集中学生注意力等工作。研究表明，课堂管理自我效能感，作为教师自我效能感的组成部分，能够预防教师的职业倦怠。[1] 比如，一个秩序良好的课堂环境能为教师带来成就感，相反，混乱的课堂环境将让教师感到挫败感。

第二节　回应学生不当行为的常规方法

在课堂教学时间有限的情况下，教师在解决不当行为上所花的时间越多，越显焦虑。错误纠正法和格拉瑟七步法，能帮助教师有效回应学生在课堂上出现的一些不当行为。

---

[1] A. M. Aloe，L. C. A. Amo & M. E. Shanahan，"Classroom management self-efficacy and burnout: A multivariate meta-analysis,"*Educational Psychology Review*，2014，26(1)，pp. 101-126.

一、错误纠正法

错误纠正法，是指学生在课堂上出现教师不希望的行为时，教师陈述观察到的行为，并以简短、明确的方式准确地告诉学生他们接下来应该做什么。该方法具有直接、及时、以学生做出正当行为为结束的特点。对于一些中性的不当行为，由于其不干扰他人学习，教师可以采取错误纠正法，尽量减少课堂的中断时间，以较快的速度解决问题。

（一）错误纠正法的类型

当学生出现不当行为之后，教师提供直接的、简短的、明确的和一致性的错误纠正，能够减少不当行为。错误纠正法主要有以下几种类型：

第一，信号暗示。对于个别学生而言，长时间集中注意力是有一定难度的，出现轻微的不当行为在所难免。采用非命令式的身体语言是一种尊重他人、非强制性的简单回应方法。身体语言包括面部表情、眼神交流、手势等。当学生出现轻微不当行为时，教师及时发出信号，可使学生意识到自己正受到教师注意并停止相应的行为。

第二，课堂提问。教师采用"声东击西"的提问方法，不直接向出现不当行为的学生提问，而问其旁边的学生。如果该学生还不能察觉，才向该学生提问。开小差的学生一般不明白如何回答教师的问题，为了给学生"留面子"，教师可以陈述前一位学生的观点，再笑着问他"是否认同该观点"，学生一般能明白教师的心意。

第三，指出不当行为。为了更高效地制止学生的不当行为，教师可以在巡堂时停在该学生身边，将身子有意无意地靠在他的桌子边或轻拍其肩膀，而后在他耳边低声指出其不当行为，然后快速离开以减少学生的不适感和压迫感。

第四，课后谈话。学生做出不当行为都有一定的原因，教师一味简单粗暴地加以制止，有时候会适得其反，甚至引发学生的逆反心理。对于频繁出现的不当行为，教师需要在私下进行个别谈话，深入细致地了解行为背后的原因。

第五，明确期待。当学生明了自己错在哪里之后，教师要与学生共同承担解决问题的责任。教师以"我希望你下次能达到怎样的目标，所以你认为自己可以怎样做呢"等问题启发学生，在"需要纠正哪些不当行为"和"所期待的积极行为有哪些"这些问题上达成共同期待。比如，某学生与教师达成共识，依照课堂行为标准第六条来要求自己。

(二)错误纠正法的实施

错误纠正法的实施，需要注意合理指出学生的不当行为，保护学生的自尊心，不小题大做等。

1. 使用"我—信息"表达，合理指出学生的不当行为

在指出学生的不当行为时，教师要注意使用温和的语气，避免威胁、恐吓。在需要清楚说明学生的行为时，教师应该使用"我—信息"，而不是"你—信息"。[①] 比如，当发现学生在课堂上交头接耳时，"你—信息"采取的表达为："如果你再干扰我上课，你就不用妄想这次考试能及格了""你怎么老是讲个不完"；而采用"我—信息"表达，则为："如果你继续聊天的话，我会为此感到烦恼。因为我无法集中精神更好地向其他学生讲授这个知识点""当我在讲课而你在说话时，我觉得不舒服，因为这样使我分心，其他人也受到干扰"。"我—信息"采取的是将问题责任归于教师本人，是教师的感受使得课堂的正常秩序受到干扰。

在运用"我—信息"这一策略时，教师的表达需要包含以下三个要素。[②] ①客观、真实地描述是何种行为造成了不良影响，建议以"在……的时候"

---

① [美]托马斯·戈登(Thomas Gordon)：《T.E.T. 教师效能训练：一个已被证明能让所有年龄学生做到最好的培训项目(30周年纪念版)》，151～152页，李明霞译，北京，中国青年出版社，2015。

② [美]托马斯·戈登(Thomas Gordon)：《T.E.T. 教师效能训练：一个已被证明能让所有年龄学生做到最好的培训项目(30周年纪念版)》，156～158页，李明霞译，北京，中国青年出版社，2015。

开头，强调发生的特定时刻与特定动作。②学生的不当行为给教师带来的具体的、实质的影响。③以上实质性影响给教师造成的内心感受。比如，"在你没有举手就发言的时候(行为描述)，我无法立马听清楚你说的话或者关注到其他人(实质性影响)，我感到心烦气躁(感受)。""我—信息"的表达方法看似简单，但因其不含有对学生负面的主观评价而多能见效。

2. 把握有效沟通，保护学生的自尊心

有效运用沟通技能需要把握四个前提：①避免先入为主，承认对同一个问题有多种看法，并且认可他人观点的可取之处；②避免以权威压倒对方，在师生发生冲突时，如果教师企图以专断、封闭的方式制止对方，往往容易使学生表面服气、内心不服甚至出现逆反心理；③树立"人人为自己的行为负责"的观念，让学生主动承担责任，在"犯错"中成长；④对事不对人，即不对学生进行人格评判而专注于解决问题本身。特别是教师在与学生私下谈话时，要注意从"质问者"向"倾听者"转换，以便让学生真正说出自己在产生不当行为时的感受及相应原因。

3. 正确判断犯错成因，不小题大做

学生出现不当行为的原因是多种多样的。特别是对于低年级学生来说，他们的注意力易分散，教师不能任其发展，但也不宜过分苛求与指责。教师要依据学生不同的犯错成因，采取不同程度的干预手段，不小题大做。

二、格拉瑟七步法

格拉瑟七步法强调通过行为的改变来促成人们对自身的积极认知，而积极的情感态度可以促成人们做出正确的行为，这种良性循环有利于促进学生对不当行为的矫正。

(一)格拉瑟七步法的实施步骤

琼斯(Jones，V. F.)等人改进了格拉瑟七步法，由教师作为主导，用于快速解决有关行为方面的问题。具体步骤参见表11-3。

表 11-3　格拉瑟七步法 ①

步骤	操作程序	示例
第一步	建立可信赖的师生关系	/
第二步	处理当前行为	"发生了什么事?"(设定一个时间界限/功能评估) "你干了什么?"(帮助学生对问题中的行为负责,帮助学生在内心中进行自我控制)
第三步	做出价值判断	"这对你有好处吗?"(帮助学生分析自己的行为和产生这个行为的前提) "这对他人有好处吗?"(强化学生的社会意识) "你的行为违反规则了吗? /违背了'必须服从的公共利益'了吗?"(帮助学生明白他们自己以及他人在团体中应享有的权利与义务)
第四步	制订计划	"你能用别的方式吗?"(社交技能训练) "你需要我做些什么?"(授权/功能评估) "你需要其他同学做些什么?"(授权/功能评估)
第五步	实施	"你打算这样做吗?"(提升学生的责任感)
第六步	后续工作	"我过一段时间将检查,看你的计划实施得怎样?"(相互支持,充满关怀的环境)
第七步	不放弃,但不接受借口	"如果计划未起作用,那么分析一下原因并制订一个新计划"(对学生寄予厚望并坚持不懈)

(二)格拉瑟七步法的实施策略

格拉瑟七步法的实施,需要注意正确引导谈话和研习选择理论。

1. 正确引导谈话

谈话不一定总是顺利的,有时会出现这样的情况:学生一开始就把重点放在别人做了什么而没有涉及自身的行为,或者马上表明自己做错了事、没有听从教师的要求,或者说"我什么也没做"或"我不知道"。这需要教师分析具体情况以改进谈话。针对前一种情况,教师要明确指出:对于这个话题,必要的话我们会再讨论的,或者把当事人都叫来一起讨论,但目前

---

① ［美］琼斯(Jones, V. F.)、［美］琼斯(Jones, L. S.):《全面课堂管理——创建一个共同的班集体》,277 页,方彤、罗曼丁、刘红等译,北京,中国轻工业出版社,2002。

更重要的是"要先明白自己做了什么"。对于第二种情况，教师需要追问"具体怎样做才导致的这个错误"。对于第三种情况，可以让学生依据时间顺序描述事件，或者问学生是否愿意请在场的其他人帮助他说明看到的事情。如果以上方法都无效，则学生需要冷静一下，教师可给予一定时间让其放松。

教师在引导学生描述自身的不当行为时，学生常常会因羞愧、逃避等心理原因而拒绝回答。这时候，教师要注意不使用恐吓、威胁、命令，可以引导学生以旁观者的角度描述行为。值得注意的是，教师要引导学生对自己的行为做出具体描述，帮助学生"反思行为本身"，而不是聚焦于批评作为行为者的学生。

在学生描述行为后，教师要帮助学生判断其行为是否正确。这可以从行为对本人、班集体等的影响入手，还可以让学生填写行为后果判断表，以便帮助学生明确自己行为的正面与负面结果。

在协助学生制订一个可行、可操作的计划时，教师有责任教给学生正确满足自身需要的方式，同时注意计划不能局限于表面的承诺，因为这样缺乏解决问题的具体方法。如果学生没有切实可行的方法，则需要教师提供线索或建议，以供学生选择。

2. 研习选择理论

格拉瑟七步法一个重要的理论基础是"选择理论"（choice theory）。该理论给予回应学生不当行为诸多启发，主要包括以下内容。[1] ①教师与学生要学会交往与沟通。在交往过程中，教师要关注学生当下的所作所为以及学生目前为取得成功所做的种种努力，而不是纠缠于学生过去的失败。②教师要引导学生对自身行为导致的一切后果做出全方位考察，并对行为是否会导致失败做出价值判断。学生需要对自身的行为做出价值判断，而不是被动地接受命令或说教。若学生仍然坚持自己的行为没有过错，则让他

---

[1]　本部分参考了［美］威廉·格拉瑟（William Glasser）：《没有失败的学校》，20～24页，唐晓杰译，北京，首都师范大学出版社，2010。

承担不当行为导致的合理后果，使他发自内心去怀疑自己原先的错误判断。③情感是行为的结果，对行为加以改进，会引来美好的情感，而美好的情感又会"滚雪球似的"引发更好的行为。④教师要指导学生制订行动计划，只顾及感受而不采取理智和符合逻辑的行为，只会加重其失败的感受。⑤教会学生对自己的行为负责。教师要教育学生信守承诺，提高学生的责任感。⑥对学生寄予期待并拒绝任何借口。如果一个儿童做出了价值判断并承诺改变行为，却没有贯彻到底的话，任何借口都不能被接受。关爱学生的教师不会通过理解借口而宽慰学生，真正希望得到帮助和进步的学生更希望教师不原谅他们的失信。教师应当一次又一次教导学生承诺、再承诺，直至实现承诺。

深入研习选择理论，有利于教师结合课堂实际情况，在现有的格拉瑟七步法基础之上进一步创新，从而取得更好的成效。

第三节　回应学生不当行为的新兴方法

回应学生不当行为的新兴方法，包括自我反省法和冲突调解法等。

案例：弹性惩戒法

一、自我反省法

自我反省，是我国传统文化中修身养性的重要方法之一。研究表明，自我反省不仅能提高自尊，而且能使个体产生积极的行为绩效。[①] 自我反省法要求学生不断反省自己的言行举止，辨察、修正其中的不足，在"错"中自主成长，提高自身的行为水平。教师在回应学生不当行为的过程中，

---

① 钟毅平、曹新：《自尊的提高方式对行为绩效的影响》，载《心理学探新》，2015（3）。

借助"自我诊断病历本"，指导学生自我反省。

（一）自我反省法的实施步骤

自我反省法的实施，主要包括明确内容、选择视角和开发工具等步骤。

1. 明确内容

自省有三个维度：省事、省人与省心。省事，指对处理问题的方式方法、过程及结果等方面的自我反省；省人，指对人际交往的目的、原则、过程及结果等方面的自我反省；省心，指对自身存在意义价值、道德与信仰等方面的自我反省。[①] 应用于课堂不当行为的管理，省事主要侧重于反省违规违纪行为，省人侧重于反省人际关系冲突，省心侧重于反省引起不当行为的态度等。以下课堂不当行为（参见表 11-4），均可采用自我反省法予以解决。

表 11-4　自我反省的维度与内容[②]

内容	具体表现
不遵守作息制度	例如，上课无故迟到、早退，进教室重手重脚，推门、关门、找位置、开关文具盒的响声大、时间长。甚至趁教师在转身之际溜出教室等。
扰乱行为	例如，坐立不安、过度活动、吵嚷、离座游走、乱抛物品等。这种行为有的是有意识的，有的则是无意识的：低年级学生往往未举手，就争相发言，或者在教师讲课时，忍不住接话。
轻度矛盾冲突	课上与同学发生纠纷，互不相让。学生一般会避免被教师察觉，但有时个别矛盾冲突扩大或升级，以致公开化。
不服从教师	对教师有不满情绪或逆反心理，在教学活动中态度消极，不愿合作，甚至明显作对，或者故意引起全班哄堂大笑，令教师为难。
隐蔽型违纪行为	如上课时不认真听讲，无心参与课堂教学活动；思想开小差、偷看课外书、做其他学科作业、上课漫不经心、逃避课堂教学活动等。
恶作剧	对教师的恶作剧，如起绰号、模仿教师；对同学的恶作剧，如在同学起身时抽走他的凳子、模仿同学等。

---

① 王智宁、刘雪娟、叶新凤：《基于扎根理论的儒家自省构念开发研究》，载《管理学报》，2017(6)。

② 本表参考了胡淑珍、陈钧、张楚延：《教学技能》，162～164 页，长沙，湖南师范大学出版社，2000。

2. 选择视角

自我反省有两种视角：一种是自我沉浸视角（self-immersed perspective），即学生将自己重新置身于情境中，以当事人的眼光重现事件发生的过程；另一种是自我抽离视角（self-distanced perspective），即学生超越自我中心来看问题。[①] 自我沉浸视角使个体将注意力聚焦于事件发生过程的细节和感受，有利于教师了解事件的来龙去脉和学生的情绪。而自我抽离视角更适用于负面经历，学生以旁观者的角度重新理解行为本身，而不是逃避责任或仅仅讲述表面行为，这样能够减少由负面经历带来的有害影响，如产生愤怒、抑郁、焦虑等负面情绪。

自我反省可以帮助学生和教师厘清事件经过及行为发生背后的动机。使用自我沉浸视角，教师的指导语可以为："闭上眼睛，让我们回到事情发生的时间和地点。现在，在脑海中播放当时的场景，就好像它又发生在你身上一样。"使用自我抽离视角，学生从场景中"跳"出来，在一定距离之外观察"远处的自己"在场景中的经历。教师可以要求学生写下在相应视角下回忆的场景，作为"自我诊断病历本"中的主要症状。二者的区别在于，自我沉浸视角以"我"的口吻叙述症状，自我抽离视角以第三人称（学生的姓名）的口吻叙述。如果教师早已了解了事件的经过，则一般要求学生采用自我抽离视角。对于积极场景，采取自我沉浸视角能体验到更多的和持久的积极情绪；而对于负面经验，采取自我抽离视角才更有利。[②]

3. 开发工具

"自我诊断病历本"用于帮助学生在诊断自己的"病症"及成因的基础上提出切实有效的治疗方案。"病历"写好了，还有一个督促"治疗"的过程，需要定期"复诊"。督促检查可先在小组范围内进行，再请同学或教师"会诊"并提出建议，由学生自己在"病历"上写好"复诊"记录，教师根据掌握的

---

① 李天然、李晶、俞国良：《自我抽离：一种适应性的自我反省视角》，载《心理科学进展》，2015(6)。

② 李天然、李晶、俞国良：《自我抽离：一种适应性的自我反省视角》，载《心理科学进展》，2015(6)。

情况，抽阅部分学生的"病历"并提出"专家"意见。

"自我诊断病历"包括的内容主要有个人基本信息、病名、主要症状、发病原因、治疗方案、预计疗程、专家意见。比如，一个上课经常分心的学生给自己写的病历，参见表 11-5。

表 11-5　自我诊断病历

自我诊断书	
姓名：×××　　　年龄：××　　　　　性别：×	
病名	分心症
主要症状	在课堂上较难长时间集中注意力，容易受到窗外景色、鸟儿叫声等影响而分心。脑子经常难以控制地回忆起前一天晚上看的动漫，或者想中午饭菜会是什么。
发病原因	主观上，个人学习态度不端正。客观上，外界的诱惑源多。
治疗方案	在课桌上贴上一句名人名言作为自己的座右铭；在课堂上记笔记，使专注力集中到笔记上；和爸爸妈妈约定，把看动漫的时间调至非学习日；提前和妈妈确定一周菜单。
预计疗程	预计三周后便能好转，我一定会积极主动地与分心症做斗争！请老师、同学们协助监督和帮助，谢谢！
专家意见	此病尚属早期，不需打针，不必挂水，更不用通知家长。

经过一段"疗程"后，需要填写"三方复诊反馈单"（参见表 11-6）以确定不当行为的纠正情况。

表 11-6　三方复诊反馈单

三方复诊反馈单	
"病人"症状自评	
"看护医生"监督人反馈意见	
"主治医生"班主任反馈意见	
	复诊时间：

（二）自我反省法的实施策略

自我反省法的实施，需要掌握"注重倾听，建立师生互信关系"和"尊重学生，帮助学生自我决定"等策略。

1. 注重倾听，建立师生互信关系

亲其师，才能信其道。互信、和谐的师生关系能够使学生敞开心扉，对行为的诊断与纠正起到事半功倍的效果。建立互信的师生关系，需要有效倾听。为了提高倾听效果，教师需注意保持良好的精神状态、创设良好的谈话环境、理解对方表达的内容、用动作和表情回应以及适时适度地提问等。

2. 尊重学生，帮助学生自我决定

越是拥有强烈内部动机的人，越是能够自我决定的人。激发学生自我反省的内部动机，需要满足以下三个条件。①自主体验，需要创设一种让学生感到可以自由选择、能够遵循自己的意愿、自主决定行动的环境。②能力知觉，让学生在自我反省和自主管理的过程中，产生积极的自我效能感。③归属感，即学生体会到来自周围环境或他人的关爱、理解、支持，体验到归属感。①

运用自我反省法，尤其需要重视学生自主选择、自主决策、自主发现问题与解决问题等能力的培养。教师需要引导学生回忆"病症"，发现"病因"，自主思考"治疗方案"，决定"疗程"，即将自主决定权交给学生，教师只是扮演辅导者的角色。

二、冲突调解法

课堂上学生之间的矛盾冲突时常存在，但事实上，学生之间的部分矛盾能自行调解、平息，教师充当"仲裁者"反而使得事情扩大化，加剧冲突。教师的介入可能会挫伤学生的自尊，也在潜移默化中增强学生的依赖性。这并不是说，教师不应理会学生之间的矛盾冲突。相反，教师可以运用冲

---

① Ryan，R. M. & Deci，E. L.，"Self-determination theory and the facilitation of in-trinsic motivation，social development，and well-being，"*American Psychologist*，2000，55(1)，pp. 68-78.

突调解法，鼓励学生自主解决问题，使自己不至于深陷在繁杂的课堂行为管理"泥淖"中。该方法以冲突解决理念为指导，倡导中立调解者介入以促进各方对话、协商与协作，在当事人自愿、自觉的基础上解决冲突。这一方法强调双方的协商和互相体谅，而不是非要争出胜负，让学生明白对于轻微的矛盾冲突，课后双方当面交流可以得到调解，而课堂上争论不休，既影响自己的学习，也给老师和其他同学带来困扰。

（一）冲突调解法的实施步骤

视频：冲突调解法的实施步骤

冲突调解法的受益者不仅是教师和当事人，还包括调解者本人，因为在调解过程中他们能习得人际交往的技巧。要正确发挥冲突调解法的功能，需要掌握以下实施步骤。

1. 组建冲突调解组

冲突调解中的调解者主要以学生为主，指导教师应参与但一般不干预。冲突当事人在熟悉的调解者面前，更能产生信任感和诉说的愿望。因此，教师需要从各个不同的学生群体中选取调解者以适应需求。在班级中，各组选取组内调解者 2～4 名，两两搭档，最好男女生数量均等。各个小组在出现矛盾冲突时，可以向组内调解者求助，在熟悉操作后，依据自愿原则，可向全班的任何一个调解组求助。

在选取调解者时，教师要求学生注意以下标准：①拥有责任心、爱心、不怕辛苦，自愿为同学服务、为班级争光；②善于倾听，不中途打断对方的谈话；③具备自控能力，能够控制自己的情绪和言行举止；④保持中立立场，在协助处理问题时，不轻易代入对冲突当事人的主观判断或评价；⑤公平公正，真心实意地为同学解决问题而不假公济私。在学生明确作为调解者的标准后，以他荐或自荐的方式向教师提交调解者推荐名单，教师依据日常观察以及与推荐者谈话的方式，初步识别出合格的待选调解者。

经过一段时间的考察后，通过全体学生的民主选举确定正式调解者。

2. 培训冲突调解者

因此，在待选调解者确定后，教师要对其进行积极倾听、移情、批判性思考、解决问题与自我控制等方面的培训，可以发放书面材料或工具辅助训练。这样，接受培养的学生具备调解冲突的能力，能担负起调解班级人际冲突的责任。通过培训，调解员要明确调解冲突的基本步骤、掌握解决冲突的方式并练习解决冲突的技能。

第一，明确调解冲突的基本步骤。调解者在进行调解前，需要掌握调解的基本步骤（参见图 11-1）。

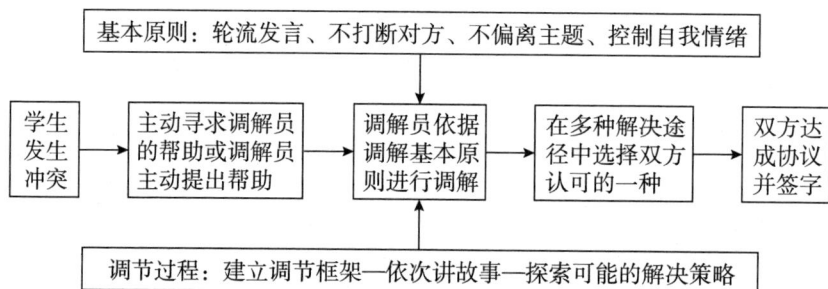

基本原则：轮流发言、不打断对方、不偏离主题、控制自我情绪

学生发生冲突 → 主动寻求调解员的帮助或调解员主动提出帮助 → 调解员依据调解基本原则进行调解 → 在多种解决途径中选择双方认可的一种 → 双方达成协议并签字

调节过程：建立调节框架—依次讲故事—探索可能的解决策略

图 11-1　冲突调解的基本步骤①

第二，掌握解决冲突的方式。调解者担负着化解问题的主要责任，需要了解基本的调解冲突的方式，需注意保持中立的立场，任何调解方式都需要得到当事人的一致同意。冲突调解方式参见表 11-7。

表 11-7　解决冲突的方式

方式	示例
轮换	这一次按你的主意做，下次按我的
随机	抛硬币
妥协	退一步海阔天空；塞翁失马，焉知非福
外援	我们听听其他同学、老师、家人怎么说

① 张添翼、程红艳：《朋辈调解：培养学生解决冲突的公民技能》，载《外国教育研究》，2012(9)。

续表

方式	示例
延迟	先冷静一下，下一个课间再谈
回避	捍卫对方的说话权，保留各自的意见
……	……

第三，练习解决冲突的技能。在培训过程中，调解者需要练习倾听的技能、复述故事的技能、公正判断的技能等，教师可以利用课余时间或其他教育契机，如相关主题班会，给予技能指导。不同的人对同样的事情并不一定有着相同的感受或认识，调解者为了避免主观臆断需要使用一定的倾听技巧。适当使用目光追随、沉默、提问、情感反映、鼓励等言语或非言语的倾听技巧能使别人感受到尊重、理解与关怀，能营造一种安全的、温暖的氛围。[①] 复述的主要途径是引导对方运用上文提及的"我—信息"策略进行表达。比如，"因为我没经过他的允许就拿走了铅笔，使得他回家受罚了，所以他很生我的气。""我说了对他母亲不敬的话，他感到受侮辱，所以他出手打我。"公正判断的能力以倾听和复述为基础，而倾听和复述可以促进公正的判断。调解员需要判断其是否有苦衷，是否因自身不可抗因素才导致的冲突，事态是否在自己解决能力范围内等，从而判断是否向其他人求助。

3. 依据调解程序，尝试调解冲突

经过培训后，调解员可尝试进行冲突调解，并在每一次调解之后及时做好总结反思，不断提升自己的调解能力。具体调解过程可参考以下程序。

①与当事双方约定商谈时间和商谈地点，最好是安静的地方。冲突调解的过程仅限于冲突当事人、第三方调解员在场，没有教师、领导等权威人物及其他同学的围观，学生更能表达真实的内心感受。

②向当事双方说明基本规则和程序。事先介绍自己作为调解者不进行是非判断，只是帮助双方达成一致的解决方案，并说明每个人都有按自己

---

① 沈永江：《心理咨询中的"倾听"策略研究》，载《教育理论与实践》，2004(12)。

观点发言的权利，但都要回答对方所提的问题。同时，需要先确保双方同意遵守四条原则：第一，同意解决问题；第二，不说脏话；第三，不能打断别人的话；第四，说实话。为了让发言有序进行，可以利用箭头来指明轮到谁说话，区别出发言者与倾听者的角色。

③了解冲突背景和问题所在。分别询问两位当事人“发生了什么事情？感觉怎么样”，之后，客观复述当事人的回答：“嗯，你说的是……”教师以此表明自己扮演倾听角色，必要的话需要再次询问事件的关键时刻、对方的看法和感受，以保证全面了解事情的经过。

④寻求解决方法。询问当事人 A：“你有解决方法吗？”转而询问当事人 B：“是否同意这个方法？”“如果不同意，为什么？你有别的解决方法吗？”这样来回一问一答，直到达成一致的解决方法。

⑤再次确认并强调双方的一致意见。双方签署协议书（参见图 11-2），明确今后要做或不能做的事情。

⑥定期跟进。采访当事人后续情况如何？对解决方法是否满意？

⑦结束调解。调解结束后，调解员根据解决过程做记录，填写冲突调解卡（参见图 11-3），为下次班级遇到类似的问题提供参考案例。

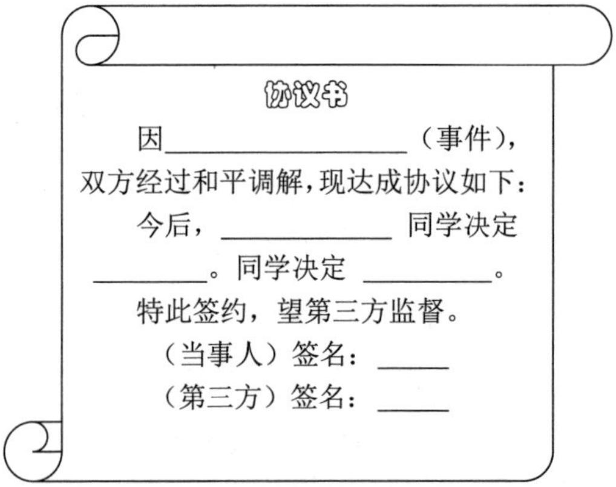
协议书

因________________（事件），

双方经过和平调解，现达成协议如下：

今后，____________ 同学决定 ________。同学决定 ________。

特此签约，望第三方监督。

（当事人）签名：_____

（第三方）签名：_____

图 11-2　冲突调解协议书

冲突解决卡

1.冲突背景

之前	过程	之后

2.达成协议

同学 A	
同学 B	

3.满意度

同学 A	☆☆☆☆☆
同学 B	☆☆☆☆☆

补充说明：

图 11-3 冲突解决卡

(二)冲突调解法的实施策略

程度严重的冲突，需要教师来处理。面对轻度冲突可运用冲突调解法，调解员需要学会积极倾听而非指责，学会有效沟通而非对峙，学会协助解决问题而非逼迫要求。

1. 学会积极倾听而非指责

冲突的解决关键在于调解员要学会倾听，而不是"不分青红皂白就各打五十大板"。为了保证调解员的中立立场，他们使用不做评论的倾听方法。但是，需要注意区分附和倾听与积极倾听。前者常使用"嗯嗯"或"我知道了"等表达，这种敷衍式的回应难以起到鼓励谈话者继续说下去的作用；后者也被称为释义倾听、反射式倾听或反思倾听，其要诀就是为了获得信息而积极地倾听关键的回答，同时让对方知道你听到了并且正确理解了其中的意思，这可以通过简要复述对方所讲的主要内容来加以体现。[1]

调解员要尽量运用积极倾听。例如，开头以"让我确认一下是否理解正确了，你的意思是……"引出。另外，调解员可以谈谈从内容中接收到的情

---

[1] 范超：《协作网络中冲突管理的沟通技巧》，载《东南大学学报(哲学社会科学版)》，2012(14)。

感。例如,在复述事件后接着说"……,因此你觉得他没有尊重你"。这种情绪性内容往往正是引起冲突的原因。积极倾听具有良性循环的作用,使得冲突当事人感觉受到他人的关注与尊重,从而更能敞开心扉述说事件。这反过来又促进调解员正确归纳冲突事件的成因,帮助当事人澄清自己的思想和感受。

2. 学会有效沟通而非对峙

调解员与冲突当事人是一种平等的关系。如果双方处于对峙的状态,当事人很难心甘情愿地参与调解。调解员在与当事人沟通时,若能设身处地站在对方的角度,想其所想,将心比心,就能拉近彼此的距离。在当事人表述自我想法时,调解员不要随意加入个人的主观评价,更不要总是打断对方的话并指出谁错了。如果调解员对当事人说"怎么又是你捣乱",当事人会心存芥蒂。

3. 学会解决问题而非逼迫要求

冲突调解法的优点在于为冲突双方提供互相了解内心感受的机会,并减少对当事人的伤害。在一定意义上,调解冲突的过程就是冲突当事人对自己的意识、情感、行为进行深刻反思的过程,是以积极、主动的态度面对冲突进而提升冲突双方民主协商及问题解决能力的过程。

调解员作为第三方中介,扮演的角色是调解者和支持者,协助双方在解决方案上达成一致,并加深彼此的理解。调解员不是行为判断者和结果的仲裁者,如果强迫式地把解决方法灌输给当事人,对解决冲突、化解冲突带来的负性情绪收效甚微。

视频:处理突发事件的方法

第三篇　班课整合管理篇

多年来，班级管理与课堂管理、课目教学之间存在疏离倾向。当下，如何改变这一状况，加强班课整合，增进班主任与科任教师之间的合作，尤其值得重视。事实上，没有离开"课堂"的纯粹"班级管理"，也没有离开"班级"的纯粹"课堂管理"。使用"班课"概念能将平常分开使用的"班级"与"课堂"概念整合起来。这一概念的使用，可视为沟通班级与课堂内在关联的一种恰当方式。相应的班课整合管理概念，强调教师间展开合作，促进班级管理与课目教学的整合，班级管理活动可提升课目教学的成效，课目教学活动可发挥班级管理功能。

本篇主要讨论班课整合管理的原理与方法，阐述班课整合管理的三种类型：立足于实现减负增效的"要素组合型"，充分利用已有班课整合管理资源的"迁移推广型"及应对迫切需求的"问题解决型"。在此基础上，分析班级管理与小学语文、数学和英语教学整合的思路与案例，以期在一定程度上为更多维度、更多层次的小学班课整合管理研究与实践提供参考。

第十二章　班课整合管理的原理

本章思维导图

概念作为理性思维的一种基本形式，是人们在理性认识阶段的产物，能够反映事物的本质属性。[①] 对于班课整合管理这一新概念，教师需要明确其内涵、价值和类型。

第一节　班课整合管理的概念

过去，"班级管理"与"课目教学""课堂管理"之间存在疏离的倾向。"班级管理"由班主任负责，"课目教学"与"课堂管理"由各科任教师负责。当下，沟通三者之间的深层次联系，有利于促进教师合作，开启班课整合管理的新视野，推动相应的创新性实践。

---

① 冯契：《哲学大辞典（分类修订本）》，348页，上海，上海辞书出版社，2007。

一、解析整合

与整合（integration）相近的词语有结合（connection）和组合（combination）等。结合常做动词，是指事物内部要素之间或事物之间相互吸引、凝聚、协同、融合的趋势或过程，是一切事物产生、存在和演化的重要机制与方式。[①] 组合常做名词，是指组织成为整体，其各部分之间的关联性可强可弱，重点在于最终呈现出整体的状态。[②]

整合指达至"一体化"，实现"同一"，既带动词词性又有名词词性。[③] 整合做动词时，指几个不同部分联合成整体的过程。已形成或未形成的系统各部分经过整合能形成新系统。在此过程中，系统提高了其自身的完整性和组织性水平，形成整体的各部分相互联系和作用的量与程度，在系统中得以增大。整合做名词时，表示整合过程的某种结果或达到整合的有序状态。[④] 在民族学或文化人类学领域，整合指文化特质与文化体系之间以及文化与其他因素功能上的相互关系。

二、解析班课整合

视频：解析"班课整合"的三层含义

班课整合主要有三层含义，即班级管理与课目教学整合、班级管理与课堂管理整合，以及班主任工作与科任教师工作整合。

（一）班级管理与课目教学整合

课目即课程细目的简称，指称教育领域各种相对独立开设的学科或科

---

① 董京泉：《结合机制导论》，载《社会科学战线》，2000（3）。

② 陈绂、聂鸿音：《当代汉语词典》，1451 页，北京，北京师范大学出版社，1993。

③ 曾文婕：《学习哲学论：学习型社会建设的深化路径研究》，81～82 页，北京，人民教育出版社，2017。

④ 金炳华：《马克思主义哲学大辞典》，上海，上海辞书出版社，2002。

目、教学活动与项目。① 课目教学既包含了学校内各学科或科目的教学，也包含整合课程和德育等"非学科"或"非科目"的教学。教师开展课目教学工作的基本环节，主要包括"备课""管课""上课""作业布置、指导与批改""课外辅导""学习评价"等。班级管理与课目教学整合，使得二者的要素相互联系和作用的量与程度得以增大，能够创设更利于学生学习的环境。

(二)班级管理与课堂管理整合

班级管理与课堂管理整合，指管理者有意识地将班级管理与课堂管理要素加以整合，科学认识和引导学生的行为，促使学生投身学习以实现教育教学目标。班级管理与课堂管理整合，既是出于为教师工作减负、促进学生身心和谐发展等的需要，也是由二者深层次的基本特征所决定的。无论是班级管理还是课堂管理，都主要围绕学生的行为以及影响学生行为的因素开展。一些观点认为班级管理聚焦于学生日常行为或道德行为，课堂管理聚焦于学生课堂学习行为，但这些行为之间并非相互独立的，而存在着互融、互动、互惠或互损的关系。② 班级管理与课堂管理整合，致力于将原本具有内在联系，但被人为割裂开的目标、内容和事务等，重新联合为一体。

(三)班主任工作与科任教师工作整合

班主任是班级工作的组织者、班集体建设的指导者、学生健康成长的引导者，是中小学思想道德教育的骨干，是沟通家长和社区的桥梁，是实施素质教育的重要力量，要做好学生的教育引导工作、做好班级的管理工作、组织好班集体活动、关注每一位学生的全面发展并引导家长和社区配合学校共同做好学生的教育工作。③ 科任教师要负责具体课程的教学，承担育人工作。班主任工作与科任教师工作整合，加强班主任与科任教师间

---

① 黄甫全：《现代课程与教学论》第 3 版，3 页，北京，人民教育出版社，2014。
② 黄甫全：《现代课程与教学论》第 3 版，412 页，北京，人民教育出版社，2014。
③ 中华人民共和国教育部：《教育部关于进一步加强中小学班主任工作的意见》，ht-tp：//www. moe. gov. cn/srcsite/A06/s3325/200606/t20060604_81917. html，2019-02-17。

的合作，能够使教育活动开展更为有序有效。

三、解析班课整合管理

管理，有控制、指使、使人服从及小心处理以达到目标等含义。机器大工业生产的迅速发展，大型公司与组织相继涌现，产生了新的组织问题及相应的应对策略，人们的价值观也不断变化，对管理的认识不断突破。管理逐渐跃出了"管束"的视界，倾向于发挥协调、调动的作用，指为实现目标，合理调动各种资源进行计划、组织、实施、预测、协调及激励等。[①]

班课整合管理，即班主任与科任教师充分合作，合理调动各种资源进行计划、组织、实施、预测、协调及激励等，促进班级管理与课目教学、课堂管理整合以达到相应的目标。班级管理活动可彰显课目教学的特色，课目教学活动中蕴藏着强化管理的契机。例如，科任教师协助班主任设计开展有课程特色的班级活动，既为学生提供运用所学课程内容的机会、丰富课程教学的形式，如为教师从多方面了解学生提供渠道与信息，提升管理成效。学生也能够更加了解教师，发现教师的特长，改善师生关系，便于教师开展管理工作。课目教学活动也可以改善班级氛围，科任教师根据班主任反映的班级氛围现状调整教学设计，如增加小组探究活动或讲述有教育意义的小故事等，有利于推动班级氛围朝着团结合作、积极进取的方向发展。

第二节　班课整合管理的价值

班课整合管理，在化解班主任工作困境、提升管理工作成效及推动管理活动多样化等方面具有重要价值。

---

① ［美］詹姆斯·昌佩、［美］尼丁·诺利亚：《管理的变革——企业管理最先进观念的转变》，20 页，李玉霞译，北京，经济日报出版社，1998。

一、化解班主任工作困境

班主任制度在我国已长期存在，当下正面临挑战，班课整合管理为化解班主任的工作困境提供了一种新路径。

(一)班主任的优势与困境

班主任一词，在 1942 年绥德专署教育科的《小学训导纲要》中就曾出现："实行教导合一制，必须加强班主任的责任，否则教导主任就忙不过来。"[①]1952 年，教育部颁发的《小学暂行规程(草案)》第三十二条明确规定："小学各班采取教师责任制，各设班主任一人，并酌设科任教师。"[②]

在多年的实践过程中，中小学设置班主任的制度已取得显著成效。然而，我们必须看到的是班主任承担的任务过重。学校活动、班级事务、家长沟通等事宜，都需要班主任一一落实。因为任务重、班额大，班主任为了提高班级管理效率，甚至通过一系列"强硬"方法来约束学生的行为。

值得注意的是，一些科任教师注重学生相应课程的学习表现，认为学生其他方面的发展都是班主任的事情。长此以往，导致了一些科任教师只"教书"，不"育人"，几乎不参加班级管理事务。而且，科任教师"推卸"教育责任，也使得班主任的工作负担越来越重。

(二)班课整合管理减轻班主任的压力

放眼国际，一些国家的小学虽然实施的是班级授课制，但在教学和管理方面实行的是包班制，即由一位教师负责全班的管理和所有学科的教学(在有的学校里，艺术科另有教师任课)，两至三名高年级学生和家长作为助理，协助教师开展工作。包班制度有利于教师多方位、客观地了解学生，

---

① 陕西师范大学教育研究所：《陕甘宁边区教育资料(小学教育部分)》上册，278～279 页，北京，教育科学出版社，1981。

② 《中国教育年鉴》编辑部：《中国教育年鉴(1949～1981)》，728 页，北京，中国大百科全书出版社，1984。

实施个别教育。① 我国部分小学正在尝试从制度上进行改革探索，开展包班制、走班制等实践。然而，我国目前很难全面实现小班化教学，而且完全引进国外制度也存在"水土不服"的情况。班主任制度是我国行之有效的教育传统，其存在具有重要价值，不宜轻易废弃。在这样的背景下，班主任及科任教师结合班级实际情况及任教课程的特点，在课目教学活动中落实班级管理目标，能在一定程度上减轻班主任管理班级的压力。而且，很多课程内容本身就有德育价值，科任教师有意识地加以挖掘和弘扬，既减轻了班主任的压力，也充分发挥了科任教师的"育人"作用。

当下，班级不仅是学生学习的场所，更要成为一个学习型组织，班主任和科任教师都是这个组织中的成员，这也要求在管理活动中建立起班主任与科任教师的合作机制。班级管理与课目教学的融通，使得班级管理不再处于仅仅为课目教学服务的地位，而是与课堂管理及相应教学活动相互渗透、彼此影响。班主任与科任教师的充分交流，使得教师们能够更加全面地了解每一位学生，在此基础上结合任教课程的特点形成具有个人特征和魅力的管理风格，设计多样化的管理活动，进而提高学生对教师教学与管理活动的认可度。

以下是实际发生的一些案例，从中可见班课整合管理的重要性。

案例一：②

当班主任在时，这个班级秩序良好，学生学习努力、协作性强，但当班主任离开这个班级或改换成另一个科任教师时，这个班级就失去了原来的平静。一些老师这样说："这个班的学生只怕班主任，只要班主任在教室门口一站，学生谁都不敢讲话。"这话隐含了一层意思：这个班换成别的老师，教室里就吵吵嚷嚷，乱成一团。

---

① 冯惠敏、郭洪瑞：《芬兰国家核心课程改革中横贯能力的培养对我国的启示》，载《外国中小学教育》，2017（10）。

② 华南师范大学 2010 级全日制小学教育方向教育硕士生范蓬慧参与了调研。

案例二：

这是一节王老师的音乐课，王老师所任教的年级为四(1)班。四(1)班在全校老师的眼里是公认的最为听话的一个班，音乐课的纪律也一向表现很好，可是今天这一节课很多同学都在自己忙自己的，王老师在课堂上整顿了好几次纪律，成效也不大。于是下课后王老师就找了几位班干部谈话，从学生口中得知，上午班主任在开班会课时说过：如果哪位同学上我的语文课不认真，以后不重要的科目(音乐/美术……)别上，留在班上罚抄课文。

案例三：

四(4)班是全校出了名的纪律差班，每个科任教师去上课时都感到头疼。李老师作为一名年轻的音乐教师在该班的音乐课堂上也没有办法维持纪律，李老师觉得是时候跟班主任交流一下了，在课下李老师找到了该班的班主任，向班主任谈起了自己的困惑，这时班主任仔细热情地向李老师介绍了班里的整体情况，并介绍了一些自己多年的班级管理经验，同时还提供了一些好的课堂管理方法给李老师，让李老师根据自己的情况合理采用。这天又是一节音乐课，班主任在上课前就在班上细致解读了纪律要求，并亲自把本班学生带到音乐教室，上课时，李老师根据和班主任交流后的心得合理调整自己的教学设计。在这节课中，李老师明显感觉到那些特别调皮的同学收敛了很多，有些调皮学生还开始认真听课了。一节课下来，李老师感觉轻松了很多，也没有一直纠缠在课堂管理上，并且学生反馈的效果还不错。在这以后李老师时常向班主任请教，自己也在这个过程中成长了很多。在班级活动时班主任也会叫上李老师，这样你来我往，李老师跟四(4)班建立了深厚的友谊，在音乐课上李老师再也没有担心过课堂管理的问题，一切都是水到渠成的。

案例分析：

课堂问题的发生往往是由班主任与科任教师长期缺乏交流导致的。班主任和科任教师各自为阵，未能形成良好的合作关系甚至出现矛盾，给管理活动的开展带来严重的负面影响。班主任与科任教师之间应利用课后时间充分交流、学习，相互配合协作，为学生树立榜样。每位教师在教育教学方面都有自己的独特经验和见解，通过交流活动使得教师们在更短的时间内获得丰富的管理技巧。班主任可以主动向科任教师介绍班级的整体情况、学生的个体情况及学生家长的意见，以此增进科任教师对班级的了解，提升科任教师的班级归属感。同时，科任教师也要向班主任反馈自己做出的一些规定和要求，以确保各教师的管理活动协调一致。班课整合管理，使得班级学生、教师形成团结的学习型组织。对于音乐教师而言，班课整合管理既提升了他们的教育教学水平，也减少了课堂管理方面带来的困扰。

二、提升管理工作的成效

班课整合管理使得来自各方的管理目标得以统整，教育力量得以凝聚，进而提升管理工作成效。

(一)彰显家校社教育一致性

教育影响一致性原则是指教师应当有目的、有计划地把来自各方面对学生的教育影响加以组织、调节，使其互相配合、协调一致地进行，以保障学生的品德按教育目的的要求发展。[①] 学生受生活环境中的各方面教育因素影响，这些影响纷繁复杂，甚至相互之间会存在矛盾和对立，如果不加以组织必将削弱教育对学生的影响。

为贯彻教育影响一致性原则，一个班的教育者对学生的影响应达成一致，使集体成员团结起来，实现共同目的。若班主任和科任教师持有相互冲突的管理目标，就会导致学生在落实教师教导时无所适从。班课整合管理使得各教师之间建立常态化的沟通交流机制，总体目标朝着统一的方向推进。学生能够得到来自学校教师一致性的教导，会更加信任教师，充分投入学习中。

班课整合管理，同样推动着来自学校与来自家庭和社会的教育影响活

---

① 王道俊、王汉澜：《教育学(新编本)》，392页，北京，人民教育出版社，1989。

动，主要方式有教师鼓励家长参与班课整合管理活动，家长能够借此机会了解教师的管理目标，并有意识地在家庭教育中进行渗透。表现积极的家长有机会参与班级日常事务的管理工作，了解班级教师的风格、班内学生的特点以及班级的学习氛围，并从不同于教师的角度出发，及时发现班内存在的问题，与教师或其他家长共同协商解决。未能直接参与班级管理的家长，也可以通过家校交流的网络平台和家访活动，与学校教师进行及时、密切的交流。

班课整合管理还有助于协调班级与相关社会团体或单位间的关系，发挥社会的教育作用。比如，针对班级近期的情况，教师们可以群策群力联络党团组织、少年宫、文化宫等群体、单位配合开展课外活动，共同助力学生发展。

(二)管理目标的高效达成

学校教育管理目标明确了管理要营造什么样的氛围，将学生培养成什么样的人，经过层层分解，最后落实到各个班级。学校的教育效益、教学质量及管理绩效的提高，都是以班级为单位完成学校赋予的任务。[①] 班级管理与课目教学整合之后，班主任首先对学校的教育管理目标进行分解，随后与科任教师商议出符合班级实际情况的管理目标。在学校中，有的科任教师是学校领导、部门领导或教研组长，他们在学生中有一定的影响力和感召力，有的科任教师富有教育教学艺术和魅力，学生愿意接受他们的指导，有的新教师吸收新理念、新方法的积极性高、学习能力强，这些都为科任教师开展优质的班课整合管理工作提供了可能。无论是课目教学活动还是课外的班级活动，教师们都以各自的方式贯彻落实共同的管理目标。通过班课整合管理加强教师对班级的教育管理，对实现整个学校的教育管理目标都具有重要意义。

---

① 　宋秋前：《现代班级教育与管理》，3页，杭州，浙江大学出版社，2015。

三、推动管理活动多样化

科任教师参与到管理活动中，能够结合自己对班内学生的认识有所侧重地推进相应的管理工作，并结合课程特色设计管理活动，有利于推动管理活动的多样化发展。

(一)管理重点各有侧重

班课整合管理，从新的角度赋予和强化了科任教师的育人职责，他们会更加有意识地、多维度地持续观察、分析和指导学生。比如，观察学生在自己课堂上的情绪、听讲的注意力集中程度、回答问题的情况、学习态度和意志品质等，并记录下来进行分析、研究。通过一定时间的观察以及与其他教师的沟通交流，教师会发现自己在课堂上存在的待解决问题，可将其作为管理活动的重点。进而，结合自己对学生的观察，充分发挥自身优势和学科优势，设计出符合学生实际情况的、重点突出的班课整合管理活动。这样，一个班的科任教师管理重点各有侧重，管理活动也会更为多样化。

(二)管理活动各具特色

班级管理与课目教学分离，使班级管理活动主要体现出班级特色或班主任任教学科的特色。班课整合管理推动科任教师参与到班级管理活动中，尽可能地在课堂教学过程中达成班级管理目标，促使具有不同课程特色的班课整合管理活动得以产生。班级管理与语文教学或数学教学整合等，能突出各学科独特的班级管理价值，彰显不同科任教师在管理活动中的优势，由此设计出来的活动也就各具特色。

第三节　班课整合管理的类型

立足于实现管理上的减负增效、充分利用已有班课整合管理资源，以及回应迫切需要解决的管理问题，班课整合管理可分为要素组合型、迁移推广型和问题解决型三种类型。

一、要素组合型

视频：要素组合型班课整合管理

要素组合型班课整合管理，指的是班主任和科任教师将班级管理的要素与课目教学活动中课堂管理的要素，根据实际需要加以整合，以便高效达成班级管理目标并支持课堂教学的顺利开展。下文先剖析班级管理和课目教学活动中课堂管理所包含的要素，进而分析为何及如何促进这些要素的整合。

(一)要素剖析

关于班级管理的要素，不同学者持不同观点。有学者认为主要有班级建设、学生管理、日常管理、心理辅导及人际交往。[①] 有学者认为主要有了解和研究学生、组建班集体、品德指导、交往指导及学习指导。[②] 根据本书第一篇对班级管理的界定，班级管理需要合理调配班级资源，并营造良好氛围，包含了解学生、组建班级、组织班级活动、指导学生行为、指导学生学习和形成教育合力。

课堂管理是课目教学活动的重要组成，也是科任教师必须掌握的技能。关于课堂管理的要素，同样存在不同见解。有学者认为其主要包含了解学生需要、开展有效教学、创建积极课堂人际关系及建立稳定的课堂规范。[③]

---

①　《班主任班级管理实务》编写组：《班主任班级管理实务》，3～179 页，广州，世界图书出版广州有限公司，2010。

②　庞云凤、王燕红：《小学班级管理策略》，73～249 页，济南，山东人民出版社，2014。

③　叶存洪：《班级与课堂管理》，74～75 页，南昌，江西高校出版社，2010。

有学者认为包括课堂规则树立、课堂环境管理及课堂问题行为管理。[①] 如前文所述，本书基于循证研究成果，将课堂管理的要素分为优化课堂结构、促进学生课堂参与、建立课堂行为标准、回应学生恰当行为与学生不当行为。

（二）组合缘由

调查表明，与非班主任相比，班主任日均工作时间长，八成以上班主任平均每天在校工作时间超过 8 小时，九成以上班主任回家后还要花额外的休息时间处理班级工作问题。[②] 班主任工作强度大，已成为普遍现象。这一现象产生的主要原因可以分为两类。一是承担的工作过多。班主任扮演的角色越来越多元化，是一名科任教师，还是学校政策的落实者、学生心理的疏导者、班级活动的组织者、家校沟通的桥梁等。家庭、学校及社会都对班主任工作有较高的期望，每一项工作都需要投入时间和精力。二是自身的专业素养尚待进一步发展。并非所有班主任都有较高的专业素养或丰富的管理经验。工作效率不高，导致其难以在规定时间内达到目标，多次尝试又屡屡碰壁，压力逐渐累积。这两种原因使班主任长期处于疲惫状态，甚至可能失去工作热情。在这样的背景下，有必要实施要素组合型班课整合管理，使班主任的工作得到科任教师的支持。

（三）组合方式

挖掘和彰显班级管理与课堂管理要素间的内在联系，有利于实现二者的融通与组合，各要素的组合方式如图 12-1 所示。例如，"组织班级活动"可以与"建立课堂行为标准"组合。广州市华阳小学的"向日葵班级"将向日葵的花语"内心有坚定信念，不怕困难，勇往直前"作为班级宣言。在组织秋游活动过程中，该班教师经商议向学校提出，将活动目的地定为"百万葵园"，要求学生重点观察向日葵向阳的习性特点，将其延伸至学生上课时要

---

① 李朝辉：《教学论》第 2 版，235～249 页，北京，清华大学出版社，2016。
② 赵福江、刘京翠：《我国中小学班主任工作现状问卷调查与分析》，载《教育科学研究》，2018（11）。

面向演讲者。从此以后，在课堂上，每当学生出现注意力不集中、不认真倾听的行为时，科任教师们都会指着班级墙壁上张贴的向日葵图片，说道："向日葵班的同学们上课时要……"此时，学生们就会立刻端正坐姿，回应道："面向讲台，认真倾听。"教师在课堂教学过程中不会花大量时间点名批评，只需要一个手势、一句话语，就能够使学生端正自己的课堂行为，提升了管理效率。该班的成功之处就在于将班级活动与课堂行为标准组合，学生不仅了解到向日葵的习性等有趣的自然科学知识，还将其与自身的课堂学习行为建立关联。班主任不必再因为科任教师反映班级纪律差而频繁采取各种"零散"措施进行"整顿"，减轻了班主任的工作负担。

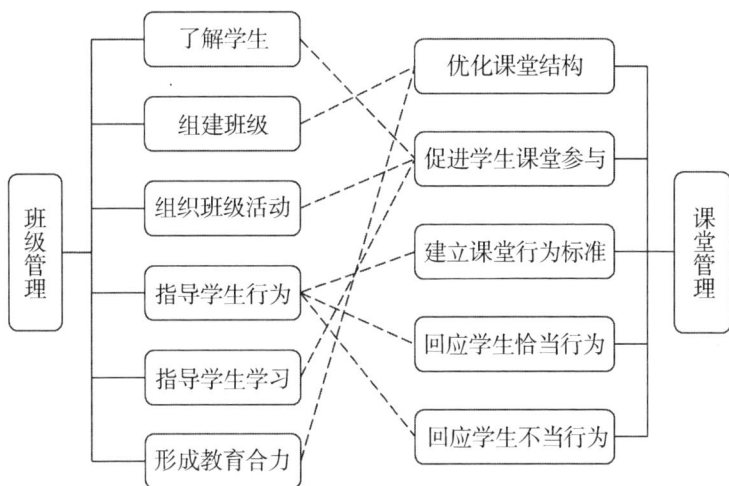

图 12-1　班级管理与课堂管理要素组合示意图

　　班级管理与课堂管理的要素组合，包含但不限于上文和图 12-1 中所提到的一个班级管理要素与一个课堂管理要素组合的"一对一"方式，"多对一"或"多对多"等组合也同样可行。比如，本书第十四章将介绍的趣题集结法就属于"多对一"的组合。数学教师与其他教师共同商定需要学生遵守的班级与课堂行为标准在得到学生的认可后开始执行，并将趣味数学题作为回应学生恰当行为的奖励。学生积攒回答正确的思考题，即可到教师处领取"行为榜样"称号奖状及奖品。经过教师的精心筛选，趣味数学题既具有趣味性，又能促进学生思维发展。"多对多"组合，兼具课堂管理和班级管理功能，一举多得，在减轻班主任管理负担的同时，能提升管理成效。

二、迁移推广型

班课整合管理是一项颇具复杂性的工作。除了开发新的管理策略外，迁移应用已有的方法也是一种可行路径。迁移推广型班课整合管理，指的是将一些行之有效的班课整合管理方法，结合所教学科的特点和学生的实际情况进行迁移式应用并加以改进，以满足班级管理和课目教学的需要。

(一)迁移缘由

对于班课整合管理的成功经验、案例，教师应该思考怎样归纳提炼其中的关键步骤和策略并加以吸收、借鉴与运用。运用迁移的方法，教师能获得快速成长，同时节约教师开发新型管理策略的精力。

(二)迁移方式

迁移推广的关键，在于发现一些能取得成效的班课整合管理方法。在继承模仿原有方法的基础上，结合课程特色、年级特色或班级特色进行一定程度的改造。例如，本书第十四章介绍的缤纷错题集是一种班级管理与数学学科教学整合的方法，可以推广应用为班级管理与语文或英语等学科教学整合的方法。

对学生作业进行指导，是课目教学活动中的重要环节之一。缤纷错题集引导学生意识到学习错误的意义与价值，并主动对错题进行订正、归类，从而减少学生学习错误的产生。这既发挥了指导学生学习的班级管理功能，还将班级管理与课目教学整合。同时，该方法能培育学生形成敬业价值观，培养学生的学业认同感、学业责任感及学业成就感。

缤纷错题集由传统的数学错题本、订正本改进而来，学生需要分析错题原因，并按照教师规定的颜色进行填涂标记。学生看到错题集上的颜色类型和数量，即可了解自己经常出现的错误类型并采取相应措施及时解决问题，促进自己的学习。将丰富的色彩与学习错误类型加以关联，能降低学生的认知负荷，提升学生订正错题的兴趣。

缤纷错题集体现学科特色之处，主要在于将数学学习错误类型与颜色一一配对。敬业价值观的培育，则主要依托缤纷错题集的运行机制来实现。比如，其一，不强制要求填写错题集，而是通过呈现其他同学的使用成效，来逐渐调动全班同学自觉填写的积极性，培养学生形成学业认同感。其二，要求学生对错题进行深入分析和交流，提升其学业责任感。其三，通过网络平台鼓励家长肯定孩子的订正行为，提升学生的学业成就感。在此过程中，也达成了"指导学生行为"和"形成教育合力"等班级管理目标。由于学生在每门课程学习过程中都会出现各种错误，而价值观培育又需要落实到学生生活和学习的方方面面，因而，教师可将该方法迁移推广到其他学科。在其他学科使用缤纷错题集时，教师首先要对学生在学习过程中易出现的错误进行分类，并匹配每种错误出现时学生应在错题集上填涂的颜色。此处以小学语文和英语学科常见的学习错误为例加以呈现（参见表 12-1）。

表 12-1 小学语文和英语学科常见的学习错误类型及色彩匹配

学科	语文		英语		颜色匹配
错误类型	审题不清		审题不清		蓝
	知识遗忘		知识遗忘		黄
	语法不明	成分残缺	语法不明	词语使用错误	红
		用词不当		时态错误	绿
		搭配不当		语态错误	紫
		重复累赘		成分残缺	橙
		分类不当		句型错误	灰
		关联词使用不当		篇章错误	棕
	书写不当		书写不当		绿

三、问题解决型

学生在学习和生活中会出现或大或小的问题，教师可以通过班课整合管理加以及时引导，避免问题进一步扩散和严重化。问题解决型的班课整合管理是指教师就学生学习和生活中出现的种种问题,有针对性地实施班级管理和课目教学活动,使二者协同发挥作用以解决问题。

(一)提出缘由

班级管理只为约束学生服从纪律,科任教师忽视育人职责进而将教学与德育分离或应付式地在教学中实施"形式化"的德育,都给学生的身心健康发展带来严重的负面影响。学生的大部分时间都在参与科任教师的教学活动,教学不仅要让学生学习知识与技能,还要帮助学生学习如何为人处世。然而,在学校德育实践中,科任教师的德育工作存在缺失,在很大程度上未能配合与协作班主任做好德育工作。在教学工作中,一些教师没能承担德育的责任,认为学校德育只与班主任工作或德育课程相关,而与自己任教的课程无关。[①]这些状况的产生,受多种因素影响。比如,历史上对"教育"和"教学"的区分,就潜藏了将"道德"从"教学"中剥离的风险,导致了两种工作发生分化。

(二)实施方式

此处以班课整合管理解决道德教育遭遇的问题为例,分析问题解决型班课整合管理的实施方式。道德教育可从直接和间接两方面开展。直接促进,主要是班主任通过主题班会等途径开展直接教导;间接促进,则可以是科任教师在课目教学过程中营造良好的德育环境,在潜移默化中影响学生。

雅斯贝尔斯(Jaspers, K. T.)认为,教师在教学过程中,应当融合教育的文化功能和对灵魂的铸造功能。学生在教学活动中完成读、写、算等基本练习,并不仅仅是锻炼外在的手的动作、理解运算或获得技能的过程,而是以此参与精神生活,细心把握其中的美。以正确的方式传授知识和技能,对学生而言,就已经是一种对整个人的精神教育。[②] 这些观点,揭示了教学活动承载着道德养成的功能。各科任教师在德育工作中,同样需要

---

① 袁琳、赵丽霞:《中小学学科德育存在的问题与优化策略》,载《思想理论教育》,2013(14)。

② [德]雅斯贝尔斯:《什么是教育》,1、35、149页,邹进译,北京,生活·读书·新知三联书店,1991。

承担重要角色。要充分发挥课目教学的德育功能，可以尝试根据课程特色在指导学生学习、促进学生课堂参与、建立课堂行为标准等管理活动中渗透德育、营造德育氛围，根据班级近况灵活调整德育工作的重心。

　　教师通过班课整合管理开展德育以解决相应问题，需掌握一定技巧，空洞的、缺乏艺术性的说教容易引起学生的抵制。课堂中的德育，应更多地采用潜移默化、熏陶感染、点滴浸润的方式，为学生的接受、领悟和内化提供有利条件。[①]在不同课目教学过程中渗透德育有其自身的特点，因而需要发掘每门学科的"个性"，充分发挥各自的优势。不同课目德育的主题及方式如下表所示（参见表 12-2）。教材中隐藏的宝贵德育元素，也需要教师加以挖掘，并选择合适的途径和方法予以弘扬。

表 12-2　各课目德育主题及方式[②]

待解决的问题	学科		素材形式		蕴含的道德价值	教学方式
	特征	科目	内容	方法		
·学生喜欢恶作剧，不考虑行为后果； ·学生不尊重家长、老师，缺乏感恩意识； ·学生易因小事发生争执，喜欢嘲笑同学，缺乏包容心； ·……	伦理 正义 关爱 审美	语文	字词句章 人类文化 任务 感情 伦理	榜样示范 阅读 审美 情感	伦理 正义 同情 人道	生命叙事 探讨交流 分享感悟 案例分析 角色扮演
		历史	典籍 人物 事件 价值观	批判 独立思考 叙事 辩证思维	正义 宽容 理解	
		外语	语言 文字 文化习俗	情景 交流 对话 语感	尊重 倾听 包容	

---

　　① 成平：《课堂德育的原则、方法与对教师的要求》，载《思想理论教育》，2008(10)。

　　② 李敏、张志坤：《审议与反思：学科德育的教学表现样态》，载《教育发展研究》，2014(22)。略有调整。

续表

待解决的问题	学科		素材形式		蕴含的道德价值	教学方式
	特征	科目	内容	方法		
·学生在班级评比中缺乏自信心和欠缺付出努力的意愿； ·学生学业受挫，在班级中表现出消极行为； ·……	理性秩序和谐	数学	公理公式计算图形	推理演绎归纳计算	严谨理性坚韧	逻辑推理探讨交流案例分析
		物理	定律公式发明	实验观察计算设计	严谨专注理性坚韧求实	
		自然	物种环保发现	观察分析描述感受	包容和谐敬畏审美感恩	
·学生班内竞争意识过强，缺乏合作意识； ·班干部未能坚持履行职责，缺乏为同学服务的意识； ·……	探索情境在做中学参与体验	研究性学习	现象方法原理研究报告	探索实验操作分析论证	严谨合作独立性超越	参与感受交流分享案例分析
		社区服务与社会实践	伦理义务服务技能社会体验	参与体验承担责任	热情投入责任义务感	

第十三章　班级管理与语文教学整合

本章思维导图

　　"语文课程致力于培养学生的语言文字运用能力，提升学生的综合素养，为学好其他课程打下基础；为学生形成正确的世界观、人生观、价值观，形成良好个性和健全人格打下基础；为学生的全面发展和终身发展打下基础。"①班级管理与语文教学整合，能够优化班级管理和提高语文教学质量。

第一节　班课整合研制管理目标：夺宝奇兵法

　　"目标是人们期望通过努力而达到的结果。"②当目标成为班主任、科任

---

　　①　中华人民共和国教育部：《义务教育语文课程标准（2011 年版）》，1 页，北京，北京师范大学出版社，2011。

　　②　顾明远：《教育大辞典（增订合编本·上）》，483 页，上海，上海教育出版社，1998。

教师和学生的共识时，他们才能朝着共同的方向前进。若班主任和科任教师之间的管理目标存在分歧，可能会导致学生无所适从。夺宝奇兵法，可以为基于班课整合研制管理目标提供一定的参考。

一、产生背景

夺宝奇兵法的设计与实施，能在一定程度上解决当前小学教育领域存在的教师管理目标不一致、学生存在厌学情绪、游戏融入教学遭遇困境等问题，推动课堂教学和班级管理的顺利开展。

(一)教师管理目标不一致

教师预先确定统一的管理目标，能够促使班级成员协调一致、齐心协力。然而，当前小学科任教师和班主任主要是分别制订管理目标。班主任制订班级管理目标，如按时上学、见面行礼、主动问好等；科任教师制订课堂管理目标，如不随意打扰他人学习、课前准备好学习用品、完成新课预习、上课专心听讲、积极思考等。科任教师与班主任之间缺乏相应的沟通和交流，导致管理目标不统一、交错重复、出现混乱等情况。因此，多位教师有必要统一管理目标，提升教学和管理成效，为学生减轻负担。

(二)学生存在厌学情绪

学校存在各种规章制度，在一定程度上压抑了学生爱玩的天性，导致学生产生厌学情绪。游戏是学生喜欢的活动，贴近学生的心理。教师将游戏引入班课管理中，能够让学生从中获得愉悦感和满足感，激发学生参与课堂教学和班级管理的兴趣，调动学生学习的积极性，达到寓教于乐的效果。

(三)游戏融入教学遭遇困境

近年来，随着课程改革的不断推进，教师开始关注游戏在课堂教学和班级管理中的应用、如何将游戏引入班课管理中，已成为教育研究者和一线教师共同关注的话题。但是，当前游戏教学遭遇多重困境，如"增加教师额外的负担""游戏时间比较长，影响正常教学活动""学生容易沉迷于游戏""教师素养达不到要求"等，使游戏难以融入班课管理中。

二、具体方法

夺宝奇兵法通过游戏规范学生行为，在活动实施过程中，学生可以通过不断改进自己的行为表现，收获奖励。

(一)夺宝奇兵法的筹备

夺宝奇兵法的筹备阶段，主要包括三个步骤：确定目标行为、制定活动细则以及选择适宜强化物。

1. 确定目标行为

在寻宝夺兵活动实施之前，班主任和语文教师需要协商确定具体、详细的目标行为(参见表 13-1 和表 13-2)。在课堂教学和班级管理中，学生会出现教师所期望的行为，也会出现一些需要纠正的问题行为。要让学生做出期望行为，则需要教师告诉学生什么是期望行为，学生才能知道如何做。因此，班主任和语文教师可以事先确定合理、可操作的目标行为。

表 13-1　基础阶段目标行为 [①]

序号	目标行为
1	衣着整洁，佩戴红领巾和校徽
2	按时上学，不迟到、不早退和不逃学
3	尊敬老师，见面行礼，主动问好
4	待人有礼貌，说话文明，不骂人
5	同学之间友好相处，互相关心和帮助，不欺负弱小
6	不随意翻动和拿别人的物品，借东西及时归还
7	诚实守信，不说谎话，知错就改
8	认真值日，不随地乱扔垃圾，保持教室整洁
9	爱护公物，不在课桌椅、墙上和黑板上涂抹刻画
10	积极参加集体活动，完成集体交给的任务，不做损害集体荣誉的事
11	在教室里不拥挤、不喧哗、不打架、不追逐，不影响他人学习与休息

[①]　改编自中华人民共和国教育部：教育部关于发布《中小学生守则》、《小学生日常行为规范(修订)》和《中学生日常行为规范(修订)》的通知，http://www.moe.gov.cn/s78/A06/jcys_left/moe_710/s3325/201001/t20100128_81948.html，2019-08-17。

表 13-2   进阶版目标行为 ①

序号	目标行为
1	坐姿端正，不随意离开座位和做小动作
2	不随意打扰他人听讲或学习
3	课前准备好学习用品，完成新课预习
4	上课专心听讲，积极思考
5	积极回答问题，保证大声清晰
6	尊重他人，倾听他人，不随意打断他人发言
7	大胆提问，勇于表达自己的想法和意见
8	积极参与小组合作，讨论和发表见解
9	课后认真复习，按时完成作业，书写工整，卷面整洁
10	课后积极阅读健康有益的图书、期刊和报纸等

2. 制定活动细则

规则，是保证活动有序开展的前提。教师在确定目标行为之后，需要制定寻宝夺兵法的活动规则，包括运行流程、奖惩措施和注意事项等。同时，教师要认真听取学生对活动细则的意见和建议。学生不仅是规则的执行者，还是规则的共同制定者。让学生参与到规则的制定当中，能够增加其对这项活动的认同感。

3. 确定适宜强化物

在活动开始之前，教师可以通过访谈、问卷或观察等方式来确定强化物。教师要了解学生喜欢的奖励，才能有针对性地激励学生持续参与这项活动。教师通过多种方式了解学生的喜好，能够确定更适宜的强化物，对学生也更具有吸引力。

（二）夺宝奇兵法的实施

夺宝奇兵法的实施过程主要包括三个步骤：举行启动仪式、小组合作

---

① 改编自中华人民共和国教育部：教育部关于发布《中小学生守则》、《小学生日常行为规范（修订）》和《中学生日常行为规范（修订）》的通知，http://www.moe.gov.cn/s78/A06/jcys_left/moe_710/s3325/201001/t20100128_81948.html，2019-08-17。

开展活动及实时记录与报告。

1. 举行启动仪式

在夺宝奇兵活动开展之前，班主任和语文教师可挑选一节班会课，介绍这项活动。教师要向学生详细说明这项活动的主要目标、运行流程、活动规则和注意事项等。学生只有深入了解和认同这项活动，才会积极地参与活动，并达成目标行为。

2. 小组合作开展活动

教师根据学生的特点，进行异质分组。每个小组由四位学生构成，小组内设置一位组长、发言员、监督员和记录员。组长负责分配学习任务和移动棋子，发言员负责分享活动中的感想，监督员负责提醒小组成员完成目标行为，记录员负责记录成员表现出的目标行为。小组成员分工明确，以保证每位学生参与到这项活动当中。在每周开始时，夺宝奇兵地图中小组成员的棋子都停留在原点(参见图 13-1)。

图 13-1　夺宝奇兵地图

3. 实时记录与报告

若学生达到目标行为的要求，科任教师和组长有权依据学生的表现，移动相应的步数。当学生出现问题行为时，则面临"后退"的处罚。每天，小组记录员记录学生表现出来的目标行为，并由组长统计本组成员的移动情况(参见表 13-3)。由此,教师和小组成员针对学生的行为表现及时进行评价,帮助其更好地达成目标行为。

表 13-3　步数记录表

组员	星期一	星期二	星期三	星期四	星期五	总计
张三	+2	−1	+2	+1	+2	
李四	+1	+2	+2	0	−2	
刘五	0	+1	+2	+2	−1	
记录员:　　　　　　　　组长:						

(三)夺宝奇兵法的评价

教师根据各组的步数记录表,移动相应的步数。当学生表现出目标行为时,可前进一步;若出现问题行为,则需后退一步(参见图 13-2)。在每周总结会上,教师需要统计哪些小组和学生表现优秀。最先到达终点的小组,可以授予"夺宝奇兵优秀小组"称号。教师还要根据每位学生到达终点的顺序评选出 5 位"夺宝小奇兵"。在每周一的班会课上举行"夺宝奇兵优秀小组"和"夺宝小奇兵"颁奖礼,并给予相应的奖励。这样能够激励更多学生好好表现。

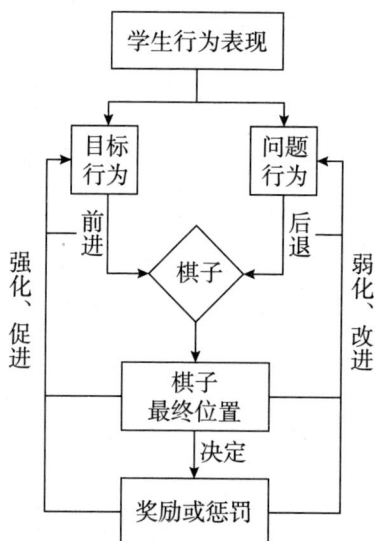

图 13-2　夺宝奇兵评价表

三、实施策略

通过班课整合活动研究制订管理目标，需要注意坚持教育性和趣味性的统一、确保游戏公平性和民主性，以及鼓励个人和小组共同发展。

(一)坚持教育性和趣味性的统一

教师设计夺宝奇兵活动，需要坚持趣味性和教育性的统一。教师组织夺宝奇兵活动，必然需要遵守教育性原则。同时，这项活动作为一种游戏，需要体现趣味性。只有这项游戏有趣，才能吸引学生全身心地参与其中，产生愉悦感和满足感。因此，夺宝奇兵活动在保持趣味性的同时，应该把教育性贯穿其中，避免变成纯粹的游戏活动。

(二)确保游戏公平性和民主性

在夺宝奇兵活动的实施过程中，教师需要坚持公平性和民主性。该活动需要面向班级全体学生，给予每位学生参与和展示自我的机会。例如，让学生都能够在小组工作中担任一部分工作，避免出现"边缘人"现象。同时，每个班级的学生都存在能力差异的问题，一些学生在游戏中会表现得比较优异，而另一些学生则会表现得比较差。因此，在实施过程中，教师需要关注能力较弱的学生，鼓励他们积极参与游戏，给他们表现自我的机会，以增强他们的自信心。

(三)鼓励个人和小组共同发展

夺宝奇兵活动既要鼓励学生积极参与小组合作，也要鼓励个人展现自我。小组合作能够增进学生之间的交往，引导学生相互学习，营造和谐的班级氛围，提升班级的凝聚力和团结力。同时，教师也要给予更多的机会，让一些学生展示自身的特长。

第二节　班课整合设计班级活动：漂流日记法

漂流日记法[①]，通过整合班级管理与语文教学，有效培养学生的自主管理意识，加强写作教学和生活实际的联系，提升学生的写作能力。

一、产生背景

当前存在一些学生不关心班集体、自主管理意识薄弱、写作教学面临困境等诸多问题，困扰着班主任和语文教师。通过班课整合设计班级活动，实施漂流日记法，能够在一定程度上帮助教师摆脱这些困境。

（一）一些学生不关心班集体

班集体是学生共同成长和发展的美好家园，必然需要学生共同参与，承担建设班集体的重任。同时，班集体有助于学生的社会性发展。但是，一些学生不关心班级事务，表现出"冷眼旁观"的态度。因此，引导学生融入班集体中是班级管理中的重要工作之一。教师可以引导学生设计、组织班级活动，把班级"边缘人"转化为班级"主人翁"，增加学生的参与感、愉快感和成就感。漂流日记活动，让每位学生正确认识个人与集体的关系，学会关心和爱护集体。

（二）自主管理意识薄弱

很多时候，班主任"包办一切"或者不注重激发学生参与班级管理的积极性。学生往往是被动地接受和服从，缺乏自主管理的锻炼机会，长此以往则会对班级事务失去热情、不愿意参与，自主管理意识薄弱。因而，教师需要引导学生自主管理。正如陶行知先生所言："我们为学生做的事情越

---

① 华南师范大学 2018 级小学教育方向教育硕士生周敏芝参与了该方法的写作。

多，越是害学生。因为为人，随便怎样精细周到，总不如人之自为。"①

(三)写作教学面临困境

多年来，我国中小学生的写作能力一直不尽如人意，成为制约学生语文能力提高、适应社会发展的一大瓶颈。② 当前，一些小学生缺乏写作兴趣、写作素材和真实的情感体悟，往往随意编造一些虚假事件和情感体验。写作应该是学生自由表达情感体验、传递个人思想和价值观等的一种途径。教师引导学生参与漂流日记活动，有利于学生从中发现写作素材，获得真实体验。

二、具体方法

漂流日记是通过全班学生共同参与、轮流写日记的形式，整合班级管理和写作教学，为提高写作教学质量与增强学生自主管理意识打开一道突破口。

(一)漂流日记法的筹备

漂流日记法的筹备阶段可分为三步：争取家长支持、明确活动规则、举行启动仪式。

1. 争取家长支持

家庭是一切教育的第一场所，并在这方面负责情感和认识之间的联系及价值观和准则的传授。因此，家长与教师之间必须进行真正的对话，儿童的协调发展要求学校教育和家庭教育互相补充。③ 教师需要主动与家长沟通，详细说明漂流日记活动的实施目标、内容和方法，引导家长参与学生活动，与教师共同推动活动的顺利开展，实现家校共育的目标。

---

① 陶行知：《中国教育改造》，3页，北京，东方出版社，1996。

② 姚林群：《中小学生语文写作能力：要素、水平及指标》，载《初中语文教与学》，2013(6)。

③ 联合国教科文组织：《教育——财富蕴藏其中》，67页，联合国教科文组织总部中文科译，北京，教育科学出版社，2014。

2. 明确活动规则

无规矩不成方圆。一项活动的开展，必然要配有一套实施规则，从而保证活动有序进行，否则会导致诸多问题的出现。漂流日记活动的规则，可从操作方法、运行与管理及奖惩等方面进行设计（参见图 13-3）。教师要鼓励学生参与到规则制定的过程中，培养学生自主管理班级的"主人翁"意识。

活动规则

①每周每位同学至少撰写2篇漂流日记，形式不限（文字、照片、图片、绘画、剪纸等均可）。
②鼓励科任教师、家长和学生共同参与选择漂流日记的主题，如书籍分享、班级活动感想、生活趣闻分享等。
③设置3名管理员，收集同学们完成的日记，还需要收集同学们对漂流日记的意见和建议，以便开展改进工作。
④老师定期查看日记，每周进行一次评比，选出一些优秀、有进步的作品，颁发"优秀作品"奖状，并展示在班级墙上。

图 13-3　漂流日记活动规则

3. 举行启动仪式

漂流日记活动开展前，教师可选择一节班会课作为活动的启动仪式，选举管理员和组成合作小组。首先，教师详细介绍活动的实施目的和细则，以便引起学生的重视。其次，班级同学无记名投票选出 2 名管理员，负责收集和管理同学们的漂流日记。最后，教师根据学生的写作能力水平进行异质分组，以便及时给予小组成员反馈和帮助。

(二)漂流日记法的实施

教师要精心设计漂流日记活动的实施过程，以期进一步规范活动，培养学生的自主管理意识和提升其写作能力。

1. 前期准备

培养学生的自主管理意识，可从班务管理、学习管理和生活管理三方面切入。据此，漂流日记由班务日记、学习日记和生活日记三种主要类型构成。

其一，班务日记。打扫卫生、遵守班规、保护公物等，都是班级生活中必不可少的日常活动，也是学生力所能及的事情。但是，也存在一些问题，如有些学生逃避承担班务、不认真对待班级工作等。就此，教师引导学生撰写班务日记，促使学生主动关心班级事务，为班务管理建言献策，从而提高班级管理的质量和培养学生的自主管理意识。例如，一位低年级学生用漂流日记反映其打扫班级卫生时的情况："今天我在打扫卫生时很不开心，因为很多同学都不认真，只有我自己在认真扫地。"学生通过日记反映卫生情况，有助于教师发现班级管理中的问题，同时学生积累了写作素材。

其二，学习日记。学生作为学习的主体，需要不断监控、反思和调节自己的学习过程。通过撰写学习日记，学生可以反思自身的学习情况，如不交作业、上课常常开小差、审题不清、阅读量少等。学生主动反思学习情况，发现问题并有针对性地解决，有利于自主调节自己的学习活动。

其三，生活日记。学生不仅是生活在班级里的个体，也是社会成员。撰写生活日记，能够帮助学生细心观察生活中的点滴小事，从中获得愉悦感和幸福感，并逐渐学会自主管理生活，如第一次做饭给妈妈吃、学习游泳、爬山等。学生通过日记记录和分享难忘的事情，这有利于培养学生的自主管理意识。

2. 活动运行

漂流日记活动的运行主要包括两个步骤：学生撰写日记和小组成员传阅。

第一步，学生撰写日记。写作是人们有意识地运用语言文字符号，反映客观事物、表达思想感情、传递知识信息的较为复杂的脑力劳动过程。[1]学生根据自己的观察和体悟，选择撰写班务日记、学习日记或生活日记，分享班级管理情况、自身的学习情况或生活情况。由此，学生积累了大量

---

① 姚林群：《中小学生语文写作能力：要素、水平及指标》，载《初中语文教与学》，2013(6)。

的写作素材，可以基于真实的情感体验撰写文章，提高写作能力。

第二步，小组成员传阅。学生的漂流日记在小组内传阅，一方面引导小组内学生相互学习写作技巧，另一方面可以增进学生之间的相互了解，创建良好的人际关系。例如，学生在日记里提到，以前课间大家总围在一起玩耍，可是他无法融入进去，自漂流日记活动开始后，越来越多的学生会围在一起分享阅读感受，他也逐渐融入集体之中，变得开朗起来。

(三)漂流日记法的评价

学生在完成漂流日记之后，可先与家长分享交流，让家长更加了解学生的情况，及时鼓励学生，增强他们写作的信心。其后，学生根据日记类型交给不同的管理员，由 3 名管理员收集日记，再交给教师评阅。教师需要及时给予评价与奖励，强化活动效果。其评价模式为"每周评优＋小组评优＋个人评优"，即教师每周都会开展一次评价与奖励活动，评选出 3 个"优秀小组"和 3 篇"优秀日记"，并颁发相应的奖状，给予相应的奖品。

三、实施策略

漂流日记法的实施，需要注意在制订阶段目标、培养合作精神和表达真情实感等方面采取一些有效策略。

(一)制订阶段目标

教师可以参照课程标准，针对不同年级学生制订适宜的写作目标。例如，低年级以写话为主，引导学生观察身边的人和物，通过写话表达他们的所见所想。中高年级注重观察生活、反思行为，能够通过撰写日记进行自我表达、与人交流和自我反思。同时，教师根据班级管理的实际状况，制订出适宜的阶段性班级管理目标。

(二)培养合作精神

在活动过程中，班级内常常出现日记本被破坏的情况，因而建议采用"1＋1"的管理模式，即布置一个漂流日记角和每组设置一位日记管理员。日记管理员每天要定时将日记本放在漂流日记角内供大家传阅，放学时将日记本交给下一位写日记的同学。而且，日记管理员要组内轮值，这也可以培养小组成员的合作精神。

(三)表达真情实感

在漂流日记活动中，教师要尽量鼓励学生观察和反思班级事务、生活事件与学习情况，在写作时说真话、实话、心里话，不说假话、空话、套话。该活动给予学生收集大量写作素材的机会，引导学生积累丰富且真实的情感体验，有利于学生撰写出表达真情实感的文章。

在漂流日记活动运行了一段时间后，不少教师反馈：许多较为内向的学生通过撰写班务日记为班级管理提供了宝贵意见，培养了学生自我监控、管理班级事务的意识。同时，班里害怕写作、厌倦写作的学生越来越少，提高了学生的写作热情和质量，在一定程度上解决了"写作素材缺乏""缺乏真实情感""写作机会比较少"等问题。但是，该方法也存在一些不足之处，如加重了家长的负担等。因此，教师还需要在实践中不断反思和完善漂流日记法。

案例：班课整合营造班级文化——板报设计法

第三节　班课整合培育价值观：教学融入法

针对班里学生出现的吵架、打架和抢别人东西等行为问题，教师可以在语文教学中融入"友善"价值观教育，既升华语文教学的品质，又提升班级管理的成效。

一、产生背景

教学融入法，是将价值观教育融入语文学科教学之中，充分发挥语文学科的育人功能，增强价值观教育成效并改善学生之间的关系。

（一）提升价值观教育成效

当前一些小学的价值观教育效果不尽如人意，主要原因有：①认知比较模糊，很多小学生只知道价值观的大概意思，而不知道其具体内涵和重要意义；②知而不行，受活动时间不够、学习任务较重等影响，教师往往采取讲授方式培育学生的价值观，导致学生较为缺乏践行的机会。

（二）改善学生之间的关系

小学生常常会出现吵架、打架、抢别人东西等行为，导致学生之间关系紧张，影响班级秩序，甚至影响学生的身心发展。因此，引导学生友善待人显得至关重要。友善有助于缓和学生之间的矛盾和冲突，改善学生之间的交往状况。语文教师可以承担起"既教书、又育人"的责任，在教学中培育友善等价值观。

二、具体方法

教学融入法通过小组合作、自主阅读等形式，将班级管理与语文教学整合，有助于培育学生的友善价值观。

（一）教学融入法的筹备

班主任负责的德育工作与语文学科教学密切相关。教学融入法的筹备主要包括三个步骤：制订教学目标、明确教学内容、设计教学过程。

1. 制订教学目标

教学目标直接决定着教师选择什么样的教学内容、教学策略和教学工具等。若教学目标设计不合理，会影响整个教学过程。友善至少包括两个层面：一是行，即互帮互助、成人之美；二是言，即相互鼓励关怀之言。[①]因此，相应的语文教学需要包括两个目标：一是引导学生正确认识友善，

---

① 黄明理：《社会主义核心价值观研究丛书·友善篇》，3页，南京，江苏人民出版社，2014。

二是鼓励学生践行友善行为。

2. 明确教学内容

在确定教学目标之后，教师需要对课文进行深度分析，确定适合培育相应价值观的课文(参见表 13-4)。比如，人教版二年级上册中的《称赞》就比较适合培育"友善"价值观。这篇课文讲述了小刺猬和小獾之间相互称赞，从而带给对方强大力量的故事。教师基于课文内容向学生解读"友善"价值观，引导学生了解"什么是友善""为什么要友善""如何对人友善"。

案例：《称赞》

表 13-4　适合培育价值观的课文例举

年级	课文	体现的价值观
一年级	《美丽的小路》	和谐
	《失物招领》	诚信、文明
二年级	《小柳树和小枣树》	友善
	《我为你骄傲》	诚信
三年级	《我们的民族小学》	爱国
	《一个小村庄的故事》	和谐
四年级	《爬山虎的脚》	敬业
	《小英雄雨来》	爱国
五年级	《难忘的一课》	爱国
	《丝绸之路》	富强、和谐
六年级	《只有一个地球》	和谐
	《一夜的工作》	敬业

3. 设计教学过程

教师在确定教学目标和内容之后，需要设计教学过程。教学过程主要包括如下步骤。第一，课前布置小组学习任务。学生在课前学习与友善价值观相关的故事和诗歌等。第二，教师开展新课教学。在小组分享课前学习内容之后，教师引导学生进一步学习《称赞》这篇课文。第三，小组进行角色扮演。小组成员分别扮演小刺猬、小獾，有感情地朗读课文。第四，学生撰写反思日志。学生联系生活实际，深入思考如何在日常生活中对人友善。

（二）教学融入法的实施

视频：教学融入法的实施步骤

教学融入法的实施过程主要包括四个步骤：课前布置小组任务、教师开展新课教学、小组进行角色扮演、学生撰写反思日志。

1. 课前布置小组任务

教师根据学生的学业水平、性格、能力、爱好等进行异质分组，以便小组成员相互促进。每个小组一般由 4 人组成，设置一名小组长，主要负责分配学习任务、监督成员完成任务、协调成员之间的关系。小组长实行轮值制，确保每位成员都能担任小组长角色。如果有些小组的合作效果不佳，教师可对小组成员进行适当的调整。教师提前给各小组布置学习任务：每位同学自主阅读与友善价值观相关的故事、诗歌等，并将概要填入学习卡中，与小组成员分享，由小组选出优秀作品在班级内分享。在自主阅读中，学生初步了解友善价值观。

2. 教师开展新课教学

教师带领学生深入学习《称赞》这篇课文，包括学习生字词、有感情地朗读课文、概括故事情节、理解表达的情感等。教师在总结这篇文章表达的情感时，可以顺势引出友善价值观。然后，教师结合书中的故事和生活中的具体案例，详细阐述"什么是友善""为什么要友善""如何待人友善"。这一环节有助于学生更深入地理解友善价值观，从而形成正确的认识，产生强烈的认同感。

3. 小组进行角色扮演

《称赞》是一篇以人物对话为主的童话故事，较为适合采取角色扮演的方法。小组成员分别扮演小刺猬、小獾，让学生设身处地感受小刺猬和小獾的内心活动。小刺猬通过友善的语言给予小獾信心，同时收获了一份珍贵的友谊。在角色扮演中，学生深入体会到称赞对他人的重要意义，进而学会称赞和帮助别人，逐渐成为一个友善的人。

4. 学生撰写反思日志

教师引导学生回忆以往的经历，撰写他人对自己友善和不友善的事情，并说一说当这些事情发生时自己内心的感受（参见表 13-5）。这主要是从学生的已有经历出发，引导他们体会友善对自己和他人的重要性，促使学生深入思考如何在日常生活中对人友善，如称赞、帮助、鼓励及支持他人等，并尽量改正不友善的行为，如排挤、嘲笑、欺负、无视及不尊重他人等。教师还需鼓励和引导学生在家庭、学校、社会中践行友善行为，并记录下来与全班同学分享。

表 13-5　反思日志

姓名：　　　　　　　　　　　日期：				
回忆他人对自己友善和不友善的事情，并说一说当事情发生时自己的内心感受。				
友善 的事情	1.	内心 感受	1.	
	2.		2.	
	3.		3.	
不友善 的事情	1.	内心 感受	1.	
	2.		2.	
	3.		3.	

（三）教学融入法的评价

教学融入法的评价阶段，主要包括三部分。一是自我评价。学生评价自己践行了哪些友善行为？还存在哪些不足之处？根据表现，自我评价分为四个等级：优秀、良好、一般、待改进。表现优秀者奖励 5 颗星、表现良好者奖励 3 颗星，表现一般者奖励 1 颗星，待改进者无奖励。二是小组评价。小组内针对小组成员的表现做出相应的评价，并奖励相应的星星。三是教师评价。教师在星星统计卡中根据学生的课前预习、课堂发言、课后反思、小组任务完成等情况，做出相应的评价(参见表 13-6)。同时，教师针对学生的表现给予具体反馈，以便更好地培育学生的友善价值观。

表 13-6　星星统计卡

姓名：			学号：			
	周一	周二	周三	周四	周五	备注
自我评价						
小组评价						
教师评价						

三、实施策略

教学融入法的实施，需要把握理解友善的内涵、精心设计活动过程和吸引家长积极参与等策略。

(一)理解友善的内涵

社会主义核心价值观作为意识形态的东西，具有一定的理论性、抽象性。[①] 小学生对于友善价值观的理解尚不全面，甚至存在一些误解。在教学活动中，教师可以采取多种方式帮助学生理解友善价值观的含义，如视频讲解、案例分析等。学生对友善价值观形成正确的认识，产生强烈的认同感，从而践行友善行为。

(二)精心设计活动过程

教学活动过程的设计，直接影响实施效果。在教学过程中，教师不仅要传授知识，也要培育学生的价值观。教师可以选取角色扮演、亲身体验

---

① 贾明建：《培育和践行社会主义核心价值观的着力点与新路径》，载《科学社会主义》，2014(4)。

等多种方法潜移默化地培育学生的价值观，达到"润物细无声"的教学效果。教师在以课本内容为基本教学资源的同时要注意开发其他教学资源，以提升教学活动的成效。

（三）吸引家长积极参与

家庭教育是人生教育的第一课，是学校教育、社会教育的基础，也是一个人的世界观、人生观、价值观形成的重要基础。[①] 家长和教师应该相互合作、共同担当教育的使命。过去存在忽视家长对学生价值观影响的情况，致使家长在一定程度上游离于价值观培育之外。培育学生的友善价值观，需要家长和教师的合作。例如，在课堂教学之前，教师让学生自主阅读与友善价值观相关的故事，家长可以帮助学生选择合适的书籍、监督学生完成任务等。

---

① 翟博：《树立新时代的家庭教育价值观》，载《教育研究》，2016，37(3)。

第十四章　班级管理与数学教学整合

本章思维导图

数学是一门基础而又重要的学科，数学课程与教学目标的实现，不仅取决于教师的优质教学，还需依靠有效的管理提供支撑。班级管理与数学教学整合，是既可优化管理又能提升数学教学质量的一条可行路径。

第一节　班课整合研制行为标准：趣题集结法

指导学生行为，是教师需要完成的一项重要且艰巨的任务。趣题集结法，通过班课整合调动科任教师参与制定行为标准，有利于达成相应的管理目标。

一、产生背景

学生存在一些行为问题、各位教师设立的行为标准不统一以及学生的数学学习兴趣有待提升等，困扰着班主任与数学教师。通过班课整合制订行为标准，能够帮助教师突破这些困境。

（一）低年级学生存在行为问题

大多数班主任认为，工作中较为费时费力的就是学生常规行为的管理，面对已经形成不良行为习惯的学生，班主任整日都为他们的各种问题头疼：催作业、防迟到、抓卫生、管纪律……科任教师也为学生的课堂行为表现感到担忧，部分学生不参与课堂活动，浪费课堂学习时间。[①] 这些情况在低年级中更为常见，使得教师有必要思考如何优化管理活动，减少低年级学生的行为问题。

（二）教师行为标准设立不统一

教师为规范学生行为，往往会制订详细的行为标准。大多数情况下，班主任会对学生班级活动中的行为做出统一规定。比如，如何集合排队做操、如何做午休准备、如何排队放学等。但学生在课堂上的行为标准则由每一位科任教师规定，科任教师间缺乏交流合作，会出现设立的标准不统一甚至互相矛盾的情况。比如，教师为避免低年级学生在课堂上出现"玩文具"或"乱翻书本"等行为，就会对物品的摆放做出规定。语文教师要求学生将书本放在右上角，其他文具放在课桌左上角。数学教师要求将书本放在左上角，其他文具放在抽屉里。这时，学生就要记住不同教师的不同要求，各种烦琐的规定给学生增加负担，甚至使他们对教师的要求产生抵制、反抗心理。这些问题的存在，促使教师思考如何展开交流合作，创新班课整合管理活动，优化低年级学生的行为管理方式。

（三）学生的数学学习兴趣待提升

研究表明，小学生的数学学习兴趣随年级升高呈下降趋势，突出体现在情感体验和自主投入水平降低。[②] 数学学习兴趣，是学生学习数学的重

---

①　曾琦：《学生课堂参与现状分析及教育对策——对学生主体参与观的思考》，载《教育理论与实践》，2003，23（8）。

②　裴昌根、宋美臻、刘乔卉等：《小学生数学学习兴趣发展的"现状""问题"及"对策"——基于重庆市的调查研究》，载《数学教育学报》，2017，26（3）。

要支撑。随着年级升高，数学学习内容逐步抽象、复杂，学习难度增大，学生易体会到挫败感而降低兴趣。对于低年段，教师呈现有一定挑战性和趣味性的习题，能够促进学生自主投入数学思考活动并从中获得愉悦的情感体验。学生的学习兴趣得到提升，他们也就更愿意参与课堂活动，自我约束课堂不当行为的产生。这既能提高学生的数学学习效果，也能提升班级管理成效。

二、具体方法

趣题集结法，即针对符合班级或课堂行为标准的学生，教师发放趣味习题让其作答，学生完成后，注明自己能够领取到趣味习题的原因，并提交给教师评阅，教师评阅后，由学生自行收集至趣题集结册中，用于后续的"行为榜样"评选。此法在实施后普遍受到师生的欢迎，能较好地引导学生遵守课堂行为标准并做出回应，同时能改善学生的数学学习状况。

(一)趣题集结法的筹备

在筹备阶段，数学教师要制定领取趣味习题的细则，并准备好趣味习题及发放趣题集结册等。①制定细则。数学教师先与班主任及其他科任教师交流，了解学生的近况及管理过程中遇到的困难，有针对性地、动态地调整领取趣味习题的细则，并在与学生协商后正式确立。②制作趣味习题卡。教师结合任教年级学生的学习情况和兴趣，选择数学思考题，使用卡通纸片打印出来，提供给获得趣味习题答题资格的学生(参见图 14-1)。③发放趣题集结册。教师为学生准备用于收藏趣味习题卡的趣味集结册，可由相册改造而来，方便学生将卡片放入集结册中，而且能够看到分别位于正反两面的趣味习题和已达成的行为标准。

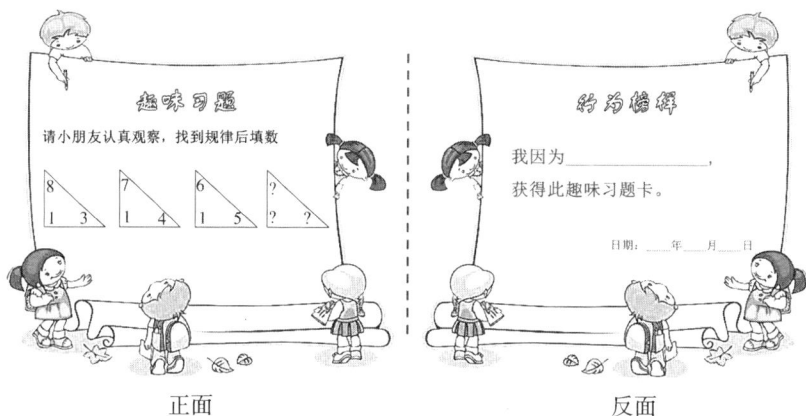

图 14-1　趣味习题样例

(二)趣题集结法的实施

在实施阶段，数学教师和班主任协商，利用班会课说明活动方法，接着落实趣题集结法的实施。①班会课动员。数学教师要用简单易懂的方式，向低年级学生说明趣题集结法的实施规则和意图。学生如果达到数学教师和班主任共同制定的趣味习题细则条例中的两项及以上(参见表 14-1)，并对应找到监督人证明，即可向数学教师领取当日的趣味习题。每人每天最多只能领取一张，在课间完成。如果在不当时间完成，教师有权没收。遇到不会做的习题，学生可以与同伴、家长、教师共同探讨，但不可抄袭。学生在课间可以找教师批改已完成的趣味习题。②每日落实。师生共同监督学生是否达到领取趣味习题的要求，班主任及其他科任教师可以作为证明人，通过微信等方式告知数学老师发放给某生趣味习题。

表 14-1　趣味习题细则条例参考

事件	要求(达成两项及以上即可)	监督人
着装	穿着干净整洁的校服和佩戴红领巾	班主任
早读	因早读认真、声音洪亮受到教师表扬	同桌
上课	积极举手回答教师提出的问题	教师
	认真听讲受到教师表扬	教师

续表

事件	要求（达成两项及以上即可）	监督人
早操	认真完成早操，受到体育委员表扬	体育委员
眼保健操	认真完成眼保健操，受到值日班长表扬	值日班长
午休	午休保持安静，受到教师表扬	纪律委员
卫生值日	在20分钟内完成自己的值日任务	卫生组长
排队	排队时保持安静，找准自己的位置，上下楼梯靠右行	值日班长
课余	为集体做一件好事或集体活动时努力为班级增光添彩	教师或同学

（三）趣题集结法的评价

学生需要对趣味习题进行收集，并完整保存在趣题集结册中。月底教师会组织学生统计正确完成的趣味习题的数量，并选择数量排前五名的学生，发放印有"行为榜样"称号的奖状及奖品。被评选上的学生向同学展示自己的趣题集结册，总结自己过去的行为表现。教师也可抓住评选机会通过问卷、访谈等形式，向学生了解对该活动的看法，进而对趣味习题发放细则和"行为榜样"评选方法等进行优化。

三、实施策略

通过班课整合管理活动制定课堂行为标准应注意运用以下三条策略：师生协商，明确行为标准；教师巧设奖励，强化学生恰当行为；留心细节，培养学生的良好学习与生活习惯。

（一）师生协商，明确行为标准

班主任及科任教师应充分交流，确立班级和课堂行为标准的大致内容，避免产生各教师要求不统一甚至相互矛盾的情况。教师还应倾听学生的声音，在师生协商行为标准的过程中，学生有机会理解每一项行为标准设立的必要性和意义，从而自觉遵守。明确行为标准，并不是对学生进行控制，而是营造一种文明、有序、安全的学习环境。行为标准表述应清晰明了，尽量不用"举止恰当"等笼统含糊的词语。每一条行为标准都对应具体的行为，以此提高可操作性和指引性。

(二)巧设奖励，强化恰当行为

制定行为标准，不是为了抓住学生的错误进行惩罚，而是为了给学生提供规范行为的参照和依据。除了在必要时处理违反标准的行为，教师在更多情况下应关注学生符合标准的恰当行为，奖励以强化恰当行为的发生。奖励应符合学生心理的发展特征，并尽量减少物质类奖品的直接使用，因为过度的外在奖励反而会削弱学生的内在学习兴趣、影响个性发展及主体效能感的形成。[①] 班课整合管理为教师设置奖品提供了较多启示，奖品可以具有课程特色。比如，在趣题集结法中，教师利用低年级学生喜欢解决有一定难度的趣味数学题这一特点，给遵守行为标准的学生设置的奖励是趣味习题。教师还可以将"讲数学小故事"或"播放数学题材影片"等作为班集体遵守行为标准的奖励。

(三)留心细节，培养良好习惯

在管理活动中，教师可以抓住细节有意识地培养学生形成良好的行为习惯。比如，在趣题集结法中，学生每天只能领取一次趣味习题，而且需要整理、收集到趣题集结册中，在月底参与评选"行为榜样"称号。在小学低年级，学生时常出现找不到练习本、笔袋等情况，长此以往会养成丢三落四的习惯。教师让学生保管和收集题目，既可以减轻教师的记录负担，也可以培养学生整理自身物品的习惯。又如，教师要求学生只能在课间完成习题和请教师批改习题，如果出现学生在课堂上完成习题的情况，教师将没收甚至扣除其已收集的习题，其目的在于引导学生严格遵守课堂纪律，学会在恰当时间做恰当的事情。

---

① 周瑜：《激发儿童自主学习 避免过度外在奖励》，载《外国中小学教育》，2009(6)。

第二节　班课整合设计班级活动：数学步道法

基于班级管理与数学教学整合的思路，教师可以设计出多种多样的班级活动。其中，数学步道法比较有代表性。

一、产生背景

将班级管理与数学教学整合以设计班级活动，能够在一定程度上解决班级活动类型有待丰富，班级学习氛围有待增强，以及学生数学课堂参与仍需提升等问题。

(一)班级活动类型有待丰富

在一些小学中，班级活动的设计与组织正在走向程式化：文体类活动让有才艺的学生大展风采，读书报告会和辩论会为有才思的学生提供平台，表彰类活动让优秀学生绽放光芒……这些班级活动的形式、流程大同小异，似乎总是围绕着优秀学生开展，未能充分调动所有学生参与。实际上，设计班级活动是班级管理中的一项重要任务，充分利用班级活动机会能够实现多重目标。针对"班级活动侵占学生学习时间"这一观点，教师创新性地通过班课整合设计班级活动，引导学生在活动中学习数学等内容显得很有必要。

(二)班级学习氛围有待增强

有些小学生缺乏学习的责任感和主动性，存在"家长、教师要我学习"及"我为家长、教师学习"等被动学习的心理，影响着整个班级的学习氛围。学习氛围的培养可以通过多种途径展开，除科任教师调整课堂教学设计外，班主任利用班级活动帮助学生发现学习的乐趣与魅力也是重要渠道。在班级活动过程中，丰富的情感体验和多样的知识收获能吸引学生学习，激发学生对学习的渴望。

(三)学生数学课堂参与仍需提升

学生体会到数学在解决问题时的独特魅力，有利于提升数学课堂学习的参与度。然而，在有限的数学课堂时间内，教师组织学生体验数学应用的机会较少。如果能够有更多的课外时间让学生发掘数学与生活的联系、运用数学，就有助于培养学生的数学学习兴趣并增加其课堂参与度。数学教师与班主任展开合作，共同设计班级活动，融入数学主题，在加强班级管理的同时促进数学的教与学。

二、具体方法

数学步道法，即班主任与数学教师合作创设基于生活实境的班级活动，引导高年级学生运用所学数学知识解决问题，从而培养班级学习氛围，发展学生的合作意识和精神，并增强他们对数学学习的热爱与信心。数学步道法既可作为大型班级活动在校外开展，也可利用班会时间在校内开展，具体操作过程分为筹备和实施两个阶段。

(一)数学步道法的筹备

数学步道法的筹备阶段主要可分为四步：确定活动地点、绘制步道地图、设计数学任务及修改完善设计。

1. 确定活动地点

设计数学步道，首先要确定地点，可以是校内的操场、图书馆、教室，也可以是校外的花园、游乐场、少年宫、博物馆等。在选择地点时，教师需要考虑三个主要问题：该地点是否有可供挖掘的、丰富的数学元素？在该地点组织学生活动，是否安全？是否能得到相关部门的支持？若回答都是肯定的，则该地点可以考虑作为活动地点。

2. 绘制步道地图

在确定地点后，教师要仔细观察，充分挖掘该地点所蕴含的与数学密切关联的资源。图案、形状、数量、日历、钟表、角度等元素都值得加以利用。教师给确定需要利用的物品或位置拍照，并将照片录入电脑中制作成简略的地图，在地图上将每个任务点进行编号。这样，学生就能够在活动中更加便捷地找到教师指定的地点。

3. 设计数学任务

对于每个确定的地点，教师都要设计出学生要完成的具体任务。任务依托于问题展开，问题可与数学课程标准的要求对应，如设计数量、估计、测量、几何或数据收集等方面的问题。设计任务时要充分考虑学生的能力差异，即需要对任务难度进行分级，一个任务下可设置多个问题，问题难度由低到高，使每位学生都能够参与到活动中并获得成功体验，避免难度过高导致学生产生挫败感。一般而言，一条数学步道中的所有问题数目大致为 15～20 个，解决问题的时间最多不要超过两小时。问题的表述也应注意力求清晰、明确，不产生歧义。

4. 修改完善设计

在数学步道设计完成后，教师可邀请其他教师或学生试走，询问其活动体验，并进行修改完善。数学教师根据本学年的教学计划，可以确定数学步道法施行的大致时间，在与班主任商量后确定具体时间，并提前向家长宣传。大型校外的数学步道活动，要获得家长的有力支持。

(二)数学步道法的实施

数学步道法的实施主要包含三个步骤：教师召开动员会、学生组队开展活动及课堂交流总结。

1. 教师召开动员会

在组织全班学生正式开展数学步道活动前，数学教师需要与班主任协商利用班会课的时间召开动员会。在动员会上，教师发放学生需要使用的材料。比如，清晰标记所有位置的地图、写明每个位置需要解决的数学问题，以及填写思考过程与答案的纸张等。同时，教师交代学生准备好活动中可能需要使用的工具，如铅笔、卷尺、秒表等。为保证学生活动安全，教师需要积极开展家校沟通工作，让家长了解学生的活动，在动员会上，鼓励学生邀请家长作为志愿者辅助活动开展。最后，教师要注意提醒学生在进行户外活动时，避免走入危险区域或追逐打闹等。

2.学生组队开展活动

教师选择好活动时间，将学生和家长引导至指定活动地点。将学生分成若干个由 3～5 人组成的小组，可根据班级具体情况由教师异质分组或学生自由组合，然后教师与学生约定活动结束的集合时间。学生在分组后，召开会议商讨组内感兴趣、愿意尝试解决的任务，安排好路线，随后携带工具开展活动。教师和家长可巡视各组学生活动完成情况，在必要时提醒时间和提供帮助。

3.课堂交流总结

学生在完成活动后，要进行课堂交流，这也是数学步道法中必不可少的步骤。教师可邀请学生小组分享在各个地点完成任务的策略及方法，并引导学生结合具体经历回顾和讨论小组成员发现的数学与生活之间的关联。

三、实施策略

教师在班课整合设计班级活动时要注意促进家校间的协作，调动家长参与学生学习环境的布置。学生之间也要提供更多的合作机会，融洽班级氛围。活动要经过教师们精心筹备，在提高学生参与度的同时让学生从中多方面获益。

(一)家校协同布置学习环境

家长参与布置学生的学习环境，如布置数学步道等，增加了与教师一对一沟通的机会。在此过程中，家长也能够了解学校学习环境的布置技巧，并应用于家庭学习环境的布置。

(二)鼓励合作融洽班级氛围

在组织班级活动时，教师应注意建立良好的同伴关系和师生关系。同伴之间需开展积极交往，每一位学生都应得到同伴的接纳。教师要尽可能地为学生提供合作完成任务的机会，让学生体验到合作互助对个人成长与发展的重要性。在班级活动中，教师也有更多机会与每位学生在相对轻松的氛围中沟通交流，有利于形成民主、平等、融洽的师生关系。

（三）丰富活动促进学习参与

教师在组织数学主题的班级活动时，活动内容和形式的设置要尽可能丰富一些，以便促进学生参与到活动中。高年段学生对数学的学习兴趣有所下降，因而，教师在设计数学步道活动时不宜重复采用算术、估计或集合等某个单一主题。同时，还要注意不要将数学教科书上的题直接"搬用"到数学步道中，要力求通过生活中新奇有趣的数学活动，让学生感受数学学习的价值。

四、应用案例

此处以教师在广州市越秀公园举行的数学步道活动为例，说明如何挖掘公园中蕴藏的数学元素设计数学步道。

（一）高度问题

公园中的台阶可以作为任务资源（参见图 14-2），考查学生对高度的理解，以及对测量、计算和数学"转换"思想的掌握情况。由于台阶的总高度不易直接测量，所以需要学生先测出一级台阶的高度再乘台阶的级数，再求得台阶的总高度。问题可表述为：请问从图中当前位置通往海员亭的台阶总高度是多少？你是如何得出结果的？

当前位置

图 14-2　台阶高度问题

(二)周长问题

公园中的亭子可以作为任务资源，考查学生对周长的理解与计算，以及估计能力(参见图 14-3)。教师引导学生学会采取各种方法估计生活中的一些事物的大致长度。学生可以选择使用米尺等工具测量柱子间的距离，由于柱子围成了正方形，边长乘四即可得到周长。除该方法外，学生还可以将双臂展开，几位同学合作以双臂展开的长度估计正方形的边长，进而得出周长。问题可表述为：请问该亭子内四根柱子围成的图形的周长大致是多少？如果不使用米尺等工具，你能否估计周长？

图 14-3　亭子周长问题

(三)倍数问题

公园大门可以作为任务资源，考查学生对倍数的理解与计算(参见图 14-4)。由于部分数据无法通过直接测量得到，学生需要找等量关系间接获得信息，以此培养学生思维的敏捷性和灵活性。如图 14-4 所示，大栅栏的长度可由测量得出，经过计算可得柱子间的距离，再除以小栅栏的个数，即可得到小栅栏的宽度，进而得出倍数关系。思维更为敏捷的学生不进行测量，直接将小栅栏的个数除以大栅栏的个数也可得出倍数关系。具体问题可表述为：请问在越秀公园的大门中，大栅栏的长度是小栅栏宽度的多少倍？你是如何得出的？不使用米尺等工具进行测量，你能否直接得出答案呢？

图 14-4　栅栏倍数问题

（四）轴对称问题

越秀公园里的广州博物馆同样可以作为任务资源，考查学生在实际情境中辨识轴对称图形和查找对称轴的能力（参见图 14-5）。学生在这样的数学步道中能够近距离感受轴对称图形的美感。具体问题可表述为：请问广州博物馆这一建筑是否有轴对称现象（不考虑牌匾、装饰等）？若有，有多少条对称轴？

图 14-5　广州博物馆轴对称问题

案例：班课整合营造班级氛围——数学故事法

第三节 班课整合培育价值观： 缤纷错题集

小学生正处于价值观形成的关键期，理性思辨能力不足，思想可塑性强。[①] 面对复杂的国际局势，小学有必要重视价值观的培育。然而，学校经常将价值观的培育工作交给班主任完成，仅凭班主任一人之力很难实现目标。缤纷错题集，为数学教师开展价值观培育活动提供了参考。

一、具体方法

教师在小学开展价值观教育，需要注意教育内容与形式的吸引力和实效性。教师使用缤纷错题集法能够引导小学生自主地将数学学习错误进行归类并与色彩配对，以减轻其认知负荷，旨在提升学生的学业水平、促进学生参与课堂并培育其敬业价值观，实现班级管理与数学教学的整合。

(一)缤纷错题集的设计

敬业价值观的培育与践行已成为时代的需要。《现代汉语词典》中将敬业解释为"专心致力于学业或工作"。[②] 对于学生而言，敬业即敬学业，敬重、认同、珍惜和热爱学习。[③]据此，按照敬业价值观的生成逻辑进一步剖析，可以区分出学业认同感、学业责任感及学业成就感三个核心要素。[④]班主任需要在班级管理活动中培育学生形成敬业价值观，营造积极进取的班级学习氛围，科任教师在教学活动中也要探索敬业价值观的培育路径，

---

① 张珊珊、王晓丽：《社会主义核心价值观进中小学教材的现实意义和实践路径》，载《教育研究》，2017，38(8)。

② 中国社会科学院语言研究所词典编辑室：《现代汉语词典》第 7 版，695 页，北京，商务印书馆，2016。

③ 杨业华、于雨晴：《论大学生敬业价值观的培育和践行》，载《思想教育研究》，2015(2)。

④ 杨明：《社会主义核心价值观研究丛书·敬业篇》，41～42 页，南京，江苏人民出版社，2014。

促进学生出于自身需要投入到课目学习活动中。教师在缤纷错题集这一班课管理方法中，培育学生的敬业价值观，具有可操作性(参见图 14-6)。

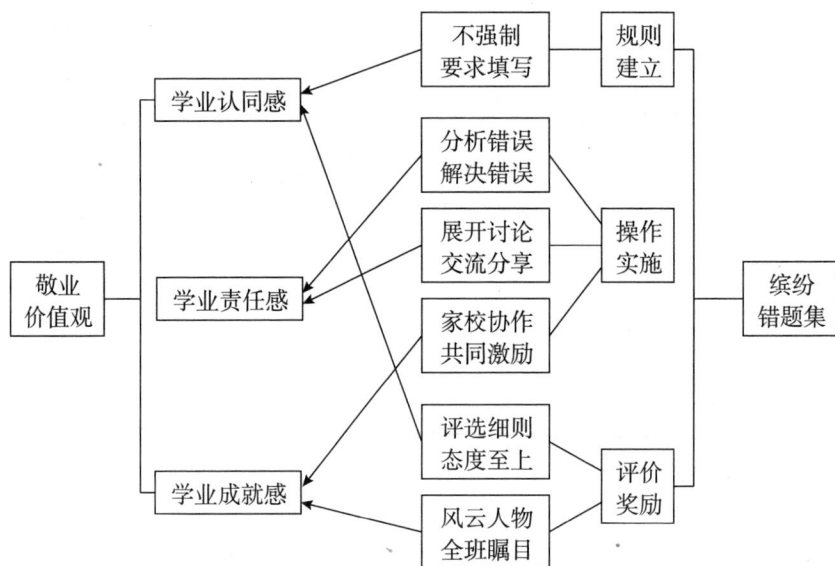

图 14-6　敬业价值观培育示意图

缤纷错题集的实施有六个关键环节，每两个都指向敬业价值观的某一基本要素的培养。教师给予学生选择是否填写错题集的权利，以及在评价时更多肯定学生的学习态度，能够提升其学业认同感。使用错题集对错题进行分析和归类以减少错误产生，并在全班交流会上进行分享交流，使得学生体悟在学习上要精益求精，提升其学业责任感。学生经过自己的努力，使学习错误逐渐减少，学业表现获得改善，得到来自教师、同伴及家长的鼓励，学业成就感获得提升。

视频：缤纷错题集的设计背景与思路

(二)缤纷错题集的筹备

缤纷错题集的筹备阶段，需要完成用具制作和规则确立。

1. 用具制作体现教师的重视程度

缤纷错题集需要制作的用具主要有三项。第一，错题集。错题集的登记内容应包含错误类型、错题、错题原因、订正及提醒注意，由教师打印后发放给每位学生。第二，收集架。在教室讲台或某个角落摆放错题集收集架，学生可以每天在教师检查前，将错题集摆放到收集架中。第三，风云榜。在风云榜上呈现学生名单，用于展示所有学生参与订正的情况（参见图 14-7）。

图 14-7 风云榜

2. 规则确立提升学业认同感

教师首先说明不强制要求学生填写错题集，学生也可按照过去的做法，仅在作业本上订正错题。由此，避免学生因学业任务过重而产生厌学心理，提升学业认同感。学生每日参与到订正活动中，教师检查并登记订正情况。定期评选缤纷错题集风云人物，颁发奖状和奖品。

(三)缤纷错题集的实施

1. 师生协商色彩配对方案,以缤纷色彩减少认知负荷

常见的小学数学学习错误主要有书写不当、审题不细、概念不清、理解不透及算理不明五种。研究表明,儿童喜爱鲜艳的颜色,7~15岁小学生多喜欢绿色、红色、黄色等。随年龄发展,人们的色彩喜好逐渐向复色过渡。[①] 因而,教师提供给小学生的色彩,应优先选择鲜艳色彩。绿、蓝、红、黄、紫为最基本的色相。[②] 在色彩心理学中,绿色是青春、茁壮、希望、和平的象征;蓝色是理智、宁静、深邃、寒冷的象征;红色是热情、温暖、澎湃、危险的象征;黄色则还会产生通感现象,带给人尖锐的、刺耳的听觉感受。[③] 紫色可由蓝色和红色混合而成。

教师将学习错误类型和五种色彩提供给学生,共同探讨如何匹配更为恰当。比如,将绿色与书写不当相匹配,说明这类错误最有希望得以解决,能够以此提升学业水平。将蓝色与审题不细相匹配,提醒学生在做题时要保持理智冷静。将红色与概念不清相匹配,说明这一类错误问题较为严重,需引起高度重视。将黄色与理解不透相匹配,警示提醒学生还需深入探究。将紫色与算理不明相匹配,兼具提醒和要求精心解决该问题的功能。

教师要求学生严格按照每一种错误对应的色彩涂画,既培养学生形成遵守规则的责任意识,也便于教师统计与总结学生易出现的错误类型。学生将错误进行归类,使用颜色表征,能够规避冗余效应,减少认知负荷。[④] 同时,颜色还可以作为记忆线索,便于进一步提取信息,如根据颜色想到

---

① 朱玲毅、赵鸣:《硬质景观的色彩冥想》,载《北京林业大学学报(社会科学版)》,2009(3)。

② 周薇:《色彩构成基础》,5页,北京,中国社会出版社,1998。

③ 王宁:《商业摄影中的色彩心理研究》,载《新闻界》,2015(2)。

④ 李晶、郁舒兰、刘玮:《降低课堂认知负荷的知识可视化研究》,载《电化教育研究》,2017,38(3)。

错误类型，再进一步想起提醒和注意事项。[1]

2. 微课讲解错题集填写方法，减轻教师的负担

教师可以尝试录制视频微课，向学生讲解错题的订正要求以及缤纷色彩所代表的错误类型，从而实现一次录制，多次播放。这样，教师的教学负担得以减轻，学生也可以随时翻看回顾。错题的具体订正要求可以简单归纳为"改错三步走"，第一步是判断错误类型，用对应的颜色涂满方格。第二步是抄写错题并订正，结合错例分析原因。第三步是撰写提醒注意，便于随时翻看反思。学生在填写时应严格按照这三步进行操作，以保证思考的有序性(参见表 14-2)。

表 14-2 缤纷错题集填写案例

错误类型	错题	错题原因	订正	提醒注意
书写不当（绿色）	406 × 40 16240	数位没有对齐	406 × 40 16240	列竖式计算时，数位要一一对齐
审题不细（蓝色）	请将2.333、4.3、$2.\dot{3}$、2.3、2.12 按照从大到小的顺序排列： 2.12、2.3、2.333、$2.\dot{3}$、4.3	没有看清题目的具体问题	请将2.333、4.3、$2.\dot{3}$、2.3、2.12 按照从大到小的顺序排列： 4.3、$2.\dot{3}$、2.333、2.3、2.12	一定要看清题目的要求再解答
概念不清（红色）	求出下列图形的面积： 3m 4×3=12（m） 4m	没有区分长度单位和面积单位	求出下列图形的面积： 3m 4×3=12（m²） 4m	cm、dm、m 对应的面积单位是 cm²、dm²、m²
理解不透（黄色）	8008米−900米＝ （9）千米（8）米	不清楚千米和米的单位换算方法	8008米−900米＝ （7）千米（108）米	1000 米＝1 千米 同一单位可以先相减再换算单位

---

① Brom，C.，Starkova，T. & D'Mello，S. K.，"How effective is emotional design? A meta-analysis on facial anthropomorphisms and pleasant colors during multimedia learning," *Educational Research Review*，2018，25(9)，pp. 100-119.

续表

错误类型	错题	错题原因	订正	提醒注意
算理不明（紫色）	0.092 × 45 460 3 68 0.4 140	不清楚在小数乘法中如何判断积的小数点位置	0.092 × 45 460 3 68 4.140	先将小数乘法转化为整数计算，然后再加小数点，乘数共有几位小数，积就有几位小数

3. 开展分享交流会，体悟学业责任感

分享交流会主要有四类主题。第一，教师指导学生规范填写错题集。第二，学生自我诊断经常出现的错误类型，不断了解自己的学习特点，发现存在的不足并尝试突破。这也可以培养学生形成精益求精的态度和学业责任感。第三，学生学习他人的错题解决方法，共同改善学业表现。第四，学生发掘缤纷错题集的价值。在使用一段时间后，学生可能会发现某些颜色的错误正在减少甚至消失，习题及测试完成情况好转，这时，教师可激励学生继续使用错题集以获得更多的学业成就。

4. 家校协作沟通，收获学业成就感

教师可以利用家校联系平台，不定期展示一些缤纷错题集图片，并说明展示的具体原因。这既能起到鼓励作用，让学生体验到认真订正错题带来的学业成就感，又能引起家长的重视，让家长了解教师指导学生学习的具体方法并鼓励孩子坚持使用错题集。

视频：缤纷错题集的实施

(四)缤纷错题集的评价

评价阶段是学生体会学业成就感的关键环节，教师需有序组织好每日印章奖励活动和按规定时间举行的缤纷错题集风云人物评选。①每日印章奖励活动。教师每天根据学生的订正情况按照统一的标准(参见表 14-3)在风云榜上盖章登记，学生每获得 20 个印章就可以兑换奖品。②评选缤纷错题集风云人物。教师根据风云榜上学生的印章数排名，评选风云人物并颁发奖状(参见图 14-8)。获奖同学将被邀请分享自己为什么能获评风云人物，并谈一谈缤纷错题集给自己带来的影响。

表 14-3　印章奖励标准

项目	奖励印章
作业全对	3 枚
作业错误不多，错题分析详细	3 枚
作业错误不多，错题分析简单	2 枚
作业错误多，错题分析详细	2 枚
作业错误多，错题分析简单	1 枚
作业出现错误，未使用缤纷错题集	0 枚

图 14-8　缤纷错题集风云人物奖状

二、实施策略

数学教师在教学活动中培育价值观应注意：深入理解价值观的含义，调动多方参与价值观培育活动，以及营造价值观培育氛围。

(一)深入理解价值观的含义

社会主义核心价值观共 24 个字，内容高度精练，具有一定抽象性，但每个词都有丰富的含义。要深入理解其含义，对于不少教师来说都有困难，小学生就更难以真正理解。[①] 教师可以在阅读理论书籍，把握相应价值观的含义之后，从学生熟悉、易于接受的事物入手，以生动有趣的形式带领学生理解其内涵，并进一步分析践行价值观的具体行为表现，在教学过程中引导学生一一落实。

(二)调动多方参与价值观培育

应鼓励全体教师及家长的参与价值观培育。价值观培育非一朝一夕能够完成的，仅凭班主任的力量也不足以实现培育目标。科任教师要参与其中，深入挖掘课目教学中蕴含的价值观教育资源。家庭对个体的成长有重要意义。当前，家庭的价值选择也易受不良社会风气、传统文化中的糟粕及外来文化的负面因素侵袭。因此，教师为保障学校教育的成效，还应鼓励家长参与班级价值观培育活动，引导家长在实践中提升对价值观的认识，为学生树立榜样，营造更好的家庭氛围。

(三)营造价值观培育氛围

"蓬生麻中，不扶而直；白沙在涅，与之俱黑。"[②]我国古代思想家早已指出环境和氛围会对人产生积极或消极的影响。价值观的培育无法脱离环境和氛围，因此，数学教师要营造良好的价值观培育氛围。第一，教师在进行教学设计或活动设计时，要有意识地融入与教学主题或活动主题相符的价值观内容，帮助学生于细微处认识价值观。例如，使用反映价值观的

---

① 雷鸣：《中小学核心价值观教育问题与改进》，载《中国教育学刊》，2014(12)。
② 荀况：《荀子》，2 页，上海，书海出版社，2001。

小故事作为教学或活动的导入。第二，教师在进行教学小结或活动小结时，引导学生不仅要讨论学习到的知识与技能，还要讨论学习到的价值观，于交流中体悟价值观。第三，教师在教学过程或活动过程中，及时针对学生表现或反映出的价值观进行评价，给予反馈，鼓励学生于行动中践行价值观。

三、实施成效

缤纷错题集在小学六年级的数学教学中得以施行并取得一定成效。该方法通过色彩与错误类型匹配的方式指导学生学习，提升了学生的学业水平，同时培育了学生的敬业价值观。

教师调查表明，超过九成的学生认为改进后的缤纷错题集更具有吸引力，甚至之前非常抵制使用错题集的几位同学，在接触缤纷错题集后也愿意加入订正的活动中。可见，通过色彩的直观分类，学生在改错的过程中找到了学习的乐趣。而且，学生都意识到，这样的分类方法能够让他们更易于发现自己在数学学习中存在的不足，进而更加认真地参与课堂学习。近七成学生发现了错题集在复习时的宝贵价值，错题集发挥了"以评促学"的作用，支持学生的反思和成长，帮助其告别"为奖励而学"的状况，体悟"为自己而学习"的责任。通过长期施行，学生在不断反思中改进学习，从而提升学习成效。

学生在教师没有强制要求的情况下，自主使用缤纷错题集进行错误订正，这也体现了学生对其学业的基本认同感。学生会针对错题集分析总结自己在一个阶段内的学习状况，体现了他们对学业的责任感。在分享交流会上，获得缤纷错题集风云人物奖的学生能够自信地向同伴介绍自己的学习经验和学习方法，表明他们享受认真学习带来的自豪感与成就感。敬业价值观的培养成效得以凸显。

视频：班级管理与数学教学整合的方法案例——数学日记、数学班会、数学板报

第十五章　班级管理与英语教学整合

本章思维导图

微型课程法、英语海报法及英语漫画法等将班级管理与英语教学整合，既提升英语教学成效，也丰富班级管理方式。

第一节　班课整合设计主题活动：微型课程法

教师基于班课整合的思路，可以设计出一系列主题活动。其中，较具代表性的设计方法是微型课程法。

一、产生背景

《教育部关于全面深化课程改革落实立德树人根本任务的意见》提出要"改进学科教学的育人功能"，"要组织开展育人思想和方法研讨活动，将教育教学的行为统一到育人目标上来。"①微型课程法,有利于提升科任教师兼顾学科知识技能目标与育人目标的意识,进一步彰显学科教学的育人价值,充分发挥学科教学的育人功能。

同时,针对一些班会课异化为逢年过节的"应景式"、配合检查的"传声式"、放任自流的"自由式"等问题,微型课程法能够提升主题班会的质量,进一步发挥主题班会的育人功能。

二、具体方法

微型课程法,即教师将学生英语学习目标与班级育人目标相结合,开发相应微型课程的一种方法。微型课程,是由一个班级的任教教师根据所在班级学生的具体学习需要,带领学生开发出来的持续时间从半小时到半天不等的"班级层面"的小型校本课程。相对于全校性的校本课程,微型课程能够更灵活地满足学生的具体学习需要和解决学生在学科学习中的困难,让每位教师成为真正的课程开发者并深层次地促进学生成长。② 微型课程的开发,对于学生和教师而言均具有重要意义。按照功能分类,微型课程主要有转化学生类、延伸升华类、关联整合类等类型。③

(一)转化学生类课程开发

转化学生类微型课程包含两种。一是当学生在某些方面出现问题时,教师不是简单地予以批评和说理,而是开发微型课程对学生"行不言之教"。这可以改变教师通过班会简单说教等惯常做法,以学科知识为载体,既纠正学生的不良行为,又促进学生对学科知识的理解。二是当学生在学科学习上出现困难时,教师结合育人目标解决学科学习中的具体困难,在克服困难中磨炼意志并增强学习的信心。例如,学生缺少记忆英语单词的方法,

① 中华人民共和国教育部:《教育部关于全面深化课程改革落实立德树人根本任务的意见》,http://old.moe.gov.cn/publicfiles/business/htmlfiles/moe/s7054/201404/167226.html,2019-08-05。
② 曾文婕:《微型课程:校本课程开发的新方向》,载《教育科学研究》,2009(2)。
③ 曾文婕:《微型课程论》,43～50页,北京,北京师范大学出版社,2018。

教师可通过微课并结合育人目标，赋予单词记忆以更深厚的内涵，鼓励学生持之以恒。

（二）延伸升华类课程开发

延伸升华类微型课程，即教师在进行学科教学后，针对学生感兴趣的知识点与主题班会进行结合，因势利导开发出的微型课程，既满足学生的好奇心，又能起润泽学生心灵之效。例如，在学习"My Birthday"一课后，教师可顺势开发相应的微型课程，带领学生体验庆祝生日的意义，并唤起学生对父母的感恩之情。

（三）关联整合类课程开发

关联整合类微型课程，以鲜明的主题横向沟通多个学科的学习活动，使之在相同主题的统摄下相互补充、相互促进。例如，教师可围绕"保护环境"这一主题将英语课文"At the Zoo"和音乐《森林的歌声》的内容关联整合，开发出相应的微型课程，既关联不同学科，又保留各自学科的特点。同时，教师在教学过程中培养学生的环保意识。

三、实施策略

教师在使用微型课程法时，要注重对课程主题进行提炼和解读，尊重学生的主体地位，关注学生的需求，帮助学生解决问题，同时通过积极交流以促进教师之间、师生之间以及家校之间的合作。

（一）提炼主题

英语教师和班主任要对班级育人目标进行分析并了然于心，结合学生的生活实际，联系具体的学科内容，找到其间的契合点，形成相应的微型课程主题，实现班课的互融共生。

（二）需求导向

微型课程法源于教师对学生需求的了解与尊重。一方面，关注学生在学科学习上的需求，包括他们需要进一步了解哪些知识、是否需要针对学习方法给予指导等。另一方面，关注学生良好品性的培养，对学生养成优秀的行为习惯、树立良好的价值观等给予正确的引导和规范，防止不良行为、错误价值观的形成。

(三)协作互促

微型课程法的实施有赖于多方合作。其一，班主任与英语教师相互沟通，协商选择课程内容，寻找班级管理与英语学科知识的契合点。其二，通过生生之间的合作，发挥同伴互助的力量，学生之间相互监督、相互促进。其三，家庭和学校展开协作。教师和家长除了关注学生的成绩之外，更要关注学生优良品性的培养，家长把学生在家的情况反馈给教师，配合学校开展相关活动。

视频：微型课程法

第二节 班课整合构建班级环境： 英语海报法

班级环境的建设，需要得到课目教学活动的支持。班课整合构建班级环境，能够提升班级管理成效，形成积极的学习氛围。其中，较有代表性的方法是英语海报法。

一、产生背景

当前，教师对班级环境建设的重视程度仍有待提升。班主任有班级文化建设的意识，但相应建设的内容略显单一，形式不够丰富。科任教师与班主任合作，在班级文化建设中融入学科主题，这种方式值得引起重视。

而且，英语的习得不仅需要输入，也需要大量实践的输出。当前，很多学生在日常生活中较少使用英语进行交流。其客观原因之一是英语口语交流环境的缺乏，没有良好的英语学习氛围，学生接触英语的机会主要局限在英语课堂上，这并不利于学生英语综合能力的发展。教师创新性地通过班课整合构建班级环境，有利于为学生创设英语学习氛围，营造良好的语言环境，使学生愿意说，并体会到学英语的乐趣，认为学英语有用。

二、具体方法

英语海报法，即班主任与英语教师合作，让学生借助丰富的英语学习资源设计英语海报，鼓励学生开展创作，从而建设班级环境，强化学生合作的意识与精神，并增强学生对英语学习的热爱与信心。具体操作分为筹备和实施两个阶段。

(一)英语海报法的筹备

英语海报法的筹备阶段需要教师确定海报主题和设计教学任务。

1. 确定海报主题

教师在英语海报法的实施过程中要先确定好主题，这需要统筹考虑英语教材的内容、英语课程标准，并充分重视学生的兴趣。在选择海报主题时主要考虑三个问题：该主题是否能吸引学生参与？该主题是否与所教内容相关？该主题是否有助于学生跨文化意识的培养？若回答都是肯定的，则可以考虑将其作为海报主题。

2. 设计教学任务

教师依据本单元的英语教学内容，巧妙地将教学任务融入学生的海报设计与创作中。教师需要针对每个海报主题提出学生要完成的具体任务，任务依托于本单元的知识内容展开，可涉及本单元需要学习的单词、句型等。

(二)英语海报法的实施

英语海报法的实施主要包含三个步骤：教师召开动员会、学生合作设计海报及英语海报分享。

1. 教师召开动员会

为引起学生重视，教师要专门举行英语海报法启动仪式，说明英语海报的意义，如既能构建班级文化，又能提高英语学习效率等。随后，教师带领学生熟悉英语海报的样式，向学生展示英语海报的样例。为了提高学生设计与创作的积极性，教师可以根据具体情况，给予学生喜欢的奖励，如评选出每期"最佳海报"。

2. 学生合作设计海报

依据班级的具体情况，由教师异质分组或学生自由组合，学生组成若干个 3～5 人小组。小组成员相互合作完成海报的制作，可以依据教师在课上讲解的内容，结合自己的理解，设计海报的图片、内容等。教师巡视各小组活动完成情况，在必要时提醒时间和提供帮助。

3. 英语海报分享

小组完成海报制作后，将海报张贴于班级墙壁或展示板上。海报的创作者向全班同学介绍海报的内容，要求运用简单的英语口语进行介绍。其他小组成员发言，简要评价海报的优点并提出改进意见，教师进行适当的总结与指导。教师可邀请创作"最佳海报"的小组，分享海报设计经验。

三、实施策略

教师通过班课整合构建班级环境时要注意给予学生口语交流的脚手架，鼓励学生之间多层次的合作。海报主题要丰富，能够促进学生广泛参与。

(一)提供脚手架

学生在分享英语海报的内容时，可能会遇到"不知道该如何说""该用什么句型说"等问题。教师在活动实施前，要为学生提供脚手架，即需要准备好相关的句型（This is the poster of our group. The theme is _____, it includes _____），并给学生提供在交流中可能会用到的词汇。

(二)鼓励合作

英文海报法的实施，离不开学生之间的合作，主要涉及合作制作海报与合作分享海报。创作海报时，小组成员之间要相互沟通，协商意见，发挥各自所长，实现合作。在分享环节中，组内每位成员皆是海报的介绍员，这就要求学生必须对自己所在小组的作品非常熟悉。

（三）丰富主题

随着英语海报法的实施，学生的参与热情会发生变化，这就要求教师及时听取学生的意见，定期调整和改变英语海报的主题，保持学生的新鲜感。

第三节　班课整合设计班级活动：英语漫画法

英语漫画是全班学生根据特定主题内容创作英语漫画的一种班级活动。该活动将班级管理与英语教学进行整合，在提高学生英语学习兴趣的同时，创新班级活动形式，发挥班级活动的育人价值。

一、产生背景

英语漫画是一种新型的班级活动，其设计既是基于学生学习的需要，也是基于科学规划班级活动的需要。

（一）激发学生英语学习兴趣的需要

作业布置是课堂教学的有效补充和延伸。在英语教学中，常见的英语作业形式有三类：抄写类、背诵类及习题类。三年级学生刚开始接触抄写类作业时会感到有趣，但随着抄写内容的增加以及单一的布置抄写作业的形式，他们对待课业的消极情绪也随之产生，到五至六年级时情况就更为严重。长期坚持布置抄写类、背诵类作业，不仅无法较好地达到以布置作业来巩固知识、提高能力的目标，而且会使学生逐渐产生厌倦英语学习的情绪。因此，创新作业布置形式，激发学生的学习兴趣尤为重要。

（二）科学规划设计班级活动的需要

班级活动是使班级永葆生命力的重要养分，是班级生活的重要组成部分。部分班主任由于繁重的日常工作和教学任务，忽视了班级活动的组织和开展；部分班主任即便重视班级活动的开展，但活动间缺乏内在的机理和统筹规划，呈"零散状"，班级活动的育人价值未能充分发挥。[①] 若班主任能够根据学生现阶段的成长需要，将班级活动与英语教学活动有机融合，整体规划班级活动的内容，对学生的发展和成长都有重要意义。[②] 基于科学规划班级活动的需要，英语漫画活动得以产生。

二、具体方法

视频："英语漫画"的实施步骤

英语漫画活动可分为筹备阶段、启动阶段、实施阶段及总结阶段。

(一)筹备阶段

英语漫画活动的筹备阶段主要完成以下工作：发起活动倡议、制作漫画样例、确定漫画主题及准备活动材料。

1. 发起活动倡议

为引起学生对活动的重视，调动学生参与的积极性，教师需要向学生发起活动倡议，介绍活动的构思，使学生了解活动的大致流程。教师还可以通过班级的公众号平台发布活动预告，向家长发起倡议，鼓励家长与学生一同参与，形成家校合力。活动倡议发起后，教师可以公开收集活动意见，完善活动方案。

2. 制作漫画样例

对于许多学生来说，漫画既陌生又熟悉。教师可以咨询美术老师，收集相关的资料，了解漫画包含的元素，明确漫画的内涵，提出创作漫画的相关要求。再根据要求，事前制作一些漫画样例，以供学生参考。

3. 确定漫画主题

在规划漫画主题前，班主任需要了解学校在本学期或本学年的活动，

---

① 王怀玉：《基于班级整体规划，设计与实施系列活动》，载《班主任》，2019(3)。
② 王怀玉：《基于班级整体规划，设计与实施系列活动》，载《班主任》，2019(3)。

然后，根据学校活动的主题或内容，结合该年级的英语教学内容及教学进度，与英语教师合作对漫画创作主题进行整体规划（参见表 15-1）。若班级出现突发问题，教师应相机设计活动，让学生通过漫画创作反思班级内出现的问题。

表 15-1　"英语漫画"主题样表

年级	学校活动主题/内容	漫画主题	单词和句型运用要求	主题创作要求
三年级	珍惜友谊	我的好朋友 My Best Friend	要求运用 red、blue 等与颜色相关的单词，以及 bread、egg 等与食物相关的单词；运用"I have a/an…"的句型	要求描述与好朋友一起时发生的故事
	诚实守信	做个诚实的学生 Be an Honest Student	要求运用 ruler、book 等与文具相关的单词；运用询问数量的句型，如"How many books are there?"	要求描述一个与诚实相关的故事
四年级	爱护环境	我的学校 My School	要求运用描述学校建筑的单词，如 library、art room；运用描述位置的句型，如"It's on the second floor."	呼吁同学们要爱护学校环境
	校运会	难忘的校运会 A Sports Meeting	要求运用与天气相关的单词；运用询问时间的句型，如"What time is it?"	记录校运会中印象深刻的一件事
五年级	爱心义卖	义卖中的故事 The Story of Charity Bazaar	要求运用是什么以及询问价钱的句型，如"What's that? How much is it?"；运用与文具、食物相关的单词	记录爱心义卖中感人或难忘的时刻
	庆祝六一儿童节	快乐的儿童节 Happy Children's Day	要学会运用"Happy Children's Day"；要求运用一般将来时的句型，如"I will go to the zoo with my parents."	记录"六一"儿童节里的某一件事情以及自己的心情
六年级	春游	春游游记 Our Spring Outing	要求运用描述心情的单词，如 happy、angry 等；运用描述心情的句型，如"I feel so happy."	记录春游中难忘的一件事
	珍惜时间	我的周末 My Weekend	运用与交通方式相关的单词，如 car、bus；要求运用一般过去时的句型，如"I did my homework on Saturday."	记录自己的某个周末

4. 准备活动材料

教师要准备空白的活页漫画集，在每本漫画集的扉页上注明创作要求，包括漫画创作过程和漫画组成要素。其中，漫画创作过程包括确定主题语境、寻找语言材料、构思框架和正式创作，而漫画组成要素则包含漫画题目、序号、图案、英文单词或语句、漫画创作者的姓名、班级及创作时间等。

(二)启动阶段

由于英语漫画活动包含许多小细节，若利用课前或课后的时间来进行讲解介绍，将导致内容的连续性不强，造成学生对活动细则的理解不清晰。因此，教师需要专门组织一次活动作为启动仪式。在启动仪式上，教师要向学生介绍活动流程，厘清活动细则。紧接着，向学生讲解漫画的创作要求和细则，在讲解过程中可以展示两三幅由教师自己创作的英语漫画，让学生在这些作品创设的语境中习得要领。最后，将班上的学生进行分组，每个小组下发一本空白的漫画集，要求各小组分别设计组名和漫画集封面。教师可根据班级具体情况确定小组内的学生人数。

(三)实施阶段

在实施阶段，学生需要完成漫画创作，而后递交给家长和教师批阅，最后在班内以循环传递的方式进行分享。

1. 漫画创作

漫画创作可以分为小组创作和个人创作。小组创作，即小组成员根据主题设计一系列漫画，由组内成员分工合作完成。个人创作，即组内每位组员根据主题设计一幅漫画。一般来说，在活动初期，建议以个人创作的形式为主，待学生对漫画创作流程相对熟悉后，教师可引导学生进行小组合作，创作系列漫画。

漫画创作要用到学生学过的单词或者句型，如学生在创作"我的朋友"主题漫画的时候，教师可以规定学生运用在三年级上册课本中学过的与颜色和食物相关的单词，以及"I have a/an …"等句型。在漫画创作阶段，教师还可以根据该年段的英语写作要求，在形式上进行创新，如五年级、六年级学生要进行写话练习，那么就可以要求学生在漫画创作后，根据内容进行英语日记写作。

2. 批阅漫画

学生在创作漫画后，可以先与家长分享漫画内容，第二天再将漫画交给教师点评。教师可以从漫画的配色、画工，以及语句的运用、单词的拼写等多个方面进行综合评价，尤其要注意学生英文语句的运用和单词的拼写情况。

3. 循环传递

日记的循环传递包括两部分，分别是"小循环"和"大循环"。"小循环"是指在小组内部进行传阅欣赏。"大循环"即将所有漫画集汇总起来，在全班各组循环传阅欣赏。

(四)总结阶段

总结阶段对班级管理目标的实现有至关重要的影响。教师带领学生经历漫画的赏析以及优秀漫画的评选和展示过程，能够凸显活动主题并加以升华。

1. 漫画赏析

传统的漫画，取材于实际生活中的各种现象，通过夸张、变形、比喻、象征、寓意、双关等手法，达到幽默、风趣和讽刺的效果。[1] 英语漫画则更强调学生画画的状态，学生通过漫画描绘生活中的场景，运用所学的句型、单词等为漫画匹配文字，构成一个节奏紧凑、情节完整的小故事。[2] 由于漫画主题与学校活动主题密切联系，教师可以选取一些比较有代表性的作品，让学生共同赏析，通过学生的作品深化活动主题，实现该主题活动的目标。例如，"我的学校"主题漫画，学生创作了生动的漫画形象来呼

---

[1] 李昕：《青少年课外知识全知道》，265 页，北京，中国华侨出版社，2015。
[2] 张洁、张顺生：《趣味漫画在小学英语课外活动中的实践》，载《基础外语教育》，2017，19（1）。

吁同学保护学校环境，既呼应了爱护环境这个主题，也让学生在创作过程中反思自己的行为是否达到了爱护环境的要求。

2. 评选和展示

评选优秀作品的过程分成两步。首先由教师对漫画作品进行组内筛选，其次就筛选出的作品，在漫画赏析大会上进行投票，得票较高的 5～10 幅漫画被选为"优秀漫画"，得票最高的漫画被评为"最佳漫画"，其作者为"最佳漫画家"。活动的最后，教师可以让家长将孩子的作品上传到班级公众号平台，记录学生的成长与发展过程。

三、实施策略

视频："英语漫画"的实施策略

英语漫画法的实施，离不开学生、教师和家长三方的共同协作。

(一)培养"积极分子"，促进学生互助

由于班级内学生的英语水平都是参差不齐的，因此，教师可以在每个小组内安排 1～2 位英语学习的"积极分子"，对"积极分子"进行培训，着重指导后逐步放手。"积极分子"在由教师帮扶到放手的过程中，逐渐掌握英语漫画创作的要领，成长为"小老师"，指导其他同学完成漫画，从而形成良好的班级同伴互助氛围。随着掌握要领的学生的数量增加，能够提供帮助的学生逐渐增多，问题能够更快、更有效地得到解决，这就有效提高了活动的效率和质量。

(二)明确教师职责，落实指导责任

学生是活动的主体，教师是主导活动开展的总策划。学生在刚开始创作漫画时，总会出现较多问题，如语法错误、创作思维受限等。在这样的情况下，教师要做好指导工作，给参与活动的学生提供必要的英语知识，启发学生的创作思维，深化创作思路。同时，教师要提供激励，在学生遇

到困难时及时疏导。

(三)家长支持配合,注重生活体验

家庭是学生成长的重要环境,如果在活动中能够调动家庭资源,引导学生在生活体验中感受语言,有利于开拓学生创作思路,深化漫画主题,使活动达到事半功倍的效果。家长更加关注学生的学习过程,重视学生学习成就感的获得,学生便会在相对舒适的氛围中慢慢提升自信心,培养学习兴趣。此外,部分家长也能及时解决学生在英语使用方面遭遇的困难,家长的有效指导,会唤起学生的"我要学"的状态,同时,共同完成作品也能够增进亲子关系。

四、应用成效

英语漫画活动的举办,一方面提高了学生学习英语的积极性,另一方面有效增强了班集体的凝聚力。

(一)提高学生学习英语的积极性

通过英语漫画活动,不少学生愿意主动投入到英语的学习中。聚集在一起相互谈论漫画创作逐渐成为学生课后的一种娱乐放松方式。有的学生为了能够创作出一幅优秀的作品,不惜牺牲下课休息的时间,咨询老师和同学,默默地做好笔记,在每次创作前把笔记翻出来,避免出现语法错误。为了能够提高自己的英语水平,越来越多的学生主动跑到图书角翻阅英语绘本,将好的句子摘抄下来,以便运用于漫画创作之中。学生学习英语变得更加主动,积极性不断提高。

(二)有效增强了班集体的凝聚力

举办英语漫画活动后,班级里逐渐形成了互帮互助的学习氛围,学生对班级的归属感逐渐增强。在活动初期,漫画中的语法错误通常都是由教师指出的。多次举办活动后,部分学生逐渐能在阅读漫画时指出相应的语法错误。学生们常常聚集在一起谈论一幅漫画,评论其内容、绘画水平和语法表达等。班里学生通过互帮互助,也变得更加团结,有凝聚力和集体

荣誉感。某位英语老师在其教的三个班开展英语漫画活动，最后演变成三个班级竞争哪个班做得更好，三个班的学生还暗暗地在英语学习综合水平上开始竞争。另外，学生通过赏析主题漫画，深刻理解相应的活动主题，既将班级中值得赞扬的一面都展现出来，也便于及时解决存在的问题，有利于和谐班集体的形成。